CORPORATE CULTURE
CONSTRUCTION

企业文化建设

第六版

王吉鹏 著

中国人民大学出版社
·北京·

前言

拙作已经出版到第六版了,感谢大家的支持与厚爱。作为读者,我感谢中国人民大学出版社,它出版的诸多经典著作启迪了我的心智,开阔了我的视野;作为作者,我更感谢中国人民大学出版社,它提供了机会让我的研究成果可以跟更多的人分享,接受大家的批评指正。

高水平的企业文化研究书籍可谓汗牛充栋,按理说科学的理论可以指导造就科学的实践,然而现实就是这么充满喜感,搞明白企业文化并实践好的企业凤毛麟角。事实上,既有的企业文化理论是够用的,核心问题在于很多人无视它。老子说:"失道而后德,失德而后仁,失仁而后义,失义而后礼。"我们很多的企业文化基本就在"礼""义""仁"的层面,离"道"还差很远。什么是企业文化之道?其实就是基本假设。

关于企业宗旨的假设就是指一个企业最终的目的是什么,经典理论认为"人的价值高于物的价值,社会的价值高于利润的价值"。某大型企业提倡"三为"宗旨——为投资人、为顾客、为员工,这是做了一个利益相关者的价值排序,冠冕堂皇的价值主张背后,可能背离了企业的基本假设。很多企业认为企业的存在目的是为了给股东创造最大化的利润,企业股东价值最大化是不用辩驳的真理。但还有一些企业采取不同的假设,它们认为企业的宗旨不是股东利益最大化,而是股东利益合理化,相关方利益最大化,是让社会更美好。不同的假设使得企业在决策的时候,在处理股东和员工、股东和社会、股东和客户之间关系的时候,有不同的政策出来。

按照价值排序,如果首先是为了投资人的话,那考虑的主要是投资回报,但是你看马斯克,可回收火箭、火星移民计划、人脑植入芯片……他首先考虑的不是利润,而是社会进步。我们在企业里越来越多见到价值排序的变化——从股东利益最大化到股东利益合理化。原来大部分企业都坚持股东利益最大化,但在这个过程中企业遇到很多问题,例如,20世纪八九十年代,国企面临困境的时候,倾向于提高经济效益为主,谁能赚钱谁厉害。但现在国家对国企的定位是既要追求经济效益也要承担社会责任,不能单纯把盈利作为第一目标。2019年8月19日,包括贝佐斯、库克等在内的近200家顶尖企业的首席执行官集体发出了一份联合声明，重新定义了公司运营的宗旨，他们宣称：股东利益不再是公司最重要的目标，公司的首要任务是创造一个更美好的社会。这个目标意味着企业相关方（包括员工、股东、合作伙伴、客户）的利益要均衡，不能只把股东的利益最大化。未来大量的企业要追求股东利益的合理化、整体利益的最大化，这也是现代企业发生的非常显著的变化。

在新时代，企业文化承担的使命和企业面临的工作都发生了深刻变化：企业文化从原来的展现企业形象、统一思想、凝聚共识、塑造合格的干部职工队伍等基本功能转向了统领企业发展，用文化力参与全球竞争。这就要求企业在战略、组织、制度政策、领导力、团队建设等方面都要体现新时代的内涵。新时代的文化建设与管理，不能路径依赖。习近平总书记在党的十九大上庄严宣布，中国特色社会主义进入了新时代，大环境发生变化了必然影响到企业文化发生变化。新时代的一些提法、做法、要求，比如要从高速度增长转变成高质量发展，必然带来企业的经营理念、目标、路径等发生变化。比如十九大提出要培育具有全球竞争力的世界一流企业，这样的蓝图和目标对企业的文化要求就跟以前不一样了。现在的国际形势也有所变化，美国反自由贸易的趋势愈演愈烈、英国脱欧，等等，企业文化的外部影响因素变了，企业文化需要创新。

世界正面临百年未有之大变局，这句话连三岁的孩子都熟知了。但是，我们的企业透彻搞明白它的含义了吗？没有！我们的企业做好应对预案了吗？没有！我们有真正重塑内在的文化基因的想法和措施了吗？还是没有！

我一般不习惯绝对性地表达观点，那样不严谨。但是对这个问题，我这样果决地表达立场和观点，是源于我们对国内企业广泛的调研。面临大变局，我们的企业存有大量的结构性和系统性的问题，科技创新的动力和能力缺失，国际视野和全球布局的战略迷失，社会公民的核心价值构建不足，惯于上规模抢速度的低质增长而不能高质量发展，等等，在新常态和新时代之前，这些问题被高耗低质的增长所掩盖，新时代来了，大变局来了，内挤外压，企业骤然间内忧外困。

有压力就有动力。我从来不怀疑中国企业的韧性和企业家的狼性。但是，光有理想是不够的，当下"商人性格"就是以最低的成本换取最大的利益，企业家精神在迅速退化。

我们面临的问题是具体的，解决之道也必须明确实用。新时代，企业的战略、组织、机制体制、技术创新、国际化、风险控制、品牌形象等都要随需应变。现在是新时代逼迫企业文化进化，不断升级和重构，我用了"逼迫"这个词，逼迫就是施加压力促使、强行迫使对方接受要求、条件，强迫施加压力使之服从，就是"不得不"，就是"顺之者昌，逆之者亡"。

但是，先别奢谈文化升级，现如今我们的企业文化还存在很多历史性问题，盖楼之前，我们需要先填坑。

比如说，我们抓不住企业文化的本质，企业文化变成了企业文学，变成了秀才文化，变成了老板文化。这些问题大家一直都在说，但实践中不自觉就滑向了这个误区。再比如说，历史沿革下来的文化和管理"两张皮"，认识不到、认识不清、把握不准文化和管理之间的关系。管理本身就是文化，企业文化只有渗透到经营管理当中去才管用，否则一定是"两张皮"。

人是目的与手段的统一，人的发展是社会发展的最终目的；

社会发展的最终目的是造福人民，中国梦的根本凝结点是人，商业的目的不只是赚钱，而是让人过上美好生活。新时代的企业必须承担必要的社会责任。伟大企业和好企业的区别在于，好企业可以为社会提好的产品和服务，伟大企业不仅能做到这些，还能够向社会尽到公民责任。

衡量一个国家的发展水平，不能仅看经济指标，更要看文化指标；不能仅看国民收入，更要看国民素质；不能仅看商业成就，更要看商业伦理和商业文明。经济富足只会让人需要我们，不会让人尊重我们，新时代将引导并迫使企业重新审视商业环境。只有把企业文化放到行业发展、民族复兴、国家富强这个大的洪流当中，文化的力量才能彰显出来。

现在是一个消费分级的时代，企业的产品和服务从原来基本的满足需求到创造需求；从原来狭窄的产业边界到新型的产业引领。比如说汽车，如果你把它作为一个代步工具，那车企就是一个简单的制造企业；如果你把它作为一种出行方式，那它就符合了现在的社会需求，车企就从一个制造企业变成了一个互联网企业；如果你把它作为智慧城市的一部分，那车企就变成了一个物联网企业、一个智能企业。很显然，这样的使命定位和重新战略定位所引起的组织变革、领导力变革是天翻地覆的。

随着新时代到来，新生代问题凸显。大量传统的、宣贯式的文化理念和管理方式与新生代的文化诉求存在天然的差异。00后已经开始进入职场，从管理60后、70后、80后、90后到现在管理00后，这种挑战在文化管理上表现得非常明显。新生代与之前的员工几乎属于不同物种，他们在社会行为、职场行为、消费行为等方面极富个性，对企业的领导力、管理方式和人力资源管理带来了极大的挑战。新生代的人群比例在企业中越来越高,企业文化的主体是人,主体变了,文化必须随之变化。新生代越来越成为文化主体,它跟新时代一起构成了驱动文化变革的核心力量。企业不能躲,也躲不掉,远离了新生代,就远离了新时代。企业必须直面现实需求,创新文化理念,调适文化管理手段。只有这样,企业才能成为一个真正有生命力的市场主体,才能成为有内生活力、有竞争力、有品位格调的可持续发展企业;也只有这样,才能真正成为有文化力的百年老店。

科技改变世界。移动互联时代的跨界、平台、大数据、人工智能等,都对之前的文化建设与管理发出了挑战,比如现在的富士康大量地使用机器人,工人减少了很多,这样的工厂怎么建设文化?怎么管理文化?与之前的做法肯定不同了。

这些年我们一直都致力于推广企业文化重构,推动文化创新。上面所述这些外在的变化正在深刻影响并强力带动企业文化的变革,这个趋势极其明显,大家应该认清这些新时代企业文化趋势,也必须认清这些趋势,及时地推动企业文化重构,我们不敢说超越时代,至少可以做到跟随时代。

不重构,就过时,就被时代淘汰,勿谓言之不预也。没有成功的企业,只有时代的企业。同样,没有永远"成功的"企业文化,也没有永远"失败的"企业文化。认清企业文化的时代要求,把握规律,适应趋势,做好企业文化升级重构,方能引领企业更好发展。

最后借大润发创始人的一句话给大家做个警示,"我战胜了所有对手,却输给了时代!"确实是这样,时代抛弃你时,连一声再见都不会说。

2021年6月30日下午,我和同事去延庆开会,车过八达岭长城时,天高云淡,壮美河山令人赞叹!今天是7月1日,是中国共产党建党100周年纪念日,上午观看了北京天安门的庆祝活动,心潮澎湃,希望我们的企业能够弘扬伟大的精神,紧跟时代步伐,一起实现中华民族伟大复兴的中国梦!

王吉鹏

目录
CORPORATE CULTURE
CONSTRUCTION

第一章
企业文化的力量

企业文化到底有什么用 // 003

追寻文化的力量 // 005

文化与战略相辅相成 // 007

企业的本质是什么 // 014

企业伦理与社会潜规则 // 016

运用企业文化做危机管理 // 020

第二章
企业文化体系

企业文化的结构和层次 // 033

理念体系：一个活的生态系统 // 038

诊断评估：把准脉才能走对路 // 042

使命管理：明晰企业为什么做 // 047

愿景驱动：让战略适应变化 // 052

价值观确立：奠定企业文化的基石 // 054
运营理念：贴近经营实践 // 064

第三章
从文化建设到文化管理

价值观的落地：从心的一致到行的一致 // 091
企业文化的推进实施 // 116
从文化建设向文化管理迈进 // 136
企业文化与管理紧密结合 // 142
重新定位企业文化建设的核心 // 152

第四章
企业文化重构

企业文化重构的理论基础 // 163
企业文化重构的一般类型 // 166
企业文化重构的主要内容 // 170
企业文化重构的路径选择 // 174
中国企业文化重构势在必行 // 184

第五章
集团文化建设与管理

集团与集团文化 // 209

集团文化类型 // 218
集团文化建设的作用 // 223
集团文化建设中的问题 // 225
集团文化建设的模型、原则及方法 // 237
集团文化建设的误区 // 245
集团文化与品牌管理体系 // 252

第六章
企业文化整合与融合

企业文化冲突的根源 // 283
文化整合是并购成功的关键 // 285
企业并购后的文化整合模式 // 288
文化整合的模式及选择 // 291
企业文化整合的方法 // 296

第七章
跨文化管理

跨文化企业文化冲突的诱因 // 321
跨文化企业的文化差异与冲突 // 331
跨文化冲突处理与文化建设 // 339

第八章
当前企业文化建设的几个新命题

混合所有制改革下国企民企文化冲突 // 359

互联网时代企业文化变革 // 362

新生代晋升企业文化建设主体 // 367

社会责任成为企业文化重要内容 // 373

参考文献 // 385

第一章
企业文化的力量

CORPORATE
CULTURE
CONSTRUCTION

经济是社会大系统中的一个子系统，企业是经济系统中的主体。单体企业作为经济系统中的一粒微尘，在经济系统中生长、沉浮、湮灭，同时也被社会大系统规范、推动、制约。

富而不强，财大气不粗，困惑和焦虑交替煎熬着我们的企业和企业人。软实力提升的诉求在国人中空前高涨，其中文化的力量越来越被推崇。今日的企业文化已被放大到组织文化，继而站上民族文化、纯文化的高度。回瞰改革开放以来的企业和企业文化，无论是认识高度还是实践经验，我们都获得了长足的进步。

企业文化到底有什么用

中国经济总量排名世界第二，跻身世界 500 强的企业超过 100 家。中国企业家拿着大把资金拯救世界，购遍全球，可是金钱和购买力换不来尊重，犹如狄更斯时代的资本家，财大气粗但是没有爵位、不受尊重。社会各个领域都在感叹，企业界感叹文化之于品牌的重要性，舆论感叹文化之于国民素质的重要性……文化，文化，到处是关于文化的命题，社会各界都希冀文化建设的提升和飞跃。

互联网，加上移动互联技术，对于信息传播的影响，进而对社会各个层面和领域的影响还在蔓延和深化，最终会把我们带向何方，还没有人能看清。以往的经验不管用了，曾经的规则也被打破了，然而新的模式和秩序尚未建立。这种背景下，人们感受到的是思想的混乱与迷茫的加剧。

社会观念悄然发生着深刻而广泛的变化，权威部门的权威遭到前所未有的质疑，执法机关执法的合理性、合法性及合规性受到全方位的审视，民众对于"雷洋案"深刻而理性的讨论极具时代性。这些变化意味深长。文化的基础、底层肌理的变化犹如身体基因的变化，给整个文化生态带来的变化将是不可预测的。

如今，企业文化建设如火如荼，文化管理风起云涌。可是，企业文化到底有什么用？小疑惑成了困扰企业管理者的大问题。抛开那些赶时髦、走形式、应付检查的不谈，抛开那些对规律漠视、自以为是的不谈，也抛开那些误打误撞、自以为掌握了玄机的不谈，这里只针对那些渴求真正的管理原理和方法论，却苦于无解的管理研究和实践者。

其实，文化的作用是刚性的，只不过我们一般意识不到这是文化的作用，或者由于误读了企业文化而南辕北辙。比如，我们在劝告大家不要乱穿马路时，总爱宣传乱穿马路危险，指望把人吓唬住，其实乱穿马路被车撞死的概率大约和飞机失事的概率相当。我们总说乘飞机安全，一个人需要连续乘坐 2 000 多次才会遇到一次飞行事故，可是同样低的概率，一到乱穿马路便被说成极其危险，这就是误读。所以，很多企业在企业文化上耗时费力，结果却不尽如人意。

也就是说，不是企业文化没有用，而是我们搞错了。到苹果树上摘桃子是摘不到的，再气急败坏，也于事无补。

根据行为理论，人类行为的发生一定是因为动力大于阻力。以乱穿马路为例，人们为什么会乱穿马路？因为乱穿马路省时省力，这就是动力。因此，要阻止乱穿马路，必须增加其阻力，要让乱穿马路的人对自己的行为感到羞愧、丢脸，至少感到不好意思。坚持下来，这种界定就会变成一种软性的规范，成为习惯，成为文化。在企业管理中也无非如此。我们把破坏团结、影响协作的事定义为禁忌行为，从最高管理者开始，逐级监督考核，平级相互监督，让有团队精神与合作意识的人得到赞许与奖励，让不这么做的人即时得到惩戒。浊气下沉，清气上扬，一种合作的氛围就有可能逐渐浓厚起来，一种良性的文化力就可能逐步形成。

文化是可以改变的，企业文化也一样。可能我们已经习惯了乱穿马路，那么就再重新习惯一下不乱穿马路。我们可以先不去考虑帮助别人的好处，只考虑协作本身，先干别人的，后干自己的，白天干别人的，晚上干自己的，长此以往，将会怎样？

追寻文化的力量

文化是一种力量。不适合的文化对一个组织有致命的杀伤力，优秀的文化可以让组织不断焕发新的生命和活力。改变一个组织的文化有多难？也许可以改变一下表达的方式。变革一个组织的文化作用有多大？它甚至可以避免飞机失事！

大韩航空曾经是全球事故率较高的航空公司。美国国家运输安全委员会调查发现：大韩航空事故频发，跟飞机性能关系不大，问题的症结在于，韩国人的高权力距离指数导致了大韩航空航班上的沟通不畅，这是飞机失事的罪魁祸首。

权力距离指数是由荷兰学者霍夫斯泰德（Hofstede）提出的，指一种特定文化中重视和尊重权威的程度。在高权力距离指数国家，只有听话者足够重视讲话者的深层意思，沟通才能有效进行，由于权力距离大，下属往往担心说错话给上级留下不好的印象，就习惯说话绕弯子。因此，大韩航空以前在面对紧急情况时，由于权力距离指数大，造成沟通不畅，致使飞机失事事故频发。

后来，大韩航空邀请了达美航空公司的戴维·格瑞博来管理运营。格瑞博要求大韩航空的新工作语言是英语，每位驾驶员要想继续任职，必须做到英语流利。英语本身就很直接，因此能把最关键的意思说清楚，机长在出现紧急情况时就能快速地处理问题。此后，大韩航空很快从不安全、口碑很差的航空公司转变成世界一流的航空公司。

大韩航空的例子体现了文化对于一个组织的重要作用。任何问题首先都要找到文化的根源，通过激发文化本身的力量来解决问题。大韩航空并非不重视文化，相反，它是将一种不适合航空业的高权力距离文化渗透得过于深入，致使沟通不畅，造成高事故率与高飞机损失率。针对导致出现问题的文化根源，面对高权力距离指数的韩国，文化的形式需要逆转，文化的力量需要诉诸技巧，戴维·格瑞博的管理举措于大韩航空而言，正是对症下药。

文化主要的力量之一是引导力，就是用正确的观念形态引领组织中的人去实现预期的目标。正是通过这种力量，戴维·格瑞博降低了大韩航空的权力距离指数，激发出组织中每个人克服困难的勇气，建立起创造性的工作观，用正确的观念形态引领员工去实现预期的目标，使得文化的引导力随时随地在大韩航空每个层级发挥作用，从而带领大韩航空走向成功。

凝聚力也是文化的主要力量之一。没有凝聚力的组织就像一盘散沙，永远建不成高楼，只能一次次地流于失败。大韩航空在改变内部文化氛围的同时，改善沟通方式，员工之间更为融洽，这种凝聚力的形成促使大韩航空成功转变为世界一流的航空公司。

文化另外的主要力量是提升力，即对人的全面发展和组织文明程度的提升作用。知识和技术的载体是人，文化应当充分调动组织中人的积极因素，发挥人的最大潜能，最终目标是转变组织中人员的思想认识，提高他们的专业理论和技能，形成组织的核心竞争力。大韩航空通过将英语作为工作语言，促使驾驶员学习英语、提高表达能力，同时也提高了驾驶员的专业素养和处理危机的能力，最终使大韩航空形成安全性很高的核心竞争力。

文化的力量不仅是具体的战术方案，还是一种智慧上的启迪、精神上的提升。

让文化成为铸就组织基业长青的力量吧！

文化与战略相辅相成

战略问题是现代企业管理者必须研究和思考的首要问题。世界新经济浪潮的到来，使现代企业进入了一个战略制胜的年代，实施企业战略管理比任何时候都重要。战略管理就是对宏观环境、行业态势、竞争对手以及自身资源情况做出分析，根据企业的愿景目标，提出企业未来所采取的行动，并付诸实施、监控实施、评估实施结果的过程。战略管理满足了企业关注竞争环境与未来的需求，所以企业管理的发展方向是战略导向的企业管理。

但是，用什么来引领企业战略的制定？

先有战略还是先有文化

这个问题就像"先有鸡还是先有蛋"一样复杂，实践中也给很多企业带来了困惑。企业战略和企业文化之间的关系，就像人的行为与观念的关系。人先有了观念，对事物有了或初步或成熟的看法与认识，然后才产生在观念支撑下的行为，而行为又影响了人的观念。

一方面，企业战略是企业文化的重要组成单元，是企业文化的一种反映，有什么样的企业文化，便会产生什么样的企业战略。企业通过战略管理实现使命和达成愿景，企业战略反映着企业宗旨和核心价值观，有着深刻的企业文化烙印。优秀的企业文化往往会指导形成有效的企业战略，并且是实现企业战略的驱动力与重要支柱。

另一方面，企业文化服务于企业的战略，企业要创建有利于企业战略实现的优秀的企业文化。企业文化在指导企业制定战略的同时，又是调动企业全体员工实施战略的保证，是"软"管理的核心。企业要实现战略目标，必须有优秀的企业文化来导航和支撑，用文化打造企业品牌，用文化树立企业信誉，用文化传播企业形象，用文化提升企业竞争力。

因此，有效的战略和优秀的文化是企业成功的模式和基础。企业文化引领企业战略，企业文化的战略导向就是指企业的一切行动都必须在企业文化的约束和指导下进行，一切企业的行为和企业人的行为都必须与企业文化保持一致，企业发展战略也不例外。

什么样的企业文化能够引领战略

要理解战略与文化的关系,首先要回答"企业文化是什么"这个问题。我们认为,企业文化就是解决在外部如何生存以及在内部如何共同生活的一套哲学,回答企业和企业人的一切行为——"是什么?为什么?怎么做?"这种问题的形式本身就是一种哲学的思考,是以企业家群体价值取向为核心的企业共同价值观,这种价值观决定了企业对于各种事物的偏好,这也是企业文化是个性化的根本原因。

财富不能创造文化,文化却能创造财富,但并不是所有的企业文化都能够创造财富。有人从战略与文化关联性的角度,将企业文化划分为三种不同的形态:一是战略支持型企业文化。即企业文化导向与战略目标相吻合,企业员工的价值观、行为准则与企业的战略目标相和谐,促进企业较快地发展。二是战略制约型企业文化。即企业文化与企业战略相抵触,成为企业战略实施或战略转变的羁绊乃至发展的桎梏。尤其是当企业施行新的战略时,企业文化往往会成为新战略实施的制约因素。从这层意义上讲,变革的关键在于能否改变传统的企业文化,塑造出与崭新的战略相适应的催人奋进的企业文化。三是战略非相关型企业文化。即企业文化对企业战略无明显影响,究其原因:(1)企业尚未形成主导型文化氛围;(2)企业缺乏沟通交流平台,无法形成一种企业文化的主流力量,在此情况下,企业文化既可能朝战略支持型方向发展,又可能朝战略制约型方向发展。

可见,以核心价值观为核心的企业文化在指导企业形成战略以后,一方面要丰富完善,以实现对企业战略的支持性,亦即形成战略支持型企业文化；另一方面要保持创新的动力，以适应企业战略的延展与创新。

如何以企业文化引领企业战略

明确企业使命

使命是企业存在的意义和价值，是企业所肩负的最大责任或企业存在的最根本目的。企业使命不仅回答企业是做什么的，更重要的是回答企业为什么这样做，也就是企业终极目标。美国管理大师彼得·德鲁克认为，使企业遭受挫折的最重要的原因，恐怕就是人们很少充分地思考企业的使命是什么。企业在制定战略之前，必须先确定企业使命，明确企业的经营思想，为企业目标的确立与战略的制定提供依据。事实证明，那些一代代经历各种变迁而成员依然紧密团结、走向辉煌的企业，都拥有一个全体员工共同高举的战略旗帜——企业使命。当大家齐心协力认准方向、拥有共同的信念和目标时，就会爆发出极大的能量，足以克服很多意想不到的困难。

现在推崇工匠精神，但是企业的使命感在迅速退化。当下的"商人性格"是以最低的成本换取最大的利益。一些企业只对赚钱感兴趣，而在一致公认的工匠文化盛行的日本，企业对生产产品感兴趣，两者有很大的区别。日本有很多这样的公司，坚持在自己的行业里越做越深。我们呼吁绝大多数中国企业都应在自己的领域做深做强，这就意味着必须明确企业的使命，使"临时工文化"回归"工匠精神"。

构筑共同愿景

战略管理成功的关键在于如何发挥组织能量从而取得成功，

这需要从试图说服那些参与人员接纳新的战略开始，也取决于企业成员能否在企业的前景问题上达成一致，最好的方式就是规划共同愿景。

愿景告诉人们"我们（企业）将成为什么"，它不同于战略目标——明确告诉成员什么时间达成什么具体目标。一个明晰的愿景，应该是对企业内外的一种宏伟的承诺，使人们可以想见达成愿景后的收益。它应该具备以下特征：让人们激情澎湃，能够鼓励成员，调动他们的积极性，让人们觉得有点高远但又愿意全力为之奋斗。20世纪50年代初，当索尼还是一家很小的企业时，它宣称的愿景是"成为最知名的企业，改变日本产品在世界上的劣质形象"。

一个令人振奋不已的愿景很容易在股东、员工及其他利益相关者之间进行沟通，产生共鸣。如果没有规划共同愿景，战略管理很容易在一大堆项目的混乱选择中消失，各部门间的变革因为没有人知道变革将会带领企业走向何方而变得毫无意义。同时，在战略阶段中也要按愿景规划中所提到的，给员工一个足以让他们兴奋不已的蓝图。所以战略要提出共同愿景，让员工和利益相关者提供帮助，甚至牺牲短期利益。用愿景激发员工变革的欲望，这是战略管理必不可少的一环。

塑造核心价值观

价值观是指导人的行为的一系列基本准则和信条，回答以下问题："什么事至关重要？""什么事很重要？""我们信奉什么？""我们该怎样行动？"一个企业的价值观是该企业对于内部和外部各种事物和资源的价值取向，是企业在长期的企业哲学指导下的共同价值观。价值观是我们进行决策、确定政策、策略和方法，以及选择行为方式的指导方针。也就是说，价值观制定了游戏规则。

企业核心价值观是企业文化的灵魂（企业价值观有四个层次：核心价值观——长远的、有差异的；目标价值观——要有但目前没有的；基本价值观——最低标准，公司间无差异；附属价值观——自然形成的），也是与其他企业的本质区别。因此，建设战略支持型企业文化，要把着力点放在塑造企业核心价值观上，在企业内部确立人的价值高于资产的价值、共同价值高于个人价值、团队价值高于个体价值、社会价值高于经济价值的价值观。

战略管理往往会涉及几个方面的因素，环境评估、领导变动、战略与经营变化的联系、人力资源管理及变革管理中的协调，这些无一不和企业的价值理念有关，因为战略管理最终会落实到每一个人的行动中。文化本身具备的相对稳定及持久的惯性使得变革充满阻力，因此，促进企业中的人拥有变革的观念，对既有的价值观进行创新，使之匹配新的战略实施框架，是战略管理顺利实施的价值观基础。

塑造核心价值观不可能在短期内奏效，需要一个相对漫长的过程。

一个与公司发展战略相适应、相匹配的企业核心理念体系的创建和丰富完善，为企业发展战略的推进提供着生生不息的价值导向、智力支持、精神动力、舆论引导和文化支撑，将对公司的未来产生深远的影响。

践行企业文化

经过共同愿景的规划以及核心价值观的形成,一种支持发展战略的企业文化就初步建立起来。而这仅仅是开始,企业成员对于新的价值观只是停留在了解阶段,让企业成员高度认同企业价值观并将其转化为自觉行为才意味着长期的胜利。这需要关注几个要素:

(1)领导团队身体力行。价值观念并不像战略、组织结构、人力资源管理等一样清晰可见,也无法在短期内见效,要使组织中的每一个人相信愿景并愿意去实践共同的价值观,领导团队的身体力行最为重要。领导者的作用是,以非常敏锐的洞察力,关注组织所有成员的心理以及客观环境,通过口号和行为引导,达成共识,让大家行为一致,形成优势文化,形成强势力量。

(2)工作绩效体现价值观。任何精神层面的东西,如果不体现在物质层面上,是不可能让人们折服的。要让员工信奉共同价值观,必然需要让他们相信这样的价值观是能够给他们带来绩效的,无论是在薪酬上还是在个人发展空间上,必须有一个体现的载体。所以要有意识地向员工表明新的战略是如何帮助他们提高工作绩效的,使他们在战略的实施与价值观之间形成联系,从而愿意去坚持这种价值观。

(3)清除变革中的障碍。无论战略还是文化都需要变革,战略变革会带来不确定性和风险。尽管战略变革前企业必须做好各种资源的评估,但由于企业文化的存在,不同个体对战略变革结果的接纳性及风险意识不同,对战略变革的态度就自然不同,甚至会激起反抗,从而导致战略变革的失败。这些压力可能来源于几个方面:股东、领导层、员工、顾客、政府、供应商和银行,这些都可能是企业的既得利益者,他们抵制变革的原因很多。战略变革开始时往往会让企业成员在观念上无所适从,文化惯性使他们怀疑变革的真实性,既得利益者更会在非正式场合散播变革的不利因素。如何让变革深入人心,让创新价值观成为坚定不移的价值取向,是变革的关键。

可以说,企业的变革就是战略与文化如何协同的问题。在战略变革不可避免时,能否及时创建一种支持战略变革的企业文化,是变革能否最终获胜的根本因素,否则,企业文化便会成为问题之源。

总之,先有鸡(文化)也好,先有蛋(战略)也好,成功的关键在于战略与文化形成合力,进而推动企业持续、快速、稳步地发展。

企业的本质是什么

企业的本质是使命。使命本质上是回答企业生存和发展方面的根本问题,如"我们是做什么的?""我们要到哪里去?""我们未来是什么样的?"等等。使命在思维上首先要求自我审视,而自我审视的关键命题就是"我们(企业)到底是做什么业务的"。使命是企业一切行为的依据,对每个企业来说,它都是独一无二的。企业使命具有丰富的内涵,具有塑造企业特征、引领企业成功、明确企业目标以及探寻企业本质的重要作用。没有使命,企业就失去了生存的意义。

在现实中，企业家会面临很多诱惑，很多企业家由于没有一直坚持企业的使命，而使企业失去了发展的方向。

企业家应通过认真分析企业的内外环境和自身的资源、能力，确立企业的宗旨和使命，以此为依据来制定相应的战略、组织结构，确立发展方向和领域，不盲目地扩张，也不盲目地模仿和跟随别人，保持清醒的头脑做出每一个决策。

此外，使命是随着企业的逐渐成熟而日渐明确的。对使命的阐述与企业的规模和发展阶段直接相关：对于初创的企业或规模较小的企业，企业的经营者往往就是所有者，企业的使命往往是隐性的，还没有真正浮现出来，很难有能指引企业长远发展的使命阐述；而当企业进入较为成熟的阶段或规模逐渐扩大时，使命的明确就是必要的。

万科致力于从多元化转型专业化的道路。王石用一句话——"中国城市住宅开发商、上市蓝筹、受尊敬的企业"，就把万科是什么、行业地位、客户口碑说得一清二楚，把万科的使命明确了。阿里巴巴将自己的使命定位为："让天底下没有难做的生意，促进开放、透明、分享、责任的新商业文明。"值得一提的还有它们对于"不赚钱"的强调，事实是，当阿里巴巴实现其目标与愿景时，要想赚钱已不难。

企业的使命建立在对企业现在及未来的深入思考之上，决定着企业的总目标，指引着企业中每一个人的努力方向。企业的使命定义了企业的本质，表明了企业要完成的责任，从而真实反映了企业存在的理由，为企业的存在烙上一个独特的印记，为企业的长远发展指明方向。

企业伦理与社会潜规则

企业伦理与社会潜规则是一个命题作文，在这里只讲两个问题：一个是企业经营伦理中的诚信问题，另一个是社会伦理中的环境问题。这个环境不是环境污染中所指的环境，而是指人文环境和经济运行环境。为什么只谈这两个问题？因为这两个问题对企业伦理和社会潜规则的影响非常大。

经营伦理中的诚信问题

首先，我们来谈诚信问题。为说明我国民众对诚信的认知现状，先举一个例子。我们有一个客户，名字叫金融街控股。大家都知道北京金融街位于西二环边上，是金融企业总部聚集的地方。金融街的 B 区是核心区，B 区的规划设计在全球范围内招标，美国 SOM 公司中标，SOM 的一位副总裁前来北京洽谈合同。中英文的大合同，两个多小时就基本谈完了。但是，到了合同的最后一条，麻烦来了，双方又谈了两个多小时，依然不能达成共识。这到底是什么条款？按照国人的习惯，格式合同中要有违约责任条款。无论中方代表怎么解释，SOM 的代表就是不明白，鸡同鸭讲。他搞不懂，就不签字。没办法，只好请来 SOM 的一位中方经理，作为中美文化的桥梁，来协助完成合同的谈判工作。时间又过去了四个小时，老外终于退了一步，他拍拍中方经理的肩膀说："我就相信你吧！但是，你把 30 日之前不付款的那一条罚则删除吧。我们不需要这样的条款来作保障，我们拥有强大的律师团，不怕你不给钱。"

从一个简单的合同条款就可以看出我们对诚信的理解，我们对于信守承诺疑虑太深！诚信问题已经成为一个大问题，大到对社会、经济发展带来难以估量的损失，并对我们的社会伦理道德造成长久的伤害。有人测算过不诚信的有形损失，这个测算我们没有办法来评价它，总之，不诚信带来的损失非常大。它带来的损失中有形的还不是最可怕的，关键是无形中带来的伦理缺失和道德沦丧。不诚信的人受不到应得的惩罚，也就是说"失范"的人、不守规矩的人所付出的成本非常低，收益却非常大。如果我们形成这样的环境，就会逼着大家去不诚信、不守规矩。然而很遗憾，现实就是如此，交易成本无限上升，极大地阻碍了经济发展。

还有一些人是非不分，对于一些明显失信的事情习以为常，不认为这是不诚信的行为。工作中，我们也常常遇到那种信口开河、满嘴跑火车的人。在他们看来，这种行为没有什么错误，已经习以为常，并不认为这是行骗、不守信。

要营造诚信的环境，规范经营秩序，就需要严厉打击不诚信的行为，让他们为自己的不诚信行为付出沉重的代价。所谓乱世用重典，只有这样做，才能从根本上制约人们的日常行为，创建和谐的诚信环境。随着我国越来越多的企业上市成为公众企业，信息公开和信息披露已经成为这些企业的日常工作，相关财务人员、董秘等一旦涉嫌信息造假，被监管部门约谈，就可能面临职业终身禁入的风险，这也说明我们的社会正在不断进步。

在中国，要建立一种诚信的环境，就要在制度和文化上形成对不诚信行为的围剿之势。以前，我们也有这种诚信的文化，所谓"举头三尺有神明"就是这种文化，指明大家要慎独，不能做欺骗别人的事情。例如，我们要形成对闯红灯这种文化的围剿之势，从硬性的制度和软性的文化两个角度来封杀不诚信的行为。总之，我们应该从小事做起，严格规范自己的言行，绝不能做不诚信的事情。我们也不能因为别人做了不诚信的行为，就去效仿，去做同样不守信的事情。在诚信面前，我们所能承受的底线是我不骗别人，也争取不被别人骗。全民对诚信问题应该做到"匹夫有责"，形成"从我做起"的氛围。

社会伦理中的环境问题

社会上总有一些人道德沦丧，我们要围剿这种人。这就涉及第二个问题，也就是社会伦理中的环境问题。除了法律，社会上有两个机构可以对不诚信的企业行为进行有效惩罚：一个是政府机构，一个是行业协会。政府机构作为经营秩序的制定者和裁判，主要负责提供一个公正的环境，并有权对不合法、不守信行为进行监督和惩罚；行业协会作为社会中介机构，在管理成员企业规范运作的过程中应该积极地发挥引导作用，并对违法乱纪行为进行严惩。这两个部门在运作中应该发挥应有的功能，但从目前的情形来看，政府机构和行业协会并没有发挥它们的功能。

良好的社会经济环境的创建需要营造必要的舆论，这个舆论要强劲、有力、强势，这就涉及媒体的导向。在信息化程度如此高的社会中，媒体的影响力非常强。但是，目前媒体作为公共资源，没有很好地发挥舆论应该发挥的作用，而是被过度娱乐化、浅薄化甚至庸俗化了。这样一来，本来可以起到舆论引导作用的媒体失去了其应有的影响力。

媒体是社会公共资源，需要管理好，而不能随便折腾浪费。

从现状来看，媒体资源浪费问题不容乐观。例如，本来很好的经济节目，主持人偏偏要亲自唱主题歌，呕哑嘲哳，这就是对公共资源的浪费。还有，我们要提倡全民创业、鼓励大家自主择业，减轻社会的就业压力，于是电视台几乎天天报道"马云、牛根生"，这能否代表社会的主流方向？到底他们能给我们什么启示？这是值得商榷的。

媒体是整个社会的导向，目标一定要准。因为媒体的力量非常强大，我们要把这种力量用到正地方。要搞清楚：企业伦理包括哪些内容？如何实现这些企业伦理？跟谁学习？然而媒体并没有将这些信息传播给公众，没有起到导向的作用。以前，我们在倡导学习草原英雄小姐妹、学习雷锋的活动中，至少都有一种导向，现在，在经济伦理领域并没有形成一种导向。

在经济运行中，只要将显规则做足了，就不要去理会什么潜规则。因为显规则和潜规则的关系是相对的，就好比房间空气中的氧气和二氧化碳的比例一样。如果空气中二氧化碳太多了，我们只需要增加足够比例的氧气即可。同理，我们可以不用理会潜规则，只要将显规则做足了，潜规则也就无足轻重了。

我们看待问题，需要从不同的角度入手，这很重要。话说有一个孩子，眼睛失明了，在乞讨时前面立了个牌子，牌子上写着："我眼睛瞎了，可怜可怜我吧！"一天，一个路人将牌子拿过来改了几个字，结果孩子满载而归。他很纳闷，就请别人帮他看看牌子上写的是什么。原来，牌子上改成了："今天真美好，可惜我看不见。"

因此，我们看待问题时要换个角度，不要总盯着潜规则，别总是做愤青，要做一个建设者。

运用企业文化做危机管理

企业不论规模大小、主营业务或行业类别为何,每天都面临各种不同危机发生的可能,一旦发生危机,倘若未能妥善处理,不仅会给企业带来财务损失,还将进一步影响消费者及社会大众的权益与生命财产安全,连带地破坏企业形象,甚至动摇企业经营的基础。因此,加强企业危机管理,增强企业危机意识,提高企业应变能力,是我国企业管理的当务之急。

危机管理是指企业组织或个人通过危机监测、危机预警、危机决策和危机处理,避免或减少危机产生的危害,甚至将危机转化为机会的管理活动。企业文化作为一种价值观,其基本内涵是企业理念,而这种理念的形成来自企业文化功能的发挥。企业文化的功能对解决企业的危机起着关键作用。

企业文化的功能

企业文化的导向功能

企业文化能对企业整体和企业每个成员的价值观和行为取向起引导作用。这是因为一个企业的文化一旦形成,就建立了自身系统的价值观和规范标准,如果企业成员在价值观和行为取向上与企业文化的系统标准产生悖逆现象,企业文化会将其纠正并引导到企业的价值观和规范标准上来。

企业文化的凝聚功能

企业文化是一种黏合剂,能够把企业成员都团结起来,产生巨大的向心力和凝聚力,这就是企业文化的凝聚功能。企业员工对企业有强烈的归属感和责任感,便会把个人的思想和命运与企业的安危紧密联系起来,与企业同甘苦、共命运。

企业文化的约束功能

企业文化对企业员工的思想、心理和行为具有约束和规范作用。这是一种无形的文化软约束力量,通过企业文化氛围、群体意识、社会舆论、共同的习俗和风尚等精神文化内容来制约员工个体的行为,以此弥补规章制度的不足。

企业文化的激励功能

在以人为本的企业文化氛围中,每个成员的贡献都会及时得到领导、同事的赞扬与鼓励,成员会获得极大的心理和精神满足,并因而自觉树立强烈的主人翁责任感。企业文化的作用正是通过激励来满足人的精神需要,使人产生归属感、自尊感、成就感,从而调动人的精神力量。

企业文化的辐射功能

企业文化的辐射功能与其渗透性是一致的,它不只在企业内部起作用,还通过各种渠道对社会产生影响。企业文化向社会辐射的渠道非常多,如传播媒体、公共关系活动等。在企业日益重视广告、重视形象和声誉的今天,企业文化对社会的辐射作用越来越大,扮演的角色也越来越重要。

运用企业文化做好危机管理

危机在到来以前总会有一些征兆,这些不明显的方面只有靠员工去捕捉,才能有效预警,所以优秀的企业文化以人为本,重视员工的意见,能够把危机化解在最初阶段。这样会使员工牢固树立危机管理中需要的责任意识、安全意识，广大员工努力创建企业品牌，珍惜企业声誉，逐渐养成对消费者负责、对社会负责、对自己负责的自主行为，进而降低危机发生的可能性。同时，企业文化培养员工的主人翁意识，使员工在企业生产管理过程中，主动发现问题，提出对策，避免危机的发生。

危机发生后，企业采取的应对措施是否有效，关键在于企业文化建设的成效。企业文化能够培养员工的信心和勇气，在危机来临时上下同心，共同面对企业外部的压力。企业文化通过危机发生前的教育，使员工了解了危机产生的原因及应对的方法。针对不同的情况，企业应事先做好危机处理预案，当危机发生时，按照制定好的预案和计划，迅速处理问题，减少损失。企业领导者在危机事件处理中起着愿景领导和统一思想的作用，让员工及时了解事情的经过和企业的态度，当涉及员工利益时开诚布公的态度比谣言更有利于企业危机的管理。

企业在危机过后的恢复也需要企业文化的支撑。企业在危机事件平息后，可能会受到一定的损失，需要进行必要的改变。企业可能会遇到经济困难、产品转型以及消费群体再接纳等问题，这些都需要企业上下保持一致，把企业利益和消费者利益结合起来，创造和谐的企业文化和奉献精神，通过各种策略来促进企业恢复发展。比如，危机过后，企业通过总结经验教训，将之内化为企业文化的各项制度和宣传案例，可以增强企业员工的信心和危机意识；危机过后，企业文化也获得重建或者更新的机遇，对于忽视危机意识的理念、观点乃至制度进行修改，使企业脱胎换骨、涅槃重生。

总之，在危机日益常态化的今天，企业应该把危机管理纳入企业的常规管理中。而企业文化通过它的导向、凝聚、约束、激励和辐射功能，在危机管理的预防、应对和恢复阶段发挥着强大的作用。因此，企业要致力于打造优秀的企业文化，提升企业核心竞争力，从而增强企业整体的危机管理能力，以保证企业的长盛不衰。

延伸阅读

权力距离指数

霍夫斯泰德曾建立起一个庞大的数据库，用来分析文化之间的不同。在霍夫斯泰德的所有维度中，最有趣的一个就是被他称为权力距离指数的维度。

权力距离指数具体而言，就是一种特定文化中重视和尊重权威的程度。为了测量它，霍夫斯泰德曾经做出如下问答："你的经历中，遇到过多少次雇员因害怕权威而不敢对管理人员表达不同意见的事情？""究竟需要做哪些事情才可以让组织和机构里相对没有太多权力的人接受并认同不平等的权利分配？""那些资深雇员受到怎样的尊重与敬畏？""是否拥有了权力就被授予了某些特权？"

霍夫斯泰德在他的经典著作《文化的结论》中指出，在低权力距离指数的国家里，权力会让拥有它的人感到尴尬，他们始终都试图低调行事。一位瑞典（低权力距离指数国家）的大学官员说，为了有效行使权力，他曾经试图让自己看起来没有任何官威。领导者有时不得不放弃他们的官方身份，而强调他们的自然身份。霍夫斯泰德的研究发现：文化的权力距离指数决定了飞行员能否说服自己去发表见解。

心理学家罗伯特·荷蒙和他的同事迈瑞特曾经测量了世界上各个国家飞行员的权力距离指数，其中，权力距离指数最低的五个国家是：美国、爱尔兰、南非、澳大利亚、新西兰。坠机事件频发的国家则是：巴西、韩国、摩洛哥、墨西哥、菲律宾，它们的权力距离指数最高。由此得出结论：权力距离指数越高，坠机事件频率相应越高；反之，则越低。

延伸阅读

做企业文化，请扔掉腰间的麻绳

企业文化水平的高低，起决定因素的是企业一把手。而一些企业在做企业文化时，总是喜欢按照自己的偏好去做，不尊重科学，不尊重规律，还美其名曰"中体西用"。事实上，企业应按照全球共同的语言，扔掉不合时宜的东西，否则只是增加成本而已。打个比方，就像穿着西装，却在腰间系个麻绳。这就是中国特色的企业文化吗？

当然，形成这种偏好性、随意性的人治企业文化有其特定的原因，归结起来我们认为主要是三方面。

一是企业家本身的经验主义和错位的权力观念。企业创业期和发展前期，企业家个人的作用不可磨灭，甚至可以说起着至关重要的作用。随着企业的发展壮大，企业家往往迷信自己的经验；同时错位的权力观念通常表现在按照企业家的意志制定一些规章制度，但是往往最不遵守规章制度的就是制定者自己。遵循规则不能体现自己的权力与地位，同时他们认为自己的贡献和地位可以并且理应游离于规则之外甚至凌驾在规则之上。

二是中国几千年传统文化和思想的束缚。企业文化是社会文化的反映，传统文化是决定企业文化的重要因素之一。汉武帝重用董仲舒独尊儒术以后，几千年封建主义政治秩序的主流就是人治，"学而优则仕"，政治为重的中国传统官本位思想及偏好影响并引导人们的思维，逐渐固定成为人们的行为习惯和准则。历史上的"文景之治""贞观之治"一直被传为佳话，这为英雄情结的产生、扩大和被人们从心理上接受提供了丰富的土壤，并逐渐成为中华文化的一部分。

三是社会意识和规则的影响和推动。社会的意识形态、通用的行为准则和道德规范引导包括企业界在内的人们把企业的兴衰成败寄望于企业家，认为企业家是治理企业的一剂良方，是超过所有制度设计和措施的最重要的选择。人们把企业走向卓越的希望寄托在英雄式的企业家身上。大家普遍认为是乔布斯造就了苹果，刘强东造就了京东。而社会群体对于英雄人治的盲目崇拜导致企业家也往往偏向选择人治而非理性的法治。

如何摒除个人主义，真正利用科学的方法构建企业文化？可以从以下三点入手。

首先是从企业一把手的思想观念和行为习惯进行改变，树立以人为本的法治观念。企业家需要对自己的角色重新进行定位，实行法治而非随心所欲的人治，构建适合企业发展和社会环境的新型组织架构，并完善企业管理制度和流程，使公司各项管理工作逐渐规范化，关注员工需求，同时将企业家的经营思路、理念、价值观、品德修养等正面的东西与企业发展需求相结合，高度概括提炼出符合企业特点、发展要求的核心文化理念。

其次是要从管理实践出发，注重文化内涵而非形式，构建和完善企业文化体系。企业的文化建设需要形成一个体系。企业文化不能简单地教条化，而是必须形成一个用文字表述、可内部学习传播、持续发挥影响、多维度全方位的文化体系。这个企业文化体系的构建需要从管理实践出发，注重内涵。因为企业文化就是以文化为手段，以管理为目的，企业的经营理念和价值观贯穿企业经营活动和企业管理的每一个环节和整个过程，并与企业环境变化相适应，因此企业文化体系的构建不能脱离企业管理。同时企业文化如果只有表层的形式而未表现出内在价值观与理念，这样的企业文化是没有意义的，难以持续，不能形成文化推动力，对企业的发展产生不了深远的影响。

最后是要关注企业文化的个性化和创新性。任何事物的发展都有阶段性，成功的企业文化必然有其个性化特色以及不断创新、顺应时代潮流的特质。每一个企业的发展历程不同，企业的组织和架构不同，面对的竞争压力不同，所以其对环境作出反应的策略和处理内部冲突的方式都会不同。企业文化就是在不同的背景下，将企业自身的发展目标、发展阶段、经营策略、内外部竞争环境等多种因素结合起来分析，然后确定合理的、独特的文化模式。同时根据企业发展和社会进步，不断创新和调整，使其内涵价值和核心观念顺应时代，形成真正的自我循环修复并不断更新的特色企业文化。

企业文化建设需要摒弃个人偏好，按照科学合理的方式方法去构建，注重管理实践和内涵，适应时代发展，切不可挂羊头卖狗肉，或者穿着西服腰系麻绳。

案例

鳌鱼峰：不过改了个名字

鳌鱼峰是黄山三十六小峰之一，也是从玉屏楼前往北海的必经之地。游客自百步云梯出发大约走 500 米，在半山腰上有两条山路可以登上峰顶，一条是沿着主路径直往上爬，另一条是从左边的岔路绕上去。

第一条路的路程最短，只有区区几百米，但是地形陡峭险峻，两侧巨石逼仄，脚下石阶湿滑，最窄处只能容纳一个人通行，当地人称作"一线天"。第二条路在山坡上蜿蜒而行，还要穿过一个山洞，不过地势平缓宽阔，路况相对较好，风景也别有洞天，当地人称作"鳌鱼洞"。

从"一线天"上山只需不到 10 分钟，而从"鳌鱼洞"上山就远多了，要耗时半个小时才能走完。因此，几乎所有的游客都要抄近路，留着空荡荡的"鳌鱼洞"不走，一窝蜂地涌向"一线天"。然而，"一线天"本来就不好走，游客多了不仅更加拥堵，还容易发生危险。

景区想了很多办法分流游客，包括安装指示路标，安排人员引导，甚至还打算架设缆车。这些办法费时费力，游客却并不买账,一直让景区头痛不已。后来有人想出个主意,没花一分钱就解决了难题。

说起来再简单不过,无非是把"一线天"改名为"桃花道",传说游客从这里走过很快会交桃花运;把"鳌鱼洞"改名为"升官发财道",传说走这条路的游客就会升官发财。路还是原来的路,更改的路名不过是美好的祝福而已,但是没有人会拒绝心底的向往和憧憬。于是,游客各取所需,有的要交桃花运,有的要升官发财,大家各走各的路,再也不用千军万马过"一线天"了。

大道至简,悟在天成。世上许多问题并没有你想象的那么复杂,学会化繁为简、返璞归真,往往就能找到正确的答案,有时候就像给山路改个名字那样简单。

文化重在自觉,不言而喻,是通过内在的观念和价值的引领,产生一种我们所需要的行为。

案例

迪士尼的文化特质

迪士尼是一家大型跨国公司,在全球闻名遐迩,总部设在美国伯班克,主要业务包括娱乐节目制作,主题公园、玩具、图书、电子游戏和传媒网络等。2012年迪士尼收购了卢卡斯影业。2017年迪士尼在"BrandZ最具价值全球品牌100强"中排名第18位。

迪士尼旗下,拥有皮克斯动画工作室、漫威娱乐、试金石电影公司、米拉麦克斯电影公司、博伟影视公司、好莱坞电影公司、ESPN体育、美国广播公司等。

迪士尼的文化特质：

1. 创新。迪士尼一直坚持创新的传统。

2. 品质。迪士尼不断努力达到高质量标准进而做到卓越，在迪士尼品牌的所有产品中，高质量都是必须保证的。

3. 共享。对于家庭，迪士尼一直创造积极和包容的态度，迪士尼创造的娱乐可以被各代人所共享。

4. 故事。每一件迪士尼产品都会讲一个故事，永恒的故事总是给人们带来欢乐和启发。

5. 乐观。迪士尼娱乐体验总是向人们宣传希望、渴望和乐观坚定的决心。

6. 尊重。迪士尼尊重每一个人，迪士尼的乐趣是基于自己的体验，并不取笑他人。

第二章

企业文化体系

CORPORATE
CULTURE
CONSTRUCTION

企业文化是由相互依存又相互作用的诸多要素结合而成的有机统一体。认清不同要素在企业文化体系中扮演的不同角色和所处的地位，离弄清企业文化的"庐山真面目"也就不远了。

企业文化的结构和层次

找到了企业文化的本质，以此为依据，在面对纷繁复杂、青黄杂糅的各种观点和论述时，就有了去芜存菁的利器，那些似是而非、模糊、错误的观点就无所遁形。

企业文化的结构

霍夫斯泰德在其著作《跨越合作的障碍——多元文化与管理》中开篇即论述道：尽管不同时代、不同民族的文化各具特色，但其结构形式大体是一致的，即由各不相同的物质生活文化、制度管理文化、行为习俗文化、精神意识文化四个层级构成。根据该理论，我们把企业文化剖分成形象、制度、行为和价值观四个层次，如图2-1所示。当然，在学术界还有三分法、七分法等，限于篇幅，不再赘述。

通常，我们认识一个企业总是从它的外在形象开始的。这个形象包括它的名称、商标、产品、宣传手册、广告、办公环境以及员工服饰……透过这些形象表现出来的文化，我们称之为企业文化的形象层，也称物质层。它们往往是可听、可见甚至是可以触摸的，位于企业文化的最表层，距离企业文化的核心和本质也最远。从后面的论述中，我们可以了解到，它们也是企业文化中最多变、最容易被扭曲的部分。

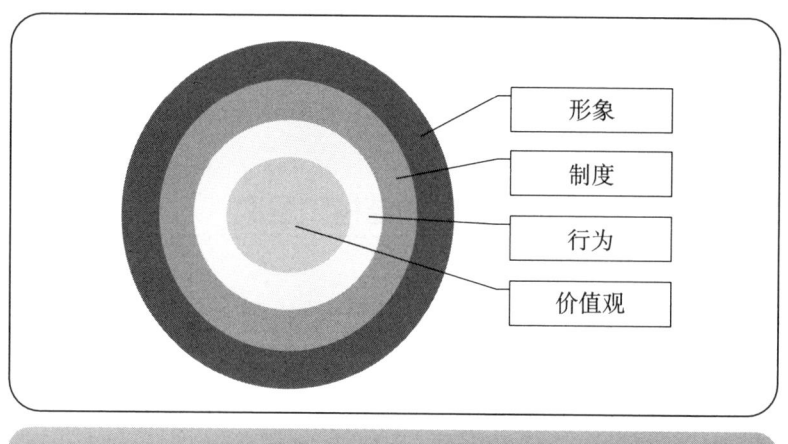

图 2-1　企业文化结构图

接下来，我们可以接触到企业文化的第二层：制度层（又叫企业的制度文化）。毋庸置疑，企业的运转是要求有制度作为保证与支撑的，员工准时上班而不是迟到早退，生产车间的工人按照规范操作而不是任意胡来，上班着装应该清洁整齐……大多是因为制度的激励与约束。

然后，我们会接触到企业文化的第三层：行为层。向客户提交产品是否按时和保证质量，为客户服务是否周到热情，上下级之间以及员工之间的关系是否融洽，各个部门能否精诚合作，在工作时间、工作场所人们的脸上洋溢着热情、愉悦、舒畅还是正好相反……这一层距离企业文化的核心和本质大大近了一步，和企业文化的核心具有直接的互动互指关系。它是企业经营作风、精神面貌、人际关系的动态体现，也是企业精神、企业价值观的折射。它是以人的行为为形态的中层企业文化，以动态形式作为存在形式。

在我国长期的企业文化研究中，有这样一个错误的认识，即认为制度应该比行为更加接近企业文化的核心，我们一开始也是这样认为的。经过之后的研究和实践发现，行为应该比制度更加接近企业文化的核心。为什么这么说？举一个简单的例子就可以明白。

从制度上，我们可以要求员工在接听客户电话时要及时响应，甚至在接听时要充满热情。但是，怎样才算充满热情，员工在接听客户电话时是不是真的充满热情，这些都不是制度可以考核的，只有员工自己从心里认同这样的规定，他才会表现出这样的行为，甚至是更为优秀的行为。行为背后，是企业文化对员工的影响，是员工对企业价值观的认同。那些将制度视为比行为更加靠近企业文化核心的人，其实是将行为等同于企业文化的第一层次——形象层，把员工那种受价值观影响而采取的行为视作一种企业的形象。

经过层层抽丝剥茧之后，我们就到达了企业文化的核心：价值观层。价值观是组织对自身存在和发展的意义、组织目的、对待组织员工和顾客的态度等问题的基本观点，以及评判组织和员工行为的标准。

企业文化是企业的灵魂，价值观是企业文化的核心。托马斯·彼得斯（Thomas J. Peters）和小罗伯特·沃特曼（Robert H. Waterman, Jr.）在《追求卓越——美国企业成功的秘诀》一书中认为：卓越公司成功的要素在于七个方面，如图 2-2

所示。

这就是著名的 7S 模型。从中可以看到，共同价值观处于核心的位置，也就是说，它是一个企业成功的核心。

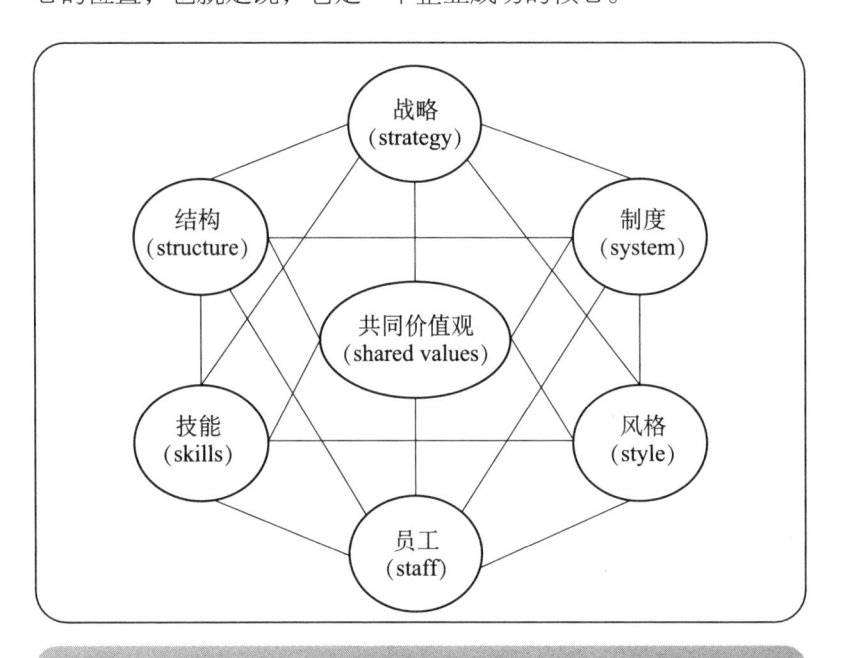

图 2-2　7S 模型

价值观是企业文化的本质，是企业文化之所以然的决定性因素，是全部企业文化的源泉，是企业文化结构中最稳定的因素。套用哲学上的说法，有什么样的价值观，就会有什么样的企业管理制度和企业行为、企业人行为以及外在形象和表现。

四个层次的关系

为了方便理解，我们用树作比喻，这可以生动形象地描述企业文化的四个层次——形象、制度、行为、价值观之间的关系。

价值观是根

根决定了树的生命力的强弱，价值观决定着企业当前的生存，更决定着企业未来的发展。实际上，价值观就是企业安身立命的根本。小到一个员工，大到一个企业，选择这样做而不是那样做，就是因为这个员工或者这个企业的老板（管理层）秉承着与之相对应的价值观。企业所有的行为都是从价值观这个根上发出来的枝丫。

制度是树干和树皮

树干是树这个生命体关键的承上启下的部分，下面连接着根，上面撑持着枝叶；制度对内直指价值观，对外则生发出组织和个人的全部行为。企业内组织和个人之所以这样做而不是那样做，是因为企业制度使其这样而不是那样做。所以，没有完备良好的制度的支撑，再好的价值观也会像没有健康粗壮的树干的树一样，只能匍匐在地上，永远长不高也长不大。此外，如果最关键的制度有缺陷，可能会像树皮被环切了一般，很快危及整棵树的生命。

行为是枝丫

树干和枝丫有时很难分开来谈，就像制度和行为很难分开来谈一样。制度和行为都是价值观的外在反映。假设你驾车行驶在郊外，天气很好，视野开阔，方圆 3 公里内没有行人、车辆。这时，你来到了一个十字路口，路口的红灯亮着，你怎么做？停车等待、毫不犹豫地继续行驶过去，抑或减速观察？不同的选择恰恰反映了你对这个情境以及情境背后潜存的社会规则的潜意识里的看法和基本假设。这些潜意识里的看法和基本假设是个体或组织在探索解决对外部环境的适应过程中所发现、学习、创造和形成的，并且在潜意识中影响着个体和组织的行为方式。

形象是叶子、花和果实

树上花可多可少，果实可以大也可以小，叶子可能翠绿也可能枯黄，春天表现出勃勃生机，冬天在肃杀的寒风中瑟缩。企业在形象上如何做文章、做多少文章，对企业的生存没有根本影响，但对企业的发展有重要影响。完全不讲究形象的企业，一如完全没有叶子、花和果实的树一样，很难让人看到它的生机。

理念体系：一个活的生态系统

在企业文化实践的过程中，我们可以看到企业文化会产生这样一个内部循环过程：在企业形成一个完整且有层次的理念体系之后，这个理念体系接着对企业的管理形成影响，即对企业的经营策略、管理制度、激励机制的制定与形成进行指导，这种管理的实践活动必将对企业员工的行为形成指导与约束的力量；反过来，企业的经营实践与员工行为又会为企业理念体系在不同经营环境条件下的变革提供依据。通过这个循环，形成了企业文化自我调节与自我完善的过程。

企业文化理念体系

从企业管理实践来看，企业文化理念体系最重要的是解决了三个问题：企业存在的目的是什么？企业未来的发展方向是什么？在发展过程中应如何做？企业文化理念体系正是通过对这三个问题的回答，从理念的高度来指导企业的生产经营行为和企业员工的行为，并充分发挥出企业文化的导向作用、凝聚作用、激励作用和约束作用，而这正是企业的高层管理者最需要解决的问题。

根据这样的体系框架，仁达方略提出了一个战略导向型企业文化理念体系，并将它分为三个层次，如图2-3所示。

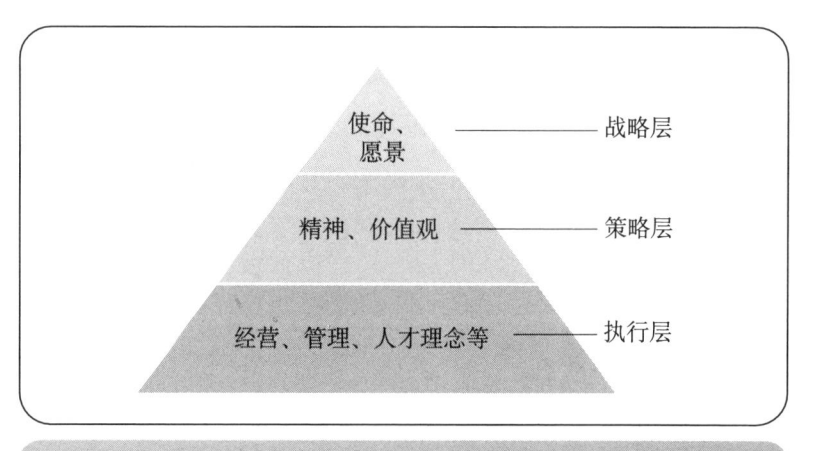

图2-3 企业文化理念体系

资料来源：仁达方略。

最高层是战略层的使命与愿景。企业的使命，是这个理念体系的基础，它决定了企业的发展方向与坚持的原则。企业的愿景是建立在使命基础之上的企业发展方向。这两者是企业制定战略的基础，因此，在企业文化理念体系中，我们将这二者定义在战略的层面上。

第二层是策略层的精神与价值观。价值观是企业与企业人的一切行为的基础，而精神则是企业与企业人在履行使命与追求企业愿景实现过程中的一种崇高的思想境界，这两者都是为使命与愿景服务的。同时，它们也是处于企业使命、愿景这两者和企业经营理念、管理理念、人才理念等之间的有机联系体，因此，它们处于企业文化理念体系的策略层。

第三层是执行层的各种理念，如经营理念、管理理念、人才理念等。我们认为，这些理念是对企业管理中各职能的理念描述和倡导，同时，也是对企业使命、愿景和价值观在企业中的具体体现与实践，因此，我们将这一层次的理念称为执行层理念。

在一个有效的理念体系中，要始终贯穿一条主线，即我们称为企业文化理念体系之魂的东西，否则，企业文化就可以说是"魂不附体"。企业文化理念体系从使命到愿景、从愿景到精神与价值观、从精神与价值观再到企业各执行层的理念，整个体系具有很强的逻辑关系。

企业文化生态系统

通过分析企业文化结构模型和战略导向型企业文化理念体系，我们认为，企业文化本身就是一个生态系统。说企业文化是一个生态系统，是说企业文化应该是和谐共生的，可以发展创新，具有自我调节功能。它具有一定的稳定性，同时又能够面对外界的变化和内在的要求做出相应调整。

企业文化是一个生态系统，它具有自己的层次，具有自己内在的上下游关系。不同层次的理念、价值观以及企业的制度文化、行为文化、物质文化与其他因素构成了整个企业文化理念体系。不同层次的文化因素具有不同的作用。

在企业文化实践的过程中，企业文化有这样一个内部循环过程：在企业形成一个完整且有层次的企业文化理念体系之后，这个理念体系接着对企业的管理形成影响，即对企业的经营策略、管理制度、激励机制的制定与形成进行指导，这种管理的实践活动必将对企业员工的行为形成指导与约束；反过来，企业的经营实践与员工行为又会为企业文化理念体系在不同经营环境条件下的变革提供依据。

这个循环形成了企业文化自我调节与自我完善的过程，如图2-4所示。

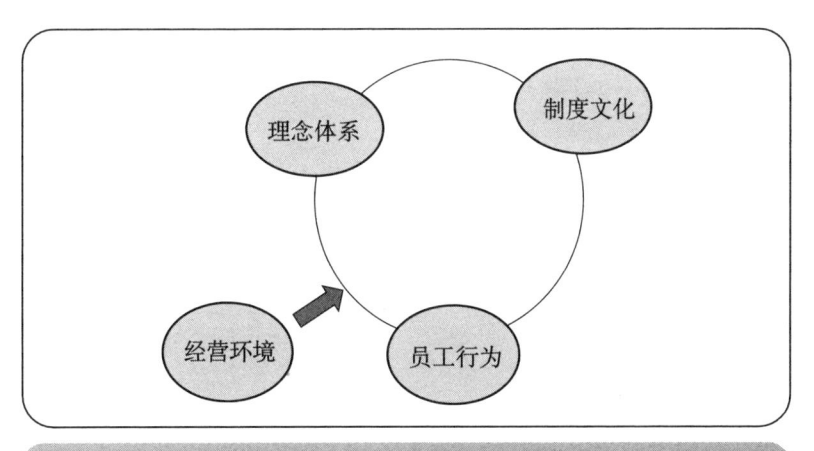

图2-4 企业文化生态循环模型

资料来源：仁达方略。

企业文化重在长期建设。企业文化理念体系需要企业在长期的生产经营实践过程中不断完善、创新发展。在实践中，企业需要根据现实的文化状况，构建具有自我调适能力的企业文化，要求企业文化与其他管理要素相辅相成，促使企业文化成为一个生态系统。

企业文化生态表明，企业文化体系是一个具有自我调节、自我完善和自我更新能力，以及具有不同层次的完整系统，不仅具有强大的生命力，而且与其他文化体系相适应，互为依赖，和谐共生。其他文化系统不仅包括整个社会、地区的政治、经济、人文等，也包括公司内部的各种子文化。

企业文化与其他管理方法一样，其产生与发展都离不开一定的条件与背景，同时，企业是在一定的社会环境中生存、发展的，企业文化是企业生存环境的综合反映。企业想获得生存与发展，需要时时关注外部的环境变化及所面临的机会与威胁，才能够不断地保持与所处的环境相互协调，从这个角度说，企业文化系统必须与社会、地区的政治、经济、文化形成良性互动，才能使企业文化系统生生不息。

此外，对某些大型的集团化企业来说，企业文化系统还需要具有对该集团管辖企业独立的文化系统进行调节与融合的功能，这一点在国际化的跨国企业中表现得尤为明显。有研究表明，只有30％的企业并购取得了成功，而绝大多数并购不成功的原因则是文化的冲突。

诊断评估：把准脉才能走对路

企业文化诊断评估是企业文化建设的重要环节，没有良好的诊断评估，便无从真正了解企业文化的现状、准确把握企业文化建设的脉络。任何一家企业都是一个相对独立、相对封闭的循环系统，因此，企业文化建设的诊断调查，一定要注意企业整体文化现实状态的系统性，以完整的文化诊断模型和多种不同类型的调查方法，分不同管理层级、不同内容维度进行调研、归纳、分析，以便得出更为科学和符合实际的结论。

企业文化态势的综合诊断评估为下一步企业文化核心理念的形成、价值观的提炼提供了直接的依据。企业文化建设在一定程度上应注重领导群体对企业文化的倡导，但是要想形成为全体员工所认同并自觉遵守的企业文化，企业文化态势的综合诊断评估则是避免文化建设片面性的有效方法。

企业文化诊断评估的方法一般包括问卷调查、深度访谈、资料研究以及现场调查等。

问卷调查

企业文化问卷调查是用来评估企业文化现状的一种方法。通过问卷调查结果的数据分析，利用各种类型的图表，将抽象的企业文化具体化，以看得见的方式来探讨企业文化的形态以及企业存在的问题。

从企业文化现象的发现到企业文化的研究，是一条理论研究与应用研究相结合、定性研究与定量研究相结合的道路。20世纪80年代中期，在对企业文化的概念和结构进行探讨之后，学术界转向对企业文化产生作用的内在机制，以及企业文化与企业领导、组织气氛、人力资源、企业环境、企业策略等企业管理过程的关系的研究，进而开始对企业文化与企业经营业绩的关系进行定量化的追踪研究。定量化研究是指在企业文化理论研究的基础上，通过企业文化测量、诊断和评估模型以及一系列量表，对企业文化进行可操作化、定量化的深入研究。

从企业文化测量与评估研究的发展趋势看,核心是对企业文化的深层结构与组织价值观、领导、决策、发展策略的相互影响的研究。

企业文化测量与评估的方法有多种,各种方法测量与评估的重点也不同。

美国密歇根大学商学院的罗伯特·E. 奎因（Robert E. Quinn）教授和凯斯西部保留地大学商学院的金·S. 卡梅隆（Kim S. Cameron）教授在长期研究组织文化的基础上,将企业文化分为四种类型：家族文化、阶级文化、活泼文化、市场文化,这四种类型企业文化特征的比较如表2-1所示。

表2-1 四种类型企业文化特征的比较

形态	重要属性	领导风格	拘束力	策略要点
家族文化	凝聚力 参与性 团体合作 家庭意识	良师 促进者 父母形象	忠诚 传统 人际关系	人力资源 承诺 士气
阶级文化	命令 规则 规章 一致性	协调者 管理者	规则 政策 程序	安定性 预测力 作业流畅
活泼文化	企业性 创造力 适应力	企业家 创新者 承担风险	企业性 变通性 风险	创新 成长 新资源
市场文化	竞争 达成目标	果断 成果导向	目标导向 生产 竞争	竞争利益 市场优势

在提出企业文化类型的同时,奎因和卡梅隆还构建了一套组织文化测量问卷,该问卷从主导特征、领导风格、员工管理、企

业凝聚力、战略重点与成功准则六个组织层面来评估企业文化的类型。

更多的企业文化测量与评估问卷则从个体的角度来评估企业文化现实状态。比如员工满意度调查、工作价值观调查与激励因素调查等，对具体问卷设计有兴趣的读者可参阅《企业文化诊断评估与考核评价》（王吉鹏，2013）。

深度访谈

访谈是企业文化调研过程中最为普遍的方法之一。访谈的优点是获取资料简捷、明确，访问双方直接面对面，可以产生互动效果，有利于问题的具体化和深度化。同时，由于进行适时沟通，避免了调查中的信息不对称问题。访谈的形式不一，可以是标准化的，即按事前设计的问题进行提问和回答；也可以是非标准化的，即访谈人比较随意地问一些相关的问题，根据被访人的回答相机行事。访谈可以采取一对一的单独访谈形式，也可以采取一对多的座谈形式。

此外，对不同层次人员的访谈能够获得不同的信息。与高层管理者的沟通，能够正确把握企业的发展战略，明确企业文化建设的方向，指导企业文化的提升。与中层领导者的交流，能够感受企业管理中的真实问题，提取企业现有文化的精华，确立企业文化提炼的框架。而通过基层访谈及座谈会，能够发现普通员工工作中的闪光点，体会普通员工对管理及企业文化的纯朴意见。

资料研究

对企业资料的研究包括对企业历史沿革、发展战略、制度、政策、机制、活动等相关资料的研究。

每一个企业在发展的过程中,或多或少都会积淀下一些企业独特的管理风格与文化内涵,企业文化建设不是对企业历史的全盘否定,而是对企业的历史与未来发展的有机结合。通过对企业历史沿革与发展战略的研究,能够为企业文化建设的方向提供有力的支撑。企业制度、机制、政策等是企业文化在企业的具体实践,往往隐含着组织对企业经营管理实践及企业员工的基本假设,通过对该部分资料的研究,能够发现这种基本假设,并为企业核心价值观的确立提供依据。

现场调查

当你接触一个企业时,这个企业的一举一动都在向你展示它的文化。因此,对企业的工作环境与人员工作状态进行现场调查,可以逐渐深入地观察企业与企业员工的无意识行为,从而发现企业文化的深层次问题。现场调查方法包括现场观察企业的实物设施、考察公司如何待人接物、观察员工工作状况等。

通过以上方法,企业文化综合诊断评估为企业文化建设者提供了以下文化建设的直接或间接数据与信息:

(1) 企业发展方向与员工对组织发展的期望;

(2) 企业的未来应当是什么样的;

(3) 企业明确的发展战略;

(4) 不同层次人员对企业文化建设的理解;

(5) 管理层及员工对企业文化作用的看法;

(6) 管理层及员工对企业文化建设的理解;

(7) 企业文化建设的基础和条件;

(8) 阻碍企业文化建设或变革的因素；

(9) 对管理文化的看法；

(10) 如何处理企业中不同部门之间的关系；

(11) 什么样的领导风格有利于企业的发展；

(12) 现在的领导风格是否符合企业文化建设的需要；

(13) 如何看待"以人为本"；

(14) 企业员工状况；

(15) 企业员工中主流的思想倾向；

(16) 企业员工中存在的主要思想问题；

(17) 企业凝聚员工的方法；

(18) 如何看待市场经济条件下贡献与收入的关系；

(19) 企业管理实践；

(20) 企业运行、管理过程中与企业文化建设相关的问题；

(21) 企业制度与企业文化的关系；

(22) 企业文化建设对企业进一步发展的促进作用；

(23) 企业精神；

(24) 企业的实力及其在客户中的形象；

(25) 企业应该给人什么形象。

使命管理：明晰企业为什么做

为什么要进行使命管理

在 21 世纪管理国际研讨会上，美国德鲁克基金会主席弗朗西斯·赫塞尔本（Frances Hesselbein）发表了题为《新世纪的使命管理》的演讲，提出了使命管理的新理念。她强调："一切工作都源于使命，并与使命密切相关。""你不需要为了管理而成为管理者，你是为了使命而成为管理者。你所做的一切工作，无非是与大家进行沟通，让大家接受这个使命，然后团结带领大家，朝着这个方向前进。"

使命表达了我们"为什么做"自己所从事的工作。如果一个组织没有使命，那么它有可能只知道自己在"做什么""何时做"，而不知道"为什么做"。弄清楚"为什么做"才是最重要的，否则，你永远不能取得应有的绩效，永远发挥不出组织的最大潜力。任何一个组织都是由人组成的，组织的驱动力源自人的驱动力，而人的驱动力又源自人内心深处的激情。如果一个人连"为什么做"都不知道，又怎么会产生源自内心深处的激情？因此，一个组织必须首先弄清楚自己的使命是什么。

使命管理下组织的任务

使命管理下的组织必须完成以下八项任务：自我评估、重审使命、取消等级制度、挑战陈规陋习、进行充分的沟通和交流、分配领导力、身先士卒和改善组织。我们择要叙述如下。

首先强调自我评估，目的在于突出组织使命中的社会责任。管理人员普遍认为：企业的社会责任就是认真地考虑公司的一举一动对社会的影响，也就是说，利润最大化不是公司第一位的目标。随着市场经济的充分发展，越来越要求"小政府，大社会"的政府模式存在，很多企业只有担负起更大的社会责任，才能赢得公众的信任和相对的竞争优势。

重审使命意味着不断地对组织使命重新定位。世界上没有一成不变的东西，组织的使命也必须随着组织环境的变化而变化，就像我们打开窗户看风景，窗外的风景是会改变的，所以需要每隔一段时间就重新审视一下我们的使命，看看它与窗外的风景是否合拍。

取消等级制度、挑战陈规陋习意味着对创新的管理。等级制度是传统管理模式的一个代表，传统管理可以说是一种"方形管理"，它把一个组织打造得像一个盒子，所有人都在这个盒子里做事，使用的是命令和控制式的语言，采取上下级结构。这样的语言和结构曾经起到了维持内部秩序的作用。但是，现在这种管理落伍了。把人们装进盒子里就无法让他们发挥聪明才智，也就阻碍了创新，使整个组织陷入僵化。

好的管理是圆形的，而绝不是方形的。圆形管理可以做到：打破上下级之间的界限，组织的领导者存在于他的同事之间，而不是站在上边或外边发号施令，这有利于进行充分的沟通和交流；没有金字塔般的森严体系，而是灵活的、流动的、处于同一平面的圆形组织结构，这有利于管理者分配领导力和身先士卒；所有人的联结点就是组织的使命，即组织的战略目标，它如同圆心，把大家团结起来，围绕着它开展工作，从而释放出所有人的创造性，这有利于改善组织，促进使命的最终实现。

使命管理呼唤卓越的管理者

出色的管理者是发现、体现价值的领导者，对组织有着清晰明了的远见并能以身作则，是道德的楷模和其他组织成员的榜样。体现价值，首先意味着体现组织的使命，作为一种理念、一种方向、一种道德的楷模，运用自身的榜样力量，来感染组织的成员为使命而努力。这样的管理者应该具有卓越的领导力。领导力从何而来？真正对领导力起关键作用的是"如何做人"，而不是"如何做事"。归根结底，是领导者的品德素质，而不是他的工作能力决定了工作的绩效。

那些成功的领导者，比如通用电气的杰克·韦尔奇（Jack Welch），总是有坚定的信仰、价值观和原则，能够通过人格的力量来带领一个团队去实现他们的目标。在具体管理实践中如何实施领导职能？很简单，领导者要身体力行，不能光说不做。无论是信仰、价值观还是原则，都要体现出来，带领大家一起奋斗，要通过每天的工作把它们体现出来。没有别的花样，就是反复表述使命，然后，从我开始，大家一起去做。卓越的管理者首先是使命的代言人，然后是它的忠实履行者。

我们面临的挑战和对策

伴随着经济全球化的深入，企业外部经营环境的不确定性加大，机遇和威胁并存。企业必须在对环境、自身能力清楚把握的前提下，选对方向，并且做得更好，才能生存下去。因此，组织必须有一个合理的前瞻性的发展战略，而制定战略的首要前提是确立组织的使命。只有把握住组织的使命，并贯穿到每一步的经营管理之中，才能在纷繁复杂的竞争中以不变应万变，立于不败之地。

使命管理的提出为我们寻求对策指出了一条道路，昭示着我们努力的方向。

建立以使命为中心的组织文化和价值观

组织文化是由相对稳定和持久的因素构成的。价值观构成企业组织文化的核心,仅仅让员工加入组织是不够的,更重要的是让员工投入企业所追求的价值目标中。只图盈利的企业只能获得暂时的成功,只有高举特定的价值目标——使命,组织才能活力永存。因此,管理者的真正任务就是重审使命,审视外在的产业链和周边的资源链,审视自己的业务能力,选定自己的核心业务,从而培育优势,管好组织的价值观,并把这种使命灌输给每一位员工。

建立学习型组织,倡导终身学习

学习型组织是一个不断开发适应与变革能力的组织。彼得·圣吉(Peter Senge)在《第五项修炼》一书中指出:"20世纪90年代最成功的企业将会是'学习型组织',因为未来唯一持久的优势,是有能力比你的竞争对手学习得更快。"1970年名列《财富》杂志500强企业排行榜的公司,到了20世纪80年代有1/3已销声匿迹,这是因为,疏于学习及成长,组织被一种看不见的巨大力量侵蚀甚至吞没了。因此,必须建立学习型组织,倡导终身学习。

激励创新,焕发生命力

创新成为时代的特征。一个企业、一个民族乃至一个国家,只有创新才会有生命力。在知识经济时代,真正的科技资产和社会财富是解决未来复杂问题的能力,这种能力又取决于解决今天和昨天复杂问题的经验,只有依靠创新才能做到。创新是指形成创造性思想并将其转换为有用的产品、服务或作业方法的过程。激发组织的创新力有三类因素:组织的结构、文化和人力资源实践。

愿景驱动：让战略适应变化

20世纪80年代后期，尤其是进入90年代以后，企业经营环境的变化日益明显。从外部环境看，技术创新加速，国际竞争加剧，顾客需求日益多样化，不确定性对企业管理的挑战越来越大；从内部环境看，员工素质普遍提高，自我发展意识日渐增强，组织趋向扁平化和弹性化等，这些都使得传统的战略管理范式面临挑战。

这些挑战使得愿景驱动型管理应运而生。

随着经营环境的变化，企业使命对战略管理的重要性进一步增强，出现了所谓的愿景驱动型管理：保持核心价值观和使命不变，同时又使经营目标、战略与行动适应变化的环境，是企业不断自我革新并取得长期优秀业绩的原因。愿景驱动型管理更加注重强调核心价值观、使命、组织层次的宏大愿景目标等对企业变革与长期发展的激励作用，更加注重战略的未来导向和长期效果，而构建与贯彻有效的企业愿景则是成功的关键。要点如下：

第一，一个好的公司愿景应包括两个部分：核心信仰与未来显像。前者包括核心价值观和使命，用以规定企业的基本价值观念和存在的原因，是企业长久不变的东西；后者包括要努力实现的宏大愿景目标和对它的鲜活描述，它们是企业期望去变成、创造并需要重大改变和进步才能获取的东西，其作用是激发变革与进步。

第二，核心信仰规定了组织的耐久性，它如同把组织连接起来穿越时间的黏合剂。核心价值观是一个组织最基本和持久的信念，它具有内在性，被组织内的成员看重，独立于环境、竞争要求或管理时尚，一般由3～5条构成。使命规定了组织存在的理由，它是促使组织努力的指路明灯，可以通过连续追问来厘清。核心信仰必须为组织成员所共享，它的设定是一个组织自我发现的过程，是员工自我看重的价值而非别人所能强加的。

第三，未来显像的作用是激发变革与进步。真正的宏大愿景目标应明确和有力，成为人们努力的焦点，并且是团队精神的催化剂。它应有明确的期限，并且容易理解。对组织整体来讲，这个目标应该需要10～30年的努力来完成。合适的宏大愿景目标的设定要超出组织的现有能力和目前的环境，并且是需要管理者和员工共同参与的一个创造性过程。此外，需要用生动、鲜活的语言把宏大愿景目标实现后的情景如图画般描述出来。对它的鲜活描述要展现出激情与坚定，以激发人们的热情和动力。

第四，愿景驱动型管理不仅要建立一个符合要求的愿景，而且要创造各种有形的机制配合核心信仰的保持和激发，以进行实现未来显像所需的各种变革。这些机制包括更强有力的企业文化氛围、适合企业特性的员工的遴选与培训、企业内部成长的领导者选择机制，以及永不满足的自我改善（自我超越）等。这些机制相互配合并且紧密围绕企业愿景，是愿景型企业持久而有活力的机制保障。

愿景驱动型管理把核心价值观、使命、宏大愿景目标等要素的不同特点和对企业长期发展的作用纳入了企业愿景的统一概念框架中，并突出了愿景目标在企业持续发展中的重要性。它更强调确定使命、组织层次的宏大愿景目标等对企业创新与长期发展的激励作用；破除了传统的使命较局限于中短期、激励性不足等弊端；克服了传统的战略规划过于强调分析竞争者优劣势与公司资源等，却无法培育出长期行动所需要的一种"值得全心追求的目标"的缺点。

价值观确立：奠定企业文化的基石

价值观：行动指南＋精神纽带

价值观，从广义上讲，包括一个人的向往、爱好、需要、兴趣、选择、责任和道德义务等内容。它体现为一个比较广的选择行为方式的范围，以及对这些行为的好坏、对错等的评价标准。从狭义上讲，价值观是我们对事物意义大小的分级、分类方式，以及评定标准或准则，它实际上是存在于个人内心的最本质的观念。价值观有层次结构，并以一种整体系统的形式存在，也称价值系统。当价值观内化为个人行为的标准或导向时，就称价值取向。

我们认为，企业价值观是指企业在长期发展中形成和遵循的基本信念和行为准则，核心价值观告诉员工"我们应该怎么做"或者"什么对我们才是最重要的"。

企业核心价值观的形成不是一蹴而就的，领导者需要将价值观具体化、目标化，融入企业愿景，使组织成员在为实现组织愿景而工作和努力的过程中形成对企业核心价值观的认可与内化，成为时刻指导个体行为的价值标准。企业核心价值观作为企业人的共同信念，为企业的生存和发展提供了努力的方向和行动的指南。没有共同价值观，企业就会像一盘散沙。

优秀企业价值观的特征

企业价值观应具备以下三个特征。

时代性

企业价值观的内容应符合时代发展的要求。我国经济已进入新常态,在建立社会主义市场经济体制的同时要参与国际竞争,在此形势下建立的企业价值观,必须具有作为现代市场经济主体的特征和放眼世界的长远眼光。

个性

现代企业的价值观,应根据企业自身的性质、规模、员工素质和发展目标等来确定,应具有反映企业自身特色的个性。

系统性

现代企业的价值观是各种价值观的体系,独木不成林,领导者价值观虽然是企业价值观的核心,但需要进一步升华、系统化,并时时在组织实践中得到明确的体现。

一些愿景型企业,如中粮、格力等,塑造出了自己的核心价值观和核心目标,虽然企业战略随着世界的变化而变化,但核心价值观相对稳定。企业的战略规划和重大问题的决策与企业的价值观紧密联系。愿景是一种方向性的战略,愿景型企业用具有挑战性的目标和生动、简洁、震撼人心的语言把企业核心价值观具体化、形象化。而共同价值观是维系企业员工的一条无形的精神纽带,围绕核心价值观的发展战略制定后,不能只停留在企业高层管理者和战略研究人员层面,而应该让所有人员都能够了解企业的整个战略意图,并使员工认同企业的发展战略。这时,企业就需要利用共同价值观这条精神纽带团结所有员工，使这条纽带具有导向、约束、凝聚、激励及辐射作用，从而激发全体员工的热情，统一企业成员的意志和欲望，齐心协力地为实现企业战略目标而努力。

归纳与提炼

在价值观变化的过程中，"破"与"立"相结合是贯彻始终的规律。所谓破，即破除与企业文化不相适应的旧观念；所谓立，即建立并完善与企业文化相适应的新观念。破与立是同一问题、同一过程的两个方面，它们彼此对立又互为条件，两者矛盾运动的全过程正是企业价值体系确立的过程。

核心价值观的辐射是指首先确立企业的核心价值观，再将核心价值观辐射到企业的方方面面，最终确立新价值观的地位。只有从核心价值观的变革开始，新的价值体系、价值规范的确立才有可靠保证。

企业价值观的提出者

无论是缔造企业文化还是变革企业文化，好的领导者都应该是成功经营理念和核心价值观的原创者。在尊重与顺应社会文化发展潮流的前提下，企业价值观应该与企业最高领导者的特性相联系。领导者的个人信念和价值观，必定影响企业价值观的形成。在企业价值观形成的过程中，领导者不是一开始就对所有问题都有清晰的认识，而是有一个逐渐认识的过程，但他本人对自己的信念和所持有的价值观应该是坚信不疑的，并愿意为之奋斗。

企业价值观以领导者个人价值观为基础，以集体追求表述出来，是领导者价值观的衍生与扩展。没有集体认同的领导者价值观不会对企业的发展起任何作用；而没有领导者价值观的引导与强化，企业价值观只能是消极的，或者企业只会是一盘散沙。

根据我们多年做企业文化咨询的经验，价值观的确立最好由少数人组成的一个小组共同完成，这个小组包括领导班子、骨干人员以及专家顾问。高层管理者也必须明白，好的价值观绝不可能仓促确立。管理人员应该拿出几个月的时间来讨论价值观，应该再三考虑它们未来可能在企业中产生的作用。

提炼和提升原则

价值体系不仅要具有时代的特色、行业的特色，更要求带有企业的特色和企业家群体的个性，因而它不能从书本上抄来，只能从企业的实践、企业家群体的实践中提炼出来。运用企业理念传达组织的价值观，动员并鼓励全体员工为实现组织的目标而努力是一项重要的领导任务。为了达到这个目的，必须遵照以下指导原则：

（1）共同参与；

（2）价值理念应能反映企业的长远目标；

（3）价值理念应该激励人心；

（4）注重价值观和变革的关键驱动因素；

（5）明确哪些行为和惯例发生变化会引起企业价值观朝理想方向转变；

（6）在企业价值观中采用能为管理所用的概念和术语；

（7）使用简单易懂的语言；

（8）企业价值观的各要素能明白无误地转换成行为。

确定企业价值观，领导者需立足于自身企业的经营特点，根据目的、环境、习惯和组成方式进行选择与定义，即企业的核心价值观要体现企业的宗旨、管理战略和发展方向，反映员工的心态，体现企业对事业目标的共同追求，体现员工努力应达到的境界。只有在认真分析研究各种相关因素的基础上，才能确立既体现企业特质，又为全体企业员工和社会所接受的价值观。

融入行动

现在，着手塑造价值观的企业大多存在三个误区：其一，缺乏对价值观理论的系统学习与思考，缺乏科学的、系统的价值观塑造手段，全凭直观感受甚至执笔者的一己之见来确定价值观。其二，所谓的价值观宣言，就是仿照其他公司，找出几个漂亮的词汇。空洞雷同的价值观比比皆是，有独特、深刻内涵的却少之又少。要避免把企业文化变成秀才文化，甚至是企业文学。其三，价值观提出以后，并未在企业真正发挥作用，企业的行为和价值观倡导的不一致，甚至背离。

在企业价值观确认以后，领导者要对核心价值观作出详尽的解释，让大家清楚企业所倡导的价值取向是什么，即群体应当遵守的基本价值标准、大家判断事物和行为的是非标准是什么；应当崇尚什么，反对什么；大家到企业来要为群体奉献什么；企业要为社会和员工提供什么；企业的使命、愿景是什么；为达成目标所采用的手段是什么；员工在企业中的角色是什么，他们应遵守的基本行为准则是什么；企业与股东和竞争者的关系如何界定；继承与创新的关系如何界定。这些都应当是价值观的内容。

一般来说，企业价值观的确立通常有以下方式。

制度建设

制度化是企业价值观落地的前奏，企业制度建设要以企业价值观为基础。当组织开始制度化后，它就有了自己的生命力，独立于组织建立者和任何组织成员之外。组织开始制度化后，它自身就变得很有价值，而不仅仅是它的产品或服务有价值，组织就有了恒久性。组织的制度化运作，使组织成员对于恰当的、基本的、有意义的行为有共同的理解。因此，一个组织具有制度化的持久性后，可接受的行为模式对组织成员来说就是不言而喻的。

工作行为

企业的所有行为都要真正体现企业价值观，否则就是"魂不附体"。价值观对行为的规范远胜于有形的约束，企业的行为不可能全部用文字规范下来，只有依靠文化的力量，比如没有文字规范领导与员工谈话时要用什么样的语气等。

绩效考核

将价值观纳入考核是近几年流行起来的，效果较好，但难度很大。价值观考核表具体如表2-2所示。

表2-2 价值观考核表

指标名称	指标定义	衡量标准
愿景目标	组织未来的描述	在组织中建立并传递一个清晰的愿景目标或方向
		激发与鼓励他人认同愿景目标，并以身作则
		适度更新愿景目标，以反映出影响企业的所有变化
负责	坚持不懈达成目标	制定与达成具有挑战性的企业目标
		展现勇气与自信，能为真理与同事挺身而出
		以公正的态度做出难以抉择的决策
沟通	信息与交流的通畅	以公开、诚实、清楚、一致的方式与人沟通，征求他们的意见和批评
		有效倾听他人的意见，并探索新的方法
		打破单位间、层级间的障碍，保障信息与沟通的通畅
		自信地分享彼此的资讯，对新构想抱以开放的态度

激励机制

企业一般通过四个方面的努力,来激励秉持企业价值观的任何行为,它们是目标(愿景)激励、参与激励、领导者言行激励、信任激励。

(1) 目标激励。目标是人们通过努力所要达到的、满足需要的预期结果。企业通过描绘和确立共同愿景,刺激员工未满足的需要,激发员工实现共同理想的欲望,调动起员工更大的积极性,从而达到激励的目的。一个有名的激励公式是:激励力量=效价×期望。式中,激励力量表示一个人的积极性,效价指达到愿景目标所具有的价值,期望指达到目标的可能性。公式说明,如果企业能够获知员工的需求,那么企业所倡导的愿景目标对企业大多数员工来说就是具有意义的。企业通过有计划、有步骤地去实现愿景目标,提高实现目标的可能性,则目标的激励力量越强,激发起的员工内心力量就越大。

(2) 参与激励。让员工参与管理、参与决策,可以提高员工对工作的投入程度。员工参与管理与决策,可以提高员工工作的自觉性,激发其主人翁责任感,把个人目标与组织目标统一起来。员工参与管理可以提高员工在集体中的自我价值,感到自己是集体中的重要一员,而非可有可无,当其意见被采纳时,更会产生心理上的满足感。

(3) 领导者言行激励。企业领导者在员工面前要树立一个积极的形象,包括领导者的个人魅力、工作能力、生活方式等,并且要与企业提倡的愿景与价值观保持一致。领导者的以身作则对员工是一种巨大的激励;领导者的良好形象有助于员工对领导者能力的相信和对其本人的信任，更有助于激发员工对集体、理想、共同的愿景和价值观的渴望。领导者的行为言语实际上给员工树立了一个榜样，使他们以此作为衡量自己的标准。

（4）信任激励。一个人受到别人的信任和尊重，其潜在的价值就会充分发挥出来。哈佛大学教授曾做过一个实验：在一个非常差的中学里，随机指定20％的学生，老师对这些学生充分信任，说这些学生智商高，一定可以考上大学。一年以后回访，发现这20％的学生成绩比其他人要好出一大截。可见，对员工表示出充分的信任，相信其能够完成任务，这样分配工作的方式与不能完成任务就进行处罚的方式相比，往往会产生很大的差别。

当员工受到激励时，他们往往会：1）自豪地告诉别人，他是组织中重要的一员；2）拥有很强的团队精神；3）认为自身的价值观与组织的价值观是一致的；4）对组织有归属感并忠诚于组织；5）对组织有强烈的主人翁意识，在组织的支持与信任中感到自信。

公司将价值观融入各个体系后，应该抓住一切机会倡导这些价值观。据说，一条信息只有在管理者重复七次之后员工才会相信。管理者抓住机会多加重复总是有益的。

许多公司将它们的价值观印在卡片、T恤和咖啡杯上，最有效的办法却要简单得多，而且花费更少。我们来看看某百货公司——一家以价值观为驱动力的公司——是如何不断向员工重复公司的核心价值观"客户服务"的。在入职培训时，公司不是给新员工一本详细的手册，告诉他们如何向客户提供优质服务，而是向他们详细讲述公司的同事如何竭尽全力赢得客户称赞的故事。其中一个故事讲到，一位销售代表曾同意客户退回了已购买两年的女式衬衫。这个故事讲了一遍又一遍，最终使员工更加相信，他们是在为一家不同寻常的公司工作。在商店不营业时，经理们会通过公司内部的广播系统，宣读客户的表扬信和批评信，这样员工可以直接听到别人对他们工作的评价。员工就卓越服务提出了新方法时，公司总是会以现金、公开表扬及其他方式进行奖励。

价值观的变革与创新

价值观并不是一成不变的，而应随着内外环境的变化不断发展和完善。

核心价值观的更迭，都是先在上层形成，然后逐层传递，逐步改变员工原有的信念。除了信念的改变，改进的企业文化的实践与巩固，需要企业内部所有资源的配合。企业内各部门之间存在密切的联系，对单一部门的重大改革往往只能是徒劳。为了取得改革的有效成果，必须针对全局统一实施，而这种全局性的变革，也只能源于企业的最高层。在价值观的变革与创新中，关键的过程唯有在企业领导者的直接领导下才能实施。

由于价值观念的更新是一个艰难的过程，而且需要很长的时间，因此，要尽量避免完全重建，最好是逐步发展和完善。高管们要积极推动变革，可以通过推行参与管理、加强信息沟通等方式来加速企业成员观念的转变。当然，必要时也可以采取强制措施来推行变革，这取决于外部环境的变化程度。如果外部环境变动剧烈，企业成员一时又难以接受新的价值观念，在这种紧急情况下，企业领导者也可以强行变革，以保证企业对外界的适应能力。

一般来说，价值观变革的流程是：

（1）创造理想中的企业文化的愿景；

（2）从能力入手分析当前企业文化；

（3）找出需要改进的首要弱点；

（4）认清哪些是支持变革的文化因素，哪些是阻碍因素；

（5）集思广益，找到可能实现的理想途径——具体措施和行动步骤；

（6）找出改变价值观可以利用的最强有力的杠杆；

（7）制定行动计划，其中包括沟通策略、行动步骤、时间表和评估进展情况的手段。

综上，企业价值观的起飞与落地是一个完整的闭环，如图 2-5 所示。

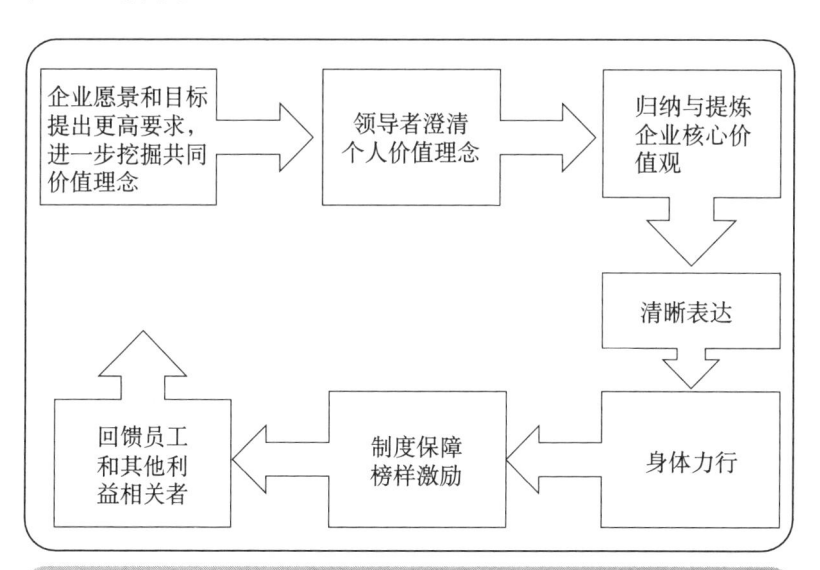

图 2-5　企业价值观的起飞与落地过程

资料来源：仁达方略。

运营理念：贴近经营实践

一个企业具有多种职能系统，每一个职能系统对文化都会有不同的看法。要使各职能系统体现出企业的使命、愿景与价值观，并将之落到经营管理实践中去，需要用执行层的各运营理念来指导企业具体的经营管理实践。

企业文化运营理念有不同的称呼：有的称为某某理念，如管理理念；有的称为某某观，如质量观；有的称为某某哲学，如经营哲学等。

企业理念与企业的世界观应保持一致，不能彼此冲突。企业理念本身就是对企业存在的目的、发展方向的看法，以及在企业发展过程中秉持的行为准则；企业的世界观也是对企业运营过程中所秉持准则的描述，两者之间性质是相同的。如在理念体系中企业哲学表述为"伟大，在于创造"，而在世界观中哲学观则是"扬长避短"，这样整个体系在逻辑上就产生了矛盾。

此外，有的企业理念脱离企业实践，不具备指导实践的作用。在某理念体系中，有三个相同层次的理念：企业目标、企业战略、企业定位。这三者都是处于企业战略层面的理念。比如，某企业战略为"在涉足的领域中，迅猛做大、做强、做精、做透，构筑世界一流企业"，企业定位于"全球名牌家电生产制造中心"，而目标则是"从优秀到卓越"，这就让人感觉有点不着边际。

针对这些问题，企业在构建文化体系时，应当牢牢把握下面两点：

一是运营理念是对企业的使命、愿景与价值观的具体体现，它们之间具有很强的逻辑关系。运营理念的构建不能脱离企业的使命、愿景与价值观，同时要能够与企业的经营实践相结合。

二是运营理念会随着企业所处的经营环境不断发生变化，在构建时要充分考虑到目前企业的经营管理特点，并凸显企业现阶段经营管理的重点，而不是面面俱到。

延伸阅读

使命有什么用

企业使命有什么用？企业的使命和战略有着怎样的关系？没有明确的企业使命，企业将会有怎样的命运？

通俗来讲，企业使命是对企业是什么、为什么存在的界定和定位，它规定了企业应当做什么、不做什么。企业使命反映了企业的目的、特征和性质，是企业存在的意义和价值，或是企业所肩负的最大责任。例如同仁堂的使命是"弘扬中华医药文化、领导'绿色医药'潮流，提高人类生命与生活质量"，美的的使命在于"为人类创造美好生活，为客户创造价值，为员工创造机会，为股东创造利润，为社会创造财富"。明确企业使命，也就是对企业是干什么的、为哪一类顾客服务、我们对顾客的价值是什么、我们的业务是什么等问题进行思考和做出回答。

联邦快递作为全球四大快递巨头之一，秉承"联邦快递，使命必达"的理念，是世界上第一个承诺准时送达的公司。联邦快递本来是一家空间服务商，但是它宣称"使命必达"，变成了一个时间服务商。联邦快递为了实现企业的使命——"联邦快递，使命必达"，以"限时"和"时效"作为企业的发展战略，为客户提供快速、可靠、及时的服务。

确定企业使命是制定企业战略目标的前提，是战略方案制定和选择的依据，是企业分配资源的基础。企业在制定战略之前，必须先确定企业的使命。因为企业使命的确定过程，常常会从总体上引起企业发展方向、发展道路的改变，使企业发生战略性的变化。英特尔就根据企业使命的改变不断调整自己的发展战略。20世纪80年代中期，为了对付日本竞争对手挑衅性的定价策略，英特尔总裁安德鲁·格罗夫放弃了存储芯片业务，将全部精力致力于为个人计算机开发更强大的微处理器。格罗夫的决策，实际上给英特尔公司带来了一个新的战略使命：成为个人计算机行业微处理器主要供应商和领导者。

英特尔的成功也告诉我们，使命不是一成不变的，它是一个历史的范畴、动态的概念，在不同的时期有不同的内涵。英特尔在外部环境发生巨大变化时，大幅改变了公司的使命，也对公司的战略方向进行了大幅调整，从而改变了企业的命运。企业要在动态的环境中生存和发展，必须主动适应不断变化的外部环境。连接企业与外部环境的是企业的战略计划，企业的战略计划首先要确定企业使命。企业使命为企业的发展指明了方向，是一个企业长久发展的不竭动力。因此，当环境发生变化时，为了适应这种变化，企业必须及时调整使命，并制定出适应新环境的新战略。

回答开始的问题，就是一句话：环境决定使命，使命决定战略，战略决定命运。

延伸阅读

一定要搞清楚企业的基本价值

一篇题为《经济新常态下的企业文化任务》的文章引起了我的注意，在关于企业核心价值观的问题上，我有不同的看法，不吐不快，仅为学术探讨，没有任何人身攻击的意图。

这篇文章探讨了新常态下的企业文化建设如何开展，这个主题下有几个论点，文中提出企业要深入思考这么几个核心问题：第一，我们为什么要做企业？这就是我们所理解的学术意义上的企业使命。第二，我们要成为什么样的企业？这就是我们所理解的学术意义上的企业愿景。第三，企业和社会的关系，这个可以理解为价值观的一部分，就是企业要处理好个人与利益相关者的关系。第四，什么是我们最想要的？这可以理解为价值观的核心。

在最后一个问题上，我持不同观点。我一直坚持认为：企业应该搞清楚什么对我们是最重要的，这才是价值观的本质，而不是什么是我们最想要的。如果以功利的心态来看，企业最想要的，首先莫过于利润（无非名和利），然后是可持续性，再有就是创新能力、社会影响力等，这可能是我们最想要的，但它不见得是对企业最重要的。价值观存在一个排序的问题：最想要的不见得排在最重要的位置。我们追求利润，未必事事都唯利是图，而且如果把最想要的排在最前面，比如把最想要的追逐利润作为企业最重要的事，企业的使命会失掉，愿景也必然达不成。我们所说的企业的价值观和人生观、世界观是一样的，无非是把企业人格化了，企业跟人一样有喜怒哀乐、生老病死，企业同样有自身的价值追求。

对于个人来说，什么对我们是最重要的？比如我是一个灾民，在山区里面遇到地震，好不容易逃命出来了，这时看到一堆馒头，但是馒头是别人的。这时，我的行为就会受到价值观的约束。我的价值观是什么？假设我认为做人守本分最重要，不是我的东西，没有经过主人的许可，坚决不能动，所谓饿死事小，失节事大。在这种价值观的约束下，我可能看到这堆馒头，最后却把自己饿死，这是一种价值选择。还有可能我有另外一种价值观：什么对我是最重要的？保命最重要。这种价值观的约束下，我可能连偷带抢把馒头吃了。这就是两种完全不同的价值观。价值观就是选择标准，你的标准是什么，就会有什么样的选择。

对于企业来说，重要的事情有很多，比如获取利润、承担社会责任、追求可持续发展、提高员工福利等。但是对你来说，什么是最重要的？把它描述出来，就是我们要建设的价值观，这是企业最核心的命题。

关于企业价值观的建设，方向必须明确，阐述必须清晰，不能回避，更不能含糊不清、似是而非。

案例

丰田的使命

使命是企业存在的意义和价值，或企业所肩负的最大责任、存在的最根本目的。一个公司,如果能够用最短的时间把公司使命说清楚,那么它就是成熟、有影响力的。

关于企业使命,在今天看来仍然是企业要回答的重大命题。当今中国,很多新型企业仍热衷做多元化,一个企业要把注意力放在核心业务和自己的核心优势上,因为偏离航向而失败的例子太多了。不懂得放弃,就永远什么也得不到,一言以蔽之,做减法有时候比做加法更重要。

在全球制造领域,新技术进步、新业态新模式不断创新,打破了传统制造产业边界,对制造企业文化带来革命性挑战,很多企业的客户与对手变得越来越模糊。

2018年1月8日,丰田汽车公司发布了一个炸裂性的新闻,61岁的丰田章男宣布,丰田将从汽车公司转型为移动出行公司,从一家汽车制造企业变成互联网服务企业。转型后,丰田的竞争对手不再是大众、宝马等汽车制造商,而是变为谷歌、苹果和脸书等科技巨头。

丰田不造汽车,造一种叫 e-Palette 的多功能出行平台。准确地说,e-Palette 并不是一款丰田车,而是一个具备自动驾驶能力的纯电动底盘,丰田纯电动底盘的尺寸从 4 米至 7 米不等,这些底盘与不同形式的车厢结合,从而具备不同的功能,不同的车厢能够提供不同的使用场景,包括共享乘车、商品零售、货物运送、办公室、厨房等。

这些丰田 e-Palette 纯电动底盘有什么用呢?

早上7点钟它可用于上班通勤,上班早高峰后,配备自动驾驶技术的底盘可以自己开到下一个目的地,换上另一个车厢,也许是个商店,在10点之后就变成一个移动商铺,行驶到指定地点进行兜售。下班时间，它又可以再次转变为班车。实际上，丰田将 e-Palette 汽车地盘定位为智慧城市的一部分、移动出行服务的一个分子，汽车制造的新生命刚刚开始。

与此同时，丰田率先提出了一个名为"移动出行联盟"的创新型组织模式，包括亚马逊、必胜客、优步等领域标杆企业，都成了丰田的朋友，这又是一个车企关于未来最"胆大妄为"的畅想。

这是一个强者主导剧烈变化的时代，大润发创始人黄明端给出警示："我战胜了所有对手，却输给了时代！"换句话来讲，没有成功的企业，只有时代的企业。

你不得不承认，现代科技和丰富的想象力重塑了传统汽车产业，原有产业市场边界被打破，吸引更多竞争者进入的同时，新市场规模也在变大。企业的使命要适应趋势要求，才能引领企业更好发展。

资料来源：根据王吉鹏博客整理，http://blog.sina.com.cn/s/blog_49205b0e0102yhe0.html。

案例

波音事件：文化基因的改变必然造成恶果

企业文化基因决定着企业的成长，再好的企业文化，如果过于追求利益最大化而去篡改基因，就会导致企业文化虚化变质，甚至会走向反面。

一家企业的衰落或覆灭，其内因一定是文化基因损坏，这往往以企业文化的颓废和进取精神的萎靡为先兆。

波音公司作为航空业中的百年企业、世界上最大的军用和民用飞机制造商之一，强调对社会责任的担当、倡导诚信原则和生产安全可靠的高品质产品，展示了一个科技企业应具备的责任和担当。波音公司的长期使命是：我们要成为世界排名第一的航空公司，同时在品质、获利及成长方面成为业内的佼佼者。

然而，从 2018 年 10 月 29 日到 2019 年 3 月 10 日，短短 5 个月内，波音 737 MAX 8 连发两起空难，先后导致 189 人、157 人遇难，这是人类的悲剧。据不完全统计，目前已有数十个国家（地区）全面停飞 737 MAX 8。人命关天的事，谁都不敢拿生命开玩笑，视国民安全为儿戏。

波音公司爆发的这一系列问题不是偶然现象，其企业文化早已出现问题了。

几年前，就有人深入波音内部，揭露了波音公司不为人知的"秘密"。波音公司在制造波音 787 时不断对供应商降低预算，由此造成了生产过程和产品质量大打折扣。波音公司彻底失去了自己原有优秀的企业文化，异化成了麦道"为了赚钱不惜偷工减料"的模式。

文化基因改变恶果之一：眼前利益为重，抛弃行业底线

波音公司的"神"操作，让人强烈感受到在打利益算盘。年报显示，波音公司 2018 全年营收 1 011 亿美元，其中，净利润为 104.6 亿美元，同比增长 19%。在四大主要业务板块中，商用飞机营收占全年总营收达 60%。波音公司早期倡导的"行业地位第一,短期利润第二"的投资观已经不复存在。"无论对员工、客户、政府抑或是其他利益相关方,以诚相待,不为短期利益而违背原则,用正确的方式沟通与合作,是波音的特点。"从现在波音公司的企业文化里,已经看不到了。

文化基因改变恶果之二:责任缺失,只把契约精神挂在嘴上

具有开拓创新和担当责任的勇气是波音公司重要的文化特质。波音公司在全球飞机制造业中的领先地位,就是凭着这种勇气与担当历练出来的。面对737 MAX系列两场空难,从事故后的一系列动作看,波音公司的表现不及格,未能让人服膺。波音公司的责任意识犹如断线的风筝渐行渐远。

文化基因改变恶果之三:缺乏人道主义,充斥冷漠和自负

热情是波音能够完成世人不敢想象或认为无法实现的事情的法宝。波音公司在制造飞机时,一直都很重视顾客满意度,这也是波音取得成功的一个重要原因。如今,波音公司应该反躬自省,而不是顾左右而言他,更不是散发虚幻的信心论,充斥其间的是冷漠,是傲慢,也是自负。波音公司早期强调的客户满意的经营理念和人道主义已经荡然无存。

文化基因改变恶果之四:缺乏敬畏,组织纪律性涣散

因为在交付的KC-46加油机里发现了垃圾和遗弃的工具,美国空军拒绝接收波音公司的飞机。美国空军负责采购的最高级官员在访问了组装这些飞机的工厂后表示,波音的问题相当严重。空军官员认为,飞机里面有垃圾和工具虽然并不是设计或安全问题,但是,这显示了波音组织纪律涣散和波音公司文化的堕落。

企业是一个生命体，企业文化是企业生命的基因。企业文化的性质及其具体构成决定了其在企业经营中的重要地位和作用。虽然波音737MAX的缺陷是低级的，但这是内部组织文化损坏的结果，正是文化基因的改变造成了波音公司现在的恶果。

波音公司文化基因改变、价值观背离造成的恶果是极其惨痛的！

企业文化是可以改变的，或向好或向坏，事关企业生死存亡，大意不得。愿企业家们都能从文化迷失到文化自醒；从文化自醒到文化自信；从文化自信到文化自觉，从而实现认识到精神境界的飞跃和提升。

资料来源：王吉鹏. 波音事件：文化基因的改变必然造成恶果. 中外企业文化，2019（8）.

案例

电力行业企业文化诊断评估

——基于CMAS框架大数据文化诊断评估

电力是国民经济的基础产业。本案例通过科学诊断评估，客观真实揭示电力行业企业文化的现状，包括电力行业的企业文化特征、文化走势、行业从业人员心态、文化诉求和价值导向、主流文化发展方向。本案例依托仁达方略企业文化诊断与评估系统（CMAS），采用问卷调查的方法来剖析电力行业企业文化。问卷包含12个维度、33个要素，共有121道选择题。调查过程中共选取了 25 家电力企业，有效回收调查问卷 3 268 份。这 25 家企业涵盖了不同地域、不同规模、不同所有制以及产业链不同环节的电力企业，同时在企业内部按照性别、年龄、学历、工龄、岗位类别进行了整群抽样，科学地选取了调查的对象及数量。

我国电力行业企业文化的现状

在多年的发展历程中，电力企业积累了深厚的文化底蕴、丰富的企业文化素材，构建了相对完整的企业文化体系，员工对企业文化的认知认同度较高，企业文化在生产经营管理实践中得到了落地，企业整体具有良好的社会形象，履行社会责任相对充分，员工展现出良好的风貌和精神状态，团队有凝聚力、战斗力。

随着外部环境和行业的发展变化，电力行业的文化特征也在不断发生变化。电力行业企业文化与其他大型国有电力企业总体趋向一致，相比之下，电力行业的文化建设水平相对较高，行业内部不同类型的企业呈现出不同的文化建设状态。

在企业文化影响因素中，领导力、队伍结构、企业发展阶段、体制因素、社会发展等对电力企业文化的影响较大；行业分布（电源、电网、电建、电力设备等）、传统文化、政策因素等对电力企业文化影响一般；地域因素对电力企业文化的影响较小。受年龄因素影响，员工有不同的文化诉求和价值取向，新生代员工对企业文化冲击不小。

1. 电力行业企业文化总体状态良好，员工对公司企业文化总体评价较高。电力行业企业文化态势的总体得分为 3.69 分，高于仁达方略数据库中各行业的均值（3.60 分）。

如图 2-6 所示，33 个要素中得分最高的为企业形象（4.31 分），其次为收入福利（3.98 分）和员工忠诚度（3.94 分）；得分最低的为用人体制（3.41 分），其次为沟通现状（3.47 分）。这说明电力企业具有良好的企业形象，员工工作报酬和忠诚度相对较高；但用人体制不够灵活高效，工作过程中跨部门、跨公司协作沟通不顺畅，需要加强和完善。

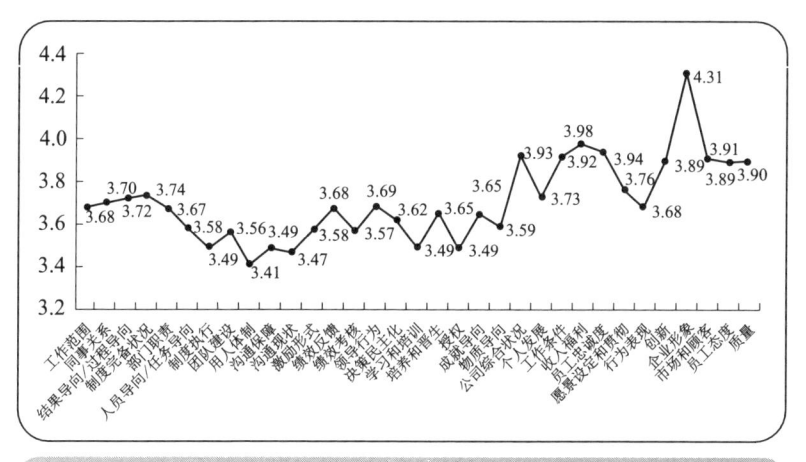

图 2-6　电力行业企业文化各要素得分

2. 电力行业的企业文化与其他大型国有企业态势一致，建设水平相对较高。

通过与仁达方略数据库中具有代表性的大型国有集团企业的调查数据对比，国有电力集团企业文化总体诊断数据与其他大型企业的数据在走势上吻合，与现阶段国有大型企业的企业文化态势基本一致。相比之下，国有电力企业总体得分和各要素得分都很高，展现出电力行业深厚的文化底蕴和现实良好的文化建设状态（见图2-7）。

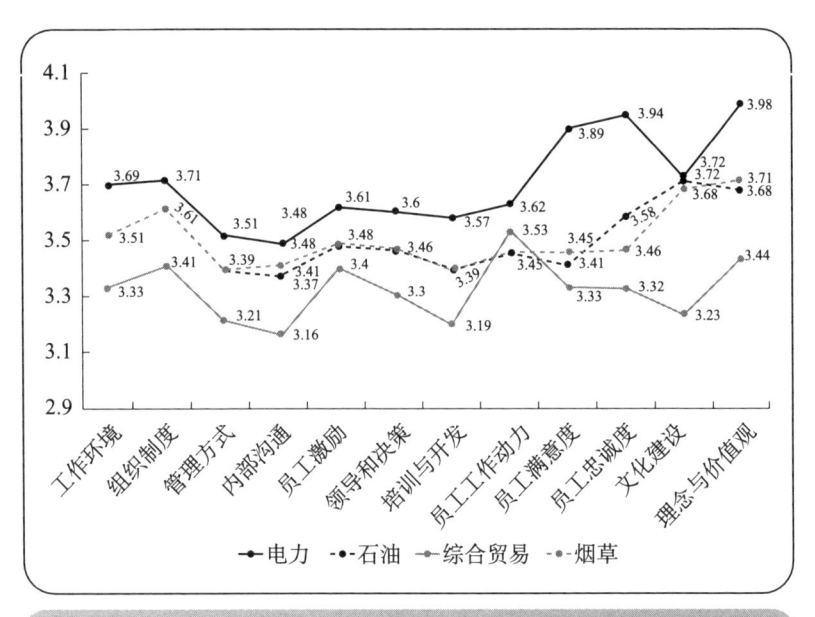

图2-7 不同行业国企企业文化数据对比

如图2-7所示，国有电力企业文化平均值高于其他大型国有企业，员工对企业文化评价较高。和其他国有企业相比，国有电力企业在组织制度建设方面处于弱势，表明电力企业在组织建设、机制运行等方面还有改善空间；员工更加注重个人发展，培训成为电力企业未来需要重点考量和需要加强的工作项。

3. 不同类型的电力企业文化走势存在吻合性，电源、电网企业文化建设相对优于电力设备和电建企业。

从电力行业内部来看，电源企业、电网企业、电力设备企业、电建企业的文化评价数据在走势上存在吻合性，文化态势基本一致。电源企业和电网企业总体得分相对较高,展现出良好的文化建设状态,这与它们文化队伍建制稳定,企业文化建设投入相对较高有关。

如图 2-8 所示,通过四类电力企业相比较,电网企业在组织制度、管理方式等方面存在改善空间;电源企业工作环境有待优化;电力设备和电建企业的员工忠诚度有待提高;同时,管理方式、内部沟通、培训与开发为四类电力企业未来需要重点关注和加强的事项。

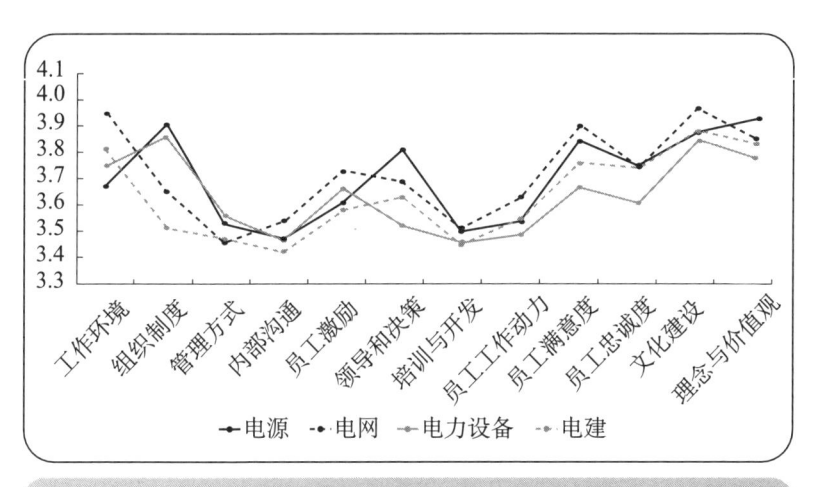

图 2-8 不同类型电力企业文化数据对比

4. 电力企业中不同年龄段员工的文化诉求和关注的重点有所不同。

如图 2-9 所示,60 后员工主要关注管理方式、内部沟通和组织制度;70 后员工和 80 后员工作为公司骨干力量,主要关注成就导向、培养晋升和团队建设;90 后员工较为关注工作氛围、培养晋升和收入福利。

60后主要关注的要素

- 工作氛围 8%
- 组织制度 15%
- 内部沟通 17%
- 绩效形式 10%
- 决策民主化 9%
- 管理方式 22%
- 工作条件 8%
- 用人体制 11%

70后主要关注的要素

- 培养晋升 19%
- 个人发展 12%
- 内部沟通 6%
- 绩效形式 11%
- 团队建设 15%
- 成就导向 22%
- 工作条件 8%
- 用人体制 7%

80后主要关注的要素

- 培养晋升 17%
- 同事关系 9%
- 内部沟通 8%
- 绩效形式 12%
- 团队建设 15%
- 成就导向 21%
- 工作条件 8%
- 激励形式 10%

图 2-9 电力企业不同年龄段员工关注重点

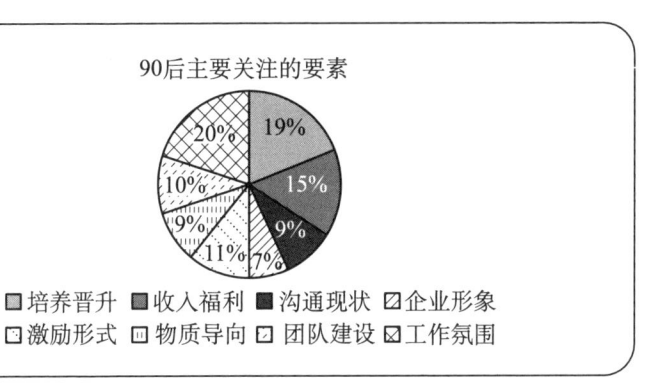

图 2-9　电力企业不同年龄段员工关注重点（续）

5. 电力行业的企业文化受地域影响相对较小。

电力行业实行集中统一管理，地域差异对企业文化的影响并不大，从东北、华北、华中、华东、东南、西南、西北七大区域比较来看，在每个维度上，各个区域的评价得分差距比较小，相差在 0.2 分范围之内（见图 2-10）。

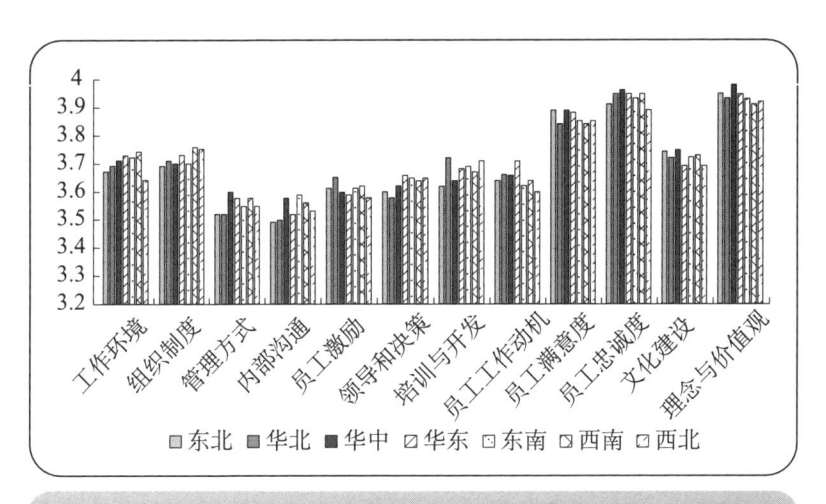

图 2-10　不同地域电力企业文化建设得分

6. 电力运行期的企业文化得分高于建设期企业文化。

从建设期和运行期的企业文化数据走势来看，运行期企业文化得分总体高于建设期企业文化得分，其中在工作环境、组织制度、员工满意度、文化建设、理念与价值观等方面，运行期明显高于建设期（见图 2-11）。

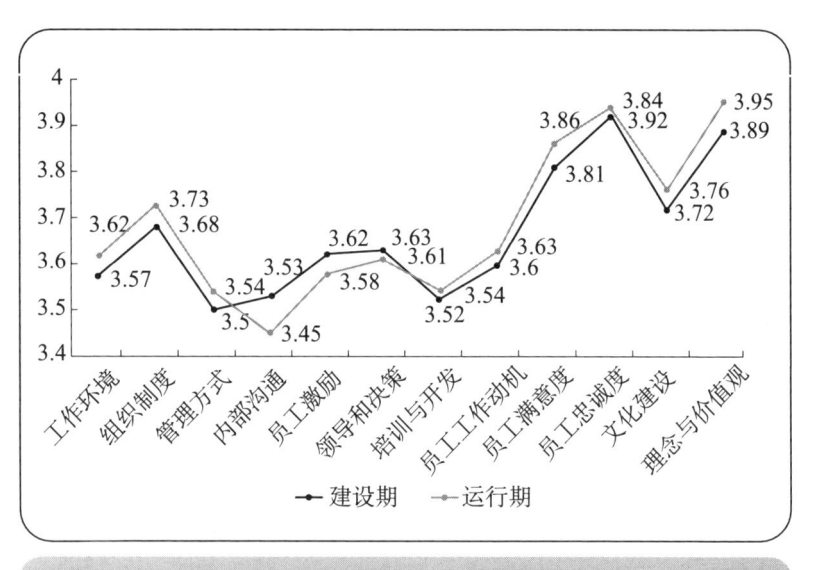

图 2-11　不同时期电力企业文化建设得分

7. 国有电力企业的文化得分高于民营电力企业文化。

体制因素对企业文化的影响显著，国有电力企业文化得分总体高于民营电力企业文化得分，尤其在工作环境、组织制度、培训与开发、员工满意度、员工忠诚度、文化建设、理念与价值观等方面，国有企业明显高于民营企业（见图 2-12）。

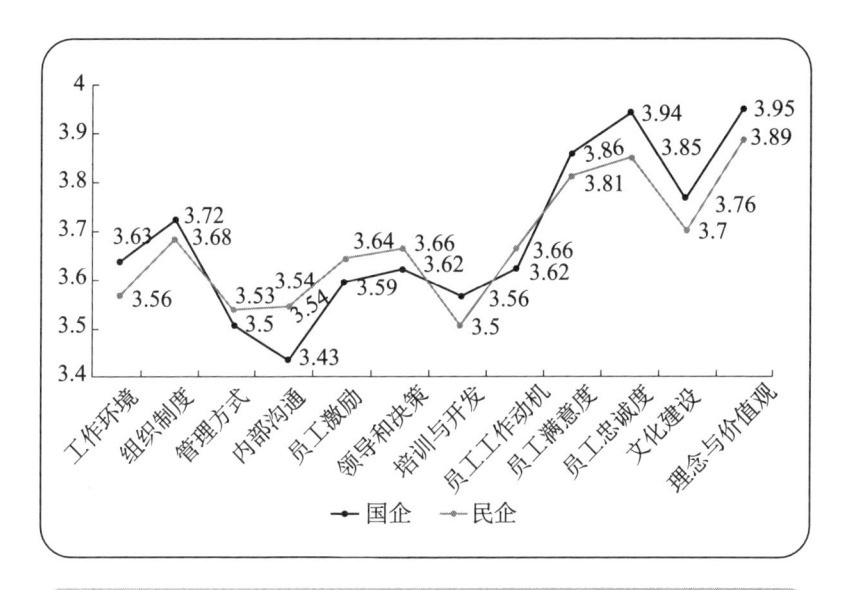

图 2-12　不同体制电力企业文化建设得分

8. 国有电力企业文化现状和理想的文化之间的差距在逐渐缩小。

文化审计表明，大多数国有电力企业之间没有明显的文化差异，但是国有电力企业文化现状和理想的文化之间存在差距，这说明企业现有文化存在弱点。同时随着外部环境和行业的发展变化，这种差距在逐渐缩小，比如人情逐渐趋淡，但影子还在；安全需求不像以前那么强烈了，电力企业的高收入性和人员低流动性在改变。

基于 CMAS 诊断：电力企业关键成功要素及优秀文化基因提炼

优秀文化的形成来自企业在发展过程中逐步积累的成功要素，这种成功要素在企业发展史中学习和传承，积淀为企业的文化。因此，对一个企业的文化追根溯源时，必须对企业发展中的关键成功要素进行分析。

通过对具有代表性的电力企业关键成功要素进行量化分析，排名靠前的电力行业关键成功要素依次是：高素质人才队伍（45%）、领导团队（39%）、卓越的战略管理（38%）、规范的企业管理（37%）、重视自主创新（35%）；排在最后的分别是：优质的客户服务（15%）、培训学习（18%）、健全的内部沟通（19%）、高质量（19%）（见图2-13）。

在关键成功要素分析基础上，通过大数据高频词分析，结合电力企业发展实际情况，总结提炼出我国电力行业企业的优秀文化基因，其中包括开拓创新、严格规范、事争一流、敬业进取、关爱员工、团结凝聚、精细管理、和谐发展等（见图2-14）。

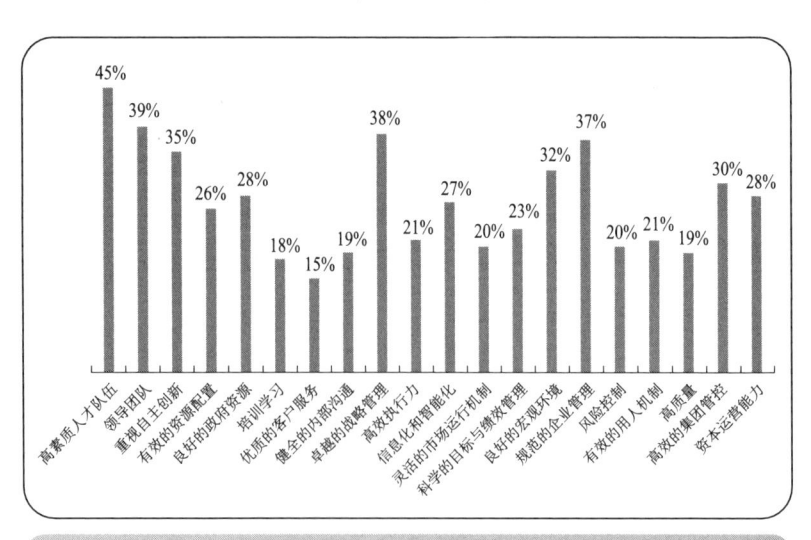

图2-13　电力行业关键成功要素

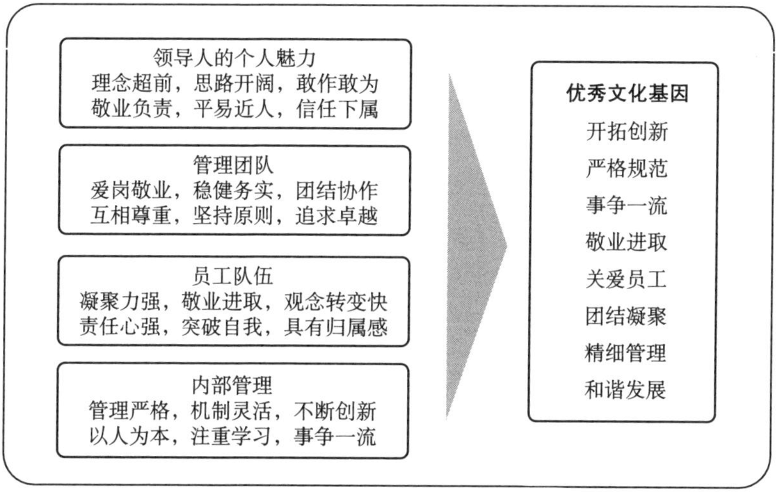

```
┌─────────────────────────────────────────────────┐
│  ┌─────────────────────────────┐                │
│  │     领导人的个人魅力          │                │
│  │ 理念超前，思路开阔，敢作敢为   │   ┌──────────┐│
│  │ 敬业负责，平易近人，信任下属   │   │ 优秀文化基因││
│  ├─────────────────────────────┤   │  开拓创新  ││
│  │        管理团队              │   │  严格规范  ││
│  │ 爱岗敬业，稳健务实，团结协作   │▶ │  事争一流  ││
│  │ 互相尊重，坚持原则，追求卓越   │   │  敬业进取  ││
│  ├─────────────────────────────┤   │  关爱员工  ││
│  │        员工队伍              │   │  团结凝聚  ││
│  │ 凝聚力强，敬业进取，观念转变快 │   │  精细管理  ││
│  │ 责任心强，突破自我，具有归属感 │   │  和谐发展  ││
│  ├─────────────────────────────┤   └──────────┘│
│  │        内部管理              │                │
│  │ 管理严格，机制灵活，不断创新   │                │
│  │ 以人为本，注重学习，事争一流   │                │
│  └─────────────────────────────┘                │
└─────────────────────────────────────────────────┘
```

图 2-14 我国电力行业企业的优秀文化基因

新时代电力企业文化建设特点和发展方向

新时代，电力企业需要不断加强企业文化建设和创新，新时代、党建、创一流、精细化管理、人本文化、安全文化、市场意识、国际化、社会责任、文化融合、新生代等成为电力行业企业文化建设的关注热点和重点，其中也不乏难点。

1. 强调和突出与新时代、新经济相适应的文化特点。一个好的企业文化必须符合时代要求，体现时代特征，能够站在时代前沿，引领企业发展。新时代下电力企业文化建设在内容上一定要强调和突出以下几个与新经济相适应的文化特点：一是强调创新；二是提倡共享；三是重视学习；四是不断融合（见图 2-15）。

强调创新	新时代的经济特点充满不确定性,所以企业必须不断创新,才能立于不败之地。建设创新文化,需要从精神层面、制度层面和物质层面等多方面开展工作,其中最为重要的是进一步增强创新观念,建立健全激励创新的管理体制和运行机制。
提倡共享	经济全球化的典型产物是虚拟与共享。虚拟就是与信息紧密挂钩的高智能性知识密集型产品和产业以及企业的虚拟化经营相结合。共享就是利用虚拟可以实现个人、个人与企业、企业与企业的互利共荣。面对这一经济特点,一定要构建与之相适应的企业文化。
重视学习	新时代下,知识更新速度太快。必须打造学习型团队才能适应时代,跟上时代。学习型企业文化高度重视人的因素,特别是人的素质的全面提高,注重企业和员工的协调发展,是人本管理最高层次的体现。
不断融合	新时代的主要特点还有融合。经济全球化导致竞争的内涵发生变化,竞争中合作成为企业发展的一个重要商业模式,企业文化的相互融合,才能适应这一商业模式的发展,才能实现企业之间的优势互补和资源重组,实现更为广泛的双赢或多赢。

图2-15 新时代电力企业文化建设的特点

2. 以党建文化引领企业文化建设。

十九大召开以来,党建工作受到了前所未有的重视。近年来,广大电力企业不断深化党建文化探索,把党的先进思想和运行机制融入企业价值观塑造和企业管理中去,形成了各具特色、内容丰富的党建文化,在企业发展中发挥了重要作用。华能集团把党建工作和企业文化建设相结合,积极践行社会主义核心价值观和华能"三色文化",增强员工队伍的向心力和凝聚力,为改革发展提供强大的精神动力。华电"三融入、四引领"的党建创新实践,主导力在于集团公司党组抓好顶层设计,生命力在于基层党组织抓好落地生根。国家电网牢牢抓住三年战略突破期,以党内政治文化引领企业文化建设,以党建工作优势激发企业文化建设优势,将党建优势和文化优势转化为公司的创新优势、竞争优势和发展优势,加快推进和全面保障公司改革发展。

3. 建设与世界一流企业相适应的优秀企业文化。

十九大报告指出,要培育具有全球竞争力的世界一流企业。经过多年的发展,电力企业具备一定的规模和实力,多项指标已跃居世界第一或前列,国家电网公司、南方电网公司和几个大的能源发电集团公司成为《财富》世界500强等各类排行榜的常客;国资委公布的"10家创建世界一流示范企业"中,国家电网、中国三峡集团、国家能源集团、中广核都列入其中。建设具有全球竞争力的世界一流企业,成为各大电力集团的共同目标,在创建世界一流企业的过程中,电力企业将文化建设作为主要举措和核心动力,以全球视野和人文精神强化电力文化软实力,发挥企业文化在凝心聚力、引领融合、促进发展等方面的重要作用,全面提升集团核心竞争力,塑造世界一流企业良好形象。

4. 加强企业文化管理以提高企业精细化管理水平。

从组织发展阶段来看,电力企业处在从规范化向精细化过渡的阶段,需要加强企业文化管理。加强市场意识、提高创新能力、调动员工积极性、加强部门和员工之间的团队合作成为这个阶段的文化建设重点(见图2-16)。

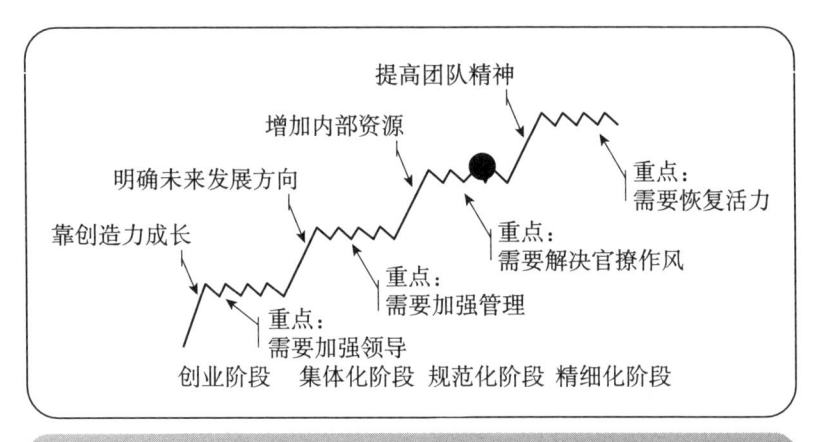

图 2-16 企业不同发展阶段文化建设重点

5. 由高权力距离的事本文化转向低权力距离的人本文化。

剧烈变化的外部环境使电力企业由高权力距离的事本文化向相对低权力距离的人本文化模式靠拢。

6. 加强企业安全文化建设。

安全生产在电力行业始终处在突出、重要的地位。经过调查研究发现,单纯技术的措施只能实现低层次的基本安全,管理和法制措施能实现较高层次的安全,要实现根本的安全,最终出路在于安全文化。"安全文化"成为 2019 年电力行业热议的核心关键词之一,很多电力企业结合自身特点打造富有特色的安全文化品牌,并已具备相对完善的电力企业安全文化核心价值理念体系、载体体系和传播体系。

7. 注重以市场为主导的文化建设。

随着国企改革和电力体制改革的不断深化,电力企业市场化程度不断提高。市场化下,电力企业适时转变观念,增强市场意识,主动探究与时俱进的运营和管理形式,持续补充与革新企业文化，把效率、利润、服务、市场等要素融合到企业文化中；同时注重以效益为主导的文化建设，在其指引下，健全用人制度、绩效制度、组织架构等，推动企业长效发展。

8. 建立适应国际化战略的企业文化。

在世界经济复苏乏力和能源结构转型的大背景下，随着中国经济进入新常态并积极推进"一带一路"倡议，电力企业呈现出加速国际化的态势。国际化会带来一系列连锁反应，比如思想观念、营销体系、组织应急机制甚至包括管理模式，都需要随需应变、与时俱进，适应国际化，掌控国际化。为了更好地国际化，电力企业需要进一步提升软实力。企业的软实力指企业的文化、管理、制度、组织模式、领导能力、创新能力、品牌服务、社会责任、企业知名度等，坚持走国际化路线，在全球范围内进行产业链布局和资源整合（尤其是人才资源），学会跨文化沟通和融合，突破种种障碍，在更广阔的舞台上纵横披靡。

9. 将社会责任纳入企业文化建设。

当今企业社会责任已经成为企业的一种发展方式、竞争方式和管理战略，是企业提高核心竞争力的重要途径。越来越多的电力企业重视社会责任，将诚信经营、提高产品服务质量、节能减排、环境保护、安全生产等纳入企业文化建设。企业文化融入企业社会责任，更能体现企业文化的先进性，不仅可以增强企业员工的责任意识，保证生产经营的规范化和标准化，而且能够提升企业形象、培养企业精神，赢得消费者的认同和信赖。

10. 重视并购重组过程中的企业文化融合。

并购重组（含混改）是电力行业大势所趋。并购重组能为企业创造更多更好的发展机遇，但50%的企业并购重组以失败告终。失败87%的原因与人员和文化有关，如果人员和文化的整合能够在并购重组过程中得以适当规划与推进实施，将大大提高并购整合的成功率，促进并购整合价值的提升。

并购重组双方企业由于企业制度、规模、行业、所处地域等诸多方面的不同，在企业文化方面可能存在一定的差异，其经营理念、价值观、工作风格、管理方式等会形成文化冲突。企业在并购重组前要做好文化审计，通过整合、创新等文化管理策略，建立包容、共享、学习型企业文化，消融文化冲突，破解"融合难"。

11. 加强新生代员工的企业文化管理和创新。

随着新生代逐渐进入职场并成为职场主力军，如何强化新生代员工对企业文化的认同，已成为时下众多企业必须面对的新课题。新生代特点明显，如兼有积极与消极的工作态度、多变的职业观念、对成功有独到的界定、对权威有自己的看法、通常不喜欢循规蹈矩的工作、忠实于自己的生活方式胜于工作等。这些特点带来一种新文化的要求，而且在某些领域已经开始冲击固有的文化。电力企业对此应予以重视，并作出敏锐的正确反应。

资料来源：仁达方略大数据分析专题研究成果。

第三章
从文化建设到文化管理

CORPORATE
CULTURE
CONSTRUCTION

文化建设的主体悄然而巨大的变化仍然广为企业管理者所忽视，被管理的对象——新生代员工对文化的认同、改造、重塑作用至关重要，没有这一认识，文化建设和文化管理几乎就是空谈。此外，两张皮的企业文化也一直困扰着企业和企业家，为了避免下属将企业文化建设仅当作一项工作，很多企业考虑把文化建设和建设成果纳入考核体系。随着企业对企业文化的认识向纵深发展，企业文化不断向制度建设、品牌管理延伸。

价值观的落地：从心的一致到行的一致

价值观落地的过程，是企业将确定下来的价值观大力宣传、推广并转化为员工自发自觉行为的艰苦过程。这一过程依次分为宣传、沟通反馈、培育、行为转换、长期建设五个阶段。

在落地过程中，企业需要通过长期坚持不懈的努力，配合以相应的激励机制、保障机制、约束机制，推进实施既定的价值观。从时间上看，价值观的落地要远远长于价值观的起飞，尽管在起飞之前企业的价值观就长期存在。

硬环境：组织准备

企业组织是一个二维结构，既有横向的联系，又有纵向的联系，因此，在企业里就存在劳动分工、部门划分、管理幅度以及水平职权。一个企业的文化、工作氛围以及管理实践就深深植根于这些纵向联系和横向联系的交织中，它们反映了高级管理人员、中层管理人员和员工之间的相互关系。更深入地了解这些关系时我们发现，所有组织在针对决策、沟通和权责方面投入精力的同时，也建立了相应的流程来确保组织结构的衔接和彼此关系。一个组织的完整性是组织的中心能力，它为组织发展提供了方向，明确了组织的使命，并且采取战略来实现这一使命。价值观塑造的硬环境和软环境如图 3-1 所示。

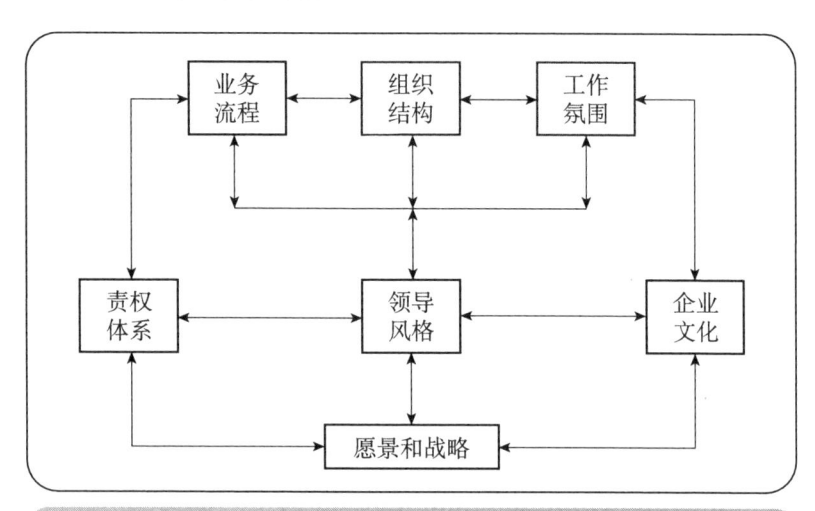

图 3-1 价值观塑造的硬环境和软环境

愿景和战略

愿景，是人的一种意愿的表达，这种意愿的表达需要有良好的知识准备并且具有前瞻性。它可以告诉我们企业为什么而存在，直接对应企业存在的目的和理由。愿景也许并不能反映出企业存在的弱点，但是能够反映出企业自身的期望，即希望能变成什么样。一个清晰的愿景总是能够让每一个人知道企业将朝什么方向前进。每个企业都有其精神内核和灵魂，不管其有没有写到纸面、挂在嘴边。每个企业都会有这样一种个性，一个企业的愿景不可避免地反映了这个企业的个性，最广泛地反映出一个企业的核心价值观。

组织结构

传统技术与权力基础上的企业管理强调分工，组织结构以细的部门分工为基础，形成金字塔式、自上而下、递阶控制的管理组织形式。随着科技的发展，这种结构由于存在对外界环境变化响应迟缓和压抑组织成员全面发展等弊端，越来越无法适应新经济时代企业管理的需要。

业务流程

任何一项企业行动，都必须遵循一定的步骤和程序，每个流程的节点都需要有相应的标准和规范。流程的顺畅与否与价值观的共享、接受程度密切相关，二者互相促进，共同发展。业务流程是为特定顾客或市场提供特定产品或服务而实施的一系列精心设计的程序。

责权体系

责权体系是指在建立公司既定的发展战略、组织结构、业务流程的基础上，公司就其各项活动参与者的责任和权力的界定划分所形成的管理体系。

责权界定的原则包括以下两个方面：

（1）可控原则。各个职位的责权必须根据该项管理工作的影响大小和频率，在其可控的范围内界定。一般地，影响大、责任重且发生频率较低的事项，决策权更为集中，如图3-2

所示。

（2）对等原则。各个职位的责任应当与其在组织结构和业务流程中所处的位置相对等，该职位的各类权限亦应与其所负有的上述责任相对等。

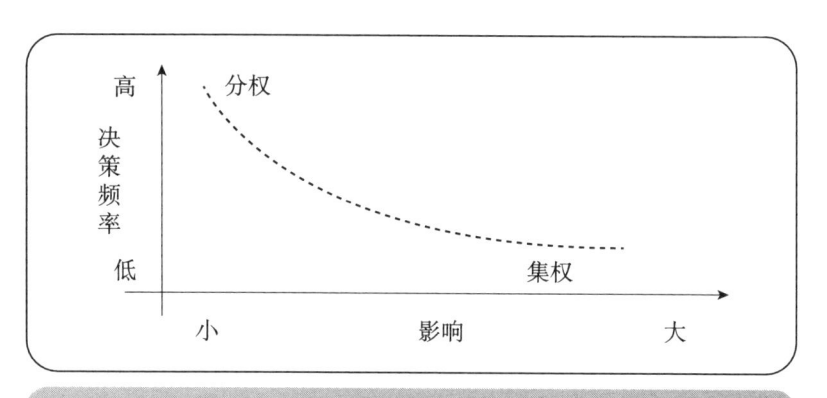

图 3-2 责权界定原则

我们根据可控和对等的原则划分责权管理的层次，做出管理责权的界定。

软环境：营造氛围

工作氛围

优秀的企业都非常注意工作氛围的营造。这种氛围不仅是指良好的工作环境，更重要的是团队成员的心理契合度，即团队成员彼此充分信任和合作，这是营造良好工作氛围的关键。良好的工作氛围是形成共同价值观的基础，如果没有良好的工作氛围，团队成员之间就没有充分的信任与沟通，就无法敞开心扉进行经验交流和学习，就会有所顾忌和保留，不利于共同价值观的形成。

领导风格

在企业价值观的塑造过程中，领导者应当多研究人和人的需求，及时采取有效的激励措施，让下属克服紧张、胆怯与不自信的心理状态，鼓励他们追寻价值实现的途径与办法。领导者的责任是将下属的追求与组织目标紧密结合起来，促使下属采取有利于实现组织目标的行动。

领导者之所以能够有效激励员工，是因为他是用有意义的事业来吸引员工，而不是单纯靠金钱来刺激他们。如果企业领导者过多地依赖于金钱与物质的激励，其效力不会长久。

企业文化

企业文化一旦形成，公司的高层管理者便会制定一系列管理措施维系及强化企业文化。例如，通过招聘过程，选择那些个人价值观及行为方式与企业文化相吻合的员工；通过实施培训计划，向员工灌输公司的经营理念及经营策略；利用绩效评估、奖励及晋升手段，鼓励员工采取与企业文化相适应的行为，而使违背企业文化的员工受到惩罚，使企业文化深入人心，保持企业员工的思想与企业的目标高度统一。

中国人民大学石伟教授有句经典的描述：人力资源是企业文化的看门人。此言甚是。

宣传阶段：传播与推进

企业的价值观在组织中形成与巩固的过程，实质上就是有关价值观的信息、符号在组织成员之间沟通、传播与加深体验的过程。

组织符号体系与价值观传播

符号结构在价值观形成中的意义已广为人们所接受。作为社会经济行为者的企业员工，通过各种形式的组织符号体系积极参加企业生产经营的实践。调节和构成组织形成过程的规则、信念、态度和价值观，主要通过组织符号体系的使用而得以保持和再现。

组织符号体系指的是一个组织的这些方面：其成员通过对它们的使用而使组织中固有的无意识感情、形象和价值观能被理解。符号体系表达的是一个组织的基本特点、思想意识和价值观，在帮助受众理解这些内容的过程中，符号可以得到强化或受到批评并进行修改。

有三种类型的符号：言语类，包括神话、传说、故事、标语、笑话和流言等；动作类，包括仪式、聚会、饮食、休息活动和习惯等；物质类，包括地位标志、成果作品、标识物、奖励品、徽章等。在组织的价值观传播中，每一类符号都发挥其特有的功能。

讲故事——价值观传播最有效的方式

作为组织生活某一特别方面而表达的、不断讲述的故事具有描述功能（提供信息和引起同感的体验）、能量控制功能（加强或减弱成员之间的紧张气氛），通过把该符号作为某些行动（兼并、裁员等）的理由使用可促进系统的维持。企业的价值观与理念在向员工行动的转化过程中，采取强行导入的方式往往收效甚微。把理念故事化、故事理念化，并进行有效的宣传，则会收到很好的效果。

（1）理念故事化。企业文化的理念大多比较抽象，因此，企业领导者需要把这些理念变成生动活泼的寓言和故事,并进行宣传。

(2)故事理念化。在企业文化的长期建设中,先进人物的评选和宣传要以理念为核心,注重从理念方面对先进人物和事迹进行提炼,对符合企业文化的人物和事迹进行宣传报道。

价值观的推进

通过有效的传播,使公司价值观转化为员工的感受与体验还远远不够,价值观与理念还要在组织的各个层级上进一步推进。

我们经过多年的企业文化咨询实践,总结出以下一些价值观在组织中传播与推进的方式。

需要做到四个贴近:(1)贴近生产;(2)贴近经营;(3)贴近管理;(4)贴近改革。

需要做到四个进入:(1)进入班子;(2)进入班组;(3)进入现场;(4)进入市场。

以上四个贴近和四个进入在实践中恰当地结合起来,就能涵盖企业组织生产与经营管理的各个方面。

沟通反馈阶段:沟通渠道

价值观的落地需要借助有效的沟通渠道,然而,沟通渠道的建设,如企业内刊、板报、宣传栏、各种会议、研讨会、局域网、微信、QQ群、App等,表面上看起来很简单,但要使价值观传递得恰到好处,被员工准确地理解,却不是一件容易的事。

价值观的沟通渠道

价值观在企业中的沟通渠道有两种:正式的和非正式的。正式沟通渠道一般是自上而下的遵循权力系统的垂直型网络；非正式沟通渠道常常指小道消息的传播，它可以自由地朝任何方向运动，不受权力等级的限制。

正式沟通是指在组织系统内，依据一定的组织原则所进行的信息传递与交流，例如传达文件、召开会议、上下级之间定期的情报交换等。另外，团体组织的参观访问、技术交流、市场调查等也在此列。正式沟通的优点是：沟通效果好，比较严肃，约束力强，易于保密，可以使信息沟通保持权威性。重要信息的传达一般都采取这种方式。其缺点是：依靠组织系统层层传递，比较刻板，沟通速度慢。

非正式沟通渠道指的是正式沟通渠道以外的信息交流和传递，它不受组织监督，自由选择沟通渠道。例如，团体成员私下交换看法、朋友聚会、传播谣言和小道消息等，都属于非正式沟通。非正式沟通是正式沟通的有机补充。在许多组织中，决策时利用的情报大部分是由非正式信息系统传递的。非正式沟通的优点是：沟通形式不拘，直接明了，速度很快，容易及时了解到正式沟通难以提供的"内幕新闻"。非正式沟通能够发挥作用的基础是团体中有良好的人际关系。其缺点表现在：非正式沟通难以控制，传递的信息不确切，易于失真、曲解，而且它可能导致小集团、小圈子，影响人心稳定和团体的凝聚力。

价值观沟通渠道的选择

不同的沟通渠道在信息的传递上有不同的特性，有效沟通渠道的选择有利于价值观信息在员工中的传播。图3-3中的矩阵反映了不同的沟通渠道在传递信息的丰富性与规范性上的组合效果。

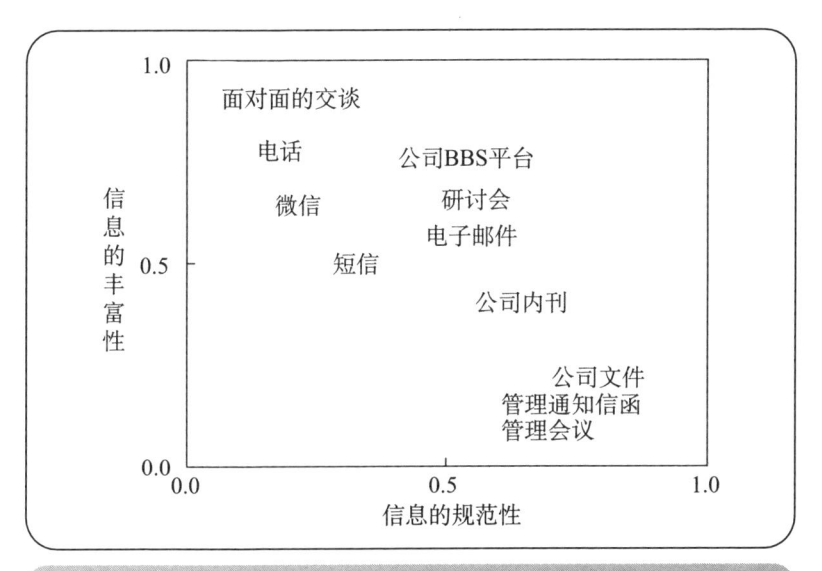

```
         1.0
              面对面的交谈
              电话       公司BBS平台
信             微信        研讨会
息                       电子邮件
的  0.5         短信
丰                    公司内刊
富
性                       公司文件
                        管理通知信函
                        管理会议
         0.0
            0.0         0.5         1.0
                    信息的规范性
```

图 3-3　不同沟通渠道信息传递的特性

其中，丰富性强（分值高）表明沟通中传递的信息量大，可以提供大量信息线索，如语言、体态、面部表情、手势和语调、即时反馈以及亲身接触等。规范性强表明信息更为直接、正式、清楚、明确，规范性弱则表明信息较为复杂、内容模棱两可。（采取标准化分值为 0～1，0 分表示极弱，1 分表示极强。）

几乎任何现代组织所采用的沟通方法都完全一样：声音文件、电子邮件、各种备忘录、各种会议以及局域网和公司 BBS 平台等，并不仅仅限于上面矩阵中所列示的沟通渠道。无论选择哪种沟通渠道，一定要确保经常且公开地进行这项工作，让有效的沟通渗透到公司员工的日常工作与生活中。

培育阶段：制度与领导

制度建设

制度化是企业价值观落地的前奏，它有两层含义：一是指价值观必须充分体现在企业的制度安排和战略选择上，使企业员工的价值理念充分体现在企业的实际运行过程中；二是指价值观作为企业倡导的价值理念，必须通过制度的方式统率员工的思想，任何员工都必须在思想上接受企业的价值观，价值观作为员工在思想上的制度而存在。

组织的制度化运作，能够使组织成员对于恰当的、基本的、有意义的行为有共同的理解，确保企业价值观的认可与贯彻。具体说，企业的制度建设需要注意三个方面。

首先，企业制度建设要以价值观为核心。

企业制度直接体现价值观，并且保证价值观的实现，在企业生产经营实践中发挥着重要作用。

企业制度的制定受制于价值观。价值观是企业管理制度形成和发挥功能的基础和环境。在企业价值观被提炼出来以后，必然需要通过刚性的制度方式来约束员工的行为，规范员工的思想，改变员工的习惯，以寻求价值观真正发挥激励、指导、凝聚、约束等作用，确保企业战略目标的顺利实施。所以，企业制度的形成必然受到企业价值观的制约，要体现和反映一定的企业价值观。先进的价值观是企业制度建立的核心思想和前提，为先进的企业制度的形成开辟道路；落后的价值观会阻碍先进的企业制度的形成。

价值观影响企业制度实施的效果。企业价值观不但在企业制度的制定中发挥作用，而且影响企业制度的贯彻执行。企业制度虽然有其自身的制度程序和强制力，但终究必须通过广大员工的行动才能实际执行。企业价值观可以提高员工对管理制度的认知和接受程度，为企业制度的执行开辟道路。这是一个互相促进的过程，一方面企业制度的顺利实施提高了员工对企业价值观的认同与接受程度，促使员工在日常行为中由强制执行转为自觉按照价值观来工作，加快了价值观的落地；另一方面，逐渐提高的价值观意识又加速了企业的制度执行，并提高了其作用效果。

其次，企业制度的制定与实施要以价值观为导向。

在塑造企业价值观的过程中，我们要建立健全一些保障机制：第一，建立健全企业庆典、员工联谊、劳动竞赛、定期评选先进模范等制度，利用一切形式对员工宣传和灌输企业价值观与基本信念，不断激励员工自觉地践行企业价值观；第二，健全培训制度，特别是新员工的培训和教育制度，使他们从进入公司的第一天起，就受到企业价值观的教育和熏陶；第三，建立企业领导者深入基层、充当表率作用的制度，尤其是企业价值观形成后，企业各级领导者必须身体力行，努力使自己成为企业价值观的化身，用模范行动影响和感染员工。总之，企业制度的建立必须以价值观为基础，建立起实践企业价值观的保障机制，才能使企业价值观真正落地。

很多企业有很健全的企业规章制度，甚至仅员工手册就厚达几十页、上百页，但是这就能说明企业制度建设已经顺利完成了吗？不能。因为制度建设的作用在于通过其监督、约束、激励、引导等一系列作用规范员工的行为，引导员工正确认识企业的价值观并落实到实践中去。制度管理一定要体现公平性、严肃性和稳定性原则，要充分体现最广大员工的利益，严格按制度办事，要保持相对稳定，以树立其权威性。否则，制度管理就会有名无实，半途而废。因此，建立一套完善的制度只是第一步，企业还需要对制度的执行进行严格的监督和控制。

最后，企业制度是稳定性与动态性的内在统一。

企业价值观应该保持长久不变，企业制度也是相对稳定和持久的，但这并不意味着企业制度是一成不变的。社会在进步，企业在发展，企业价值观可能也会得到一些补充。一旦企业制度不能完整有效地反映企业价值观，就需要改进。由此可见，制度的改进也应该以企业价值观为前提。当企业制度显现出某些不合理的因素时，就需要加以改进。

以企业价值观为核心的企业管理制度能够对企业员工的日常工作行为进行监督、约束、指导，使员工在这种强制力的驱使下，由被强制执行转变为自觉按照制度规定来办事。一旦员工将这种行为转化为习惯，企业价值观就可以说已经安全落地。

领导风格

何以两家公司的外在环境相同，创立者的出身也类似，却在几年后有着全然不同的运作方式？何以两家公司都有完整的制度规范、文化手册，而在几年后得到的却是迥然不同的价值效果？归根结底是领导的作用。

所谓领导，就是上级驱使下属工作，采取有活力的行动，协助达成组织目标的行为。而领导风格在其中发挥着核心的影响力，在企业价值观落地过程中的作用不可忽视。

（1）领导者是企业价值观的创立者、组织者。领导者在企业生存和发展中起着决定性作用，公司的许多管理制度、企业文化在其潜移默化中建立起来。这些制度与文化必然带有领导者个人的色彩——企业价值观体现了领导者的价值观。

（2）领导者是企业价值观的身体力行者。如果共同的价值观只是停留在口头、文字、会议等形式上，领导团队高高在上，这样的价值观是不可能被员工接受的。价值观不应该只是每天不断地说教，而应该每时每刻体现在行动上，领导团队的行动更为重要。

（3）领导者是企业价值观的践行监督者。企业价值观总是反映了某个企业领导者特定的价值观念和领导风格，同时领导者也承担着价值观落地的推动者这一角色。领导者作为一个组织的核心人物，在其行为中会反映企业的价值观，同时也对下属偏离企业价值观的行为进行监督，及时纠正，使之回到正确的轨道上，使企业沿着既定的价值观前进。

（4）领导者是企业价值观变革的先行者。一种价值观反映了企业成员的动机和想象，随后建立起来的有关制度和工作程序则提供了这个企业获得成功所必不可少的行为方式。但是，这种价值观是以开始时的条件为基础的，随着企业的发展和条件的变化，原有的企业价值观就可能会与形势的需要不相适应。当企业出现困难或危机时，需要重新评估自己的价值观，重新评价自己的实际经营策略。这时，同样需要企业的最高领导者站出来，在尊重历史与传统的基础上，对原有模式提出质疑，探讨新的经营模式与方向。当然，这些举动将面临来自多方面的强大阻力，冲破阻力必须有权力和领导者个人魅力的支撑。

综上所述，企业领导者在企业价值观落地的过程中发挥着巨大的作用。但是，仅仅得到领导者的重视还不能保证企业价值观一定能落到实处。不同的领导风格对于企业价值观落地过程的速度快慢、质量高低，有着不同的影响和作用。针对不同类型的员工，企业领导者应该有选择地采用不同的管理风格，促使企业价值观快速、顺利地落地。

有效的领导风格不是永远不变的。有效的领导风格随着环境的变化而变化。环境的变化包括人的变化、工作性质的变化、行业内涵的变化、市场的变化等。一种领导风格在一种情况下奏效，环境变化之后，这种领导风格可能就会无效，甚至会起反作用。因事而异，将不同的管理风格按照各自特点结合在一起，这种多样性的管理风格在市场环境发生重大变化时将会释放出无限的智慧和生命力，为价值观的成功落地保驾护航。

行为转换阶段：工作行为

工作行为与价值观的关系

完整的企业文化手册、规范的制度文化和形象识别系统只是企业文化建设的第一步，归根结底还需要企业价值观被员工共同认可，并在他们日常的工作行为中完全体现。只有这样，核心价值观才能发挥其对企业战略目标实现的强大推动作用，企业才能长盛不衰。因此，基于理论的发展和实践的经验，经历了"提炼出核心价值观就完成了企业文化构建""员工认同核心价值观才完成了企业文化构建"两个认识阶段后，如今，仁达方略提出并实践着"员工认同核心价值观之后再在言行当中自然流露才是企业文化构建成功的表现"。

员工工作行为的种类

企业是一个具有明确分工的组织，每类员工都承担着不同的责任，他们的行为方式会对价值观的落地产生不同的影响。根据员工在企业所处职位级别的不同，我们将他们分为高层员工、中层员工和基层员工三类，并对他们的行为对于企业价值观落地可能产生的影响，以及这些员工分别在价值观落地过程中发挥的作用做出描述。

(1) 高层员工工作行为。对于企业高层员工，首先要在这个层面上确立起高层管理者的价值观念，并以此来牵引、带动整个价值观建设；其次要注意把确定好的价值理念传达出去，使下面的员工都能接触到；最后要注意自己的行为一定要与企业价值观相符，如果价值观的倡导者都不能在行动上有所体现，更何况下属员工呢？

(2) 中层员工工作行为。作为企业高层领导者的直接下属和基层员工的直接领导者，企业中层员工的任务除了以身作则，还侧重于承上启下：首先，中层员工要能够正确理解企业核心价值观的含义、意义、价值和作用；其次，要把这种理解准确地传达给基层员工，并通过指导和培训帮助基层员工正确理解企业的价值观，以及为什么要这么做、如何去做；最后，中层员工要注意监督和管理基层员工，经常与他们沟通，以使价值观在实践中得到升华。

(3) 基层员工工作行为。企业各项经营活动的直接操作者是谁？基层员工。基层员工为企业直接创造产品、创造服务、创造利益，他们往往在一线与客户、供应商打交道，因而是企业形象的直接代言人。因此，企业价值观的实现与否最终体现在能否贯彻到基层员工的工作行为中，能否贯彻到他们日常的操作和服务中。所以，对基层员工的要求是他们应该在操作和服务的过程中体现企业的价值观，组成一支有责任心、上进心，诚实敬业，忠于企业价值观的员工队伍。

案例

国企领导人员行为规范制定的一般方法

为贯彻落实中央纪委、中央组织部、监察部、国务院国资委联合印发的《国有企业领导人员廉洁从业若干规定》，加强国有企业反腐倡廉建设，维护国有出资人利益，促进市场竞争和国企健康发展，中央企业及各地方国企依据国家相关法律法规和党内法规，制定并颁布本企业领导人员行为规范，作为规范国企领导人员行为的重要依据和遵循。

制定国有企业领导人员行为规范，需从五个维度考虑。

一、领袖希望、家国情怀、国企责任

忠诚爱国，坚定信念，不忘初心，牢记使命，发扬民主，率先垂范，忠于职守，报效企业。

二、时代要求、历史坐标、国际视野

洞察时事，抢抓先机，与时俱进，锐意改革，善于学习，勤于思考，勇于实践，攻坚克难。

三、行业特征、地方特色、企业特点

精准定位，开拓市场，积极进取，勇于担当，执着敬业，创造财富，低碳环保，回馈社会。

四、文化传承、引领创新、包容共进

团结协作，率先垂范，诚实守信，勤俭节约，以人为本，关爱员工，知人善用，薪火相传。

五、清正廉洁、诚实守信、依法经营

遵纪守法，履职尽责，求真务实，廉洁自律，勤俭爱企，淡泊名利，光明磊落，胸怀坦荡。

说明：国有企业领导人员行为规范制定，绝不是简单阐述习总书记讲话精神和要求，而是应将习总书记讲话精神融入整个领导行为规范的每一个维度。上述五个维度基本涵盖了国有企业领导行为的各个方面。

长期建设阶段：绩效考核

绩效考核

要将价值观变成一种自觉行为，融入与员工息息相关的每一个体系，以期成功建立一种强势的企业文化，企业的人力资源政策是在内部落实价值观的当然路径。但是，将价值观纳入绩效考核体系并不是一件容易的事，它包括评价什么行为、让谁来评价以及如何提供反馈等。价值观的考核不同于工作绩效的考核，不能直接照搬西方国家的指标体系。

通过对国外绩效考核体系的研究，以及多年咨询的经验，仁达方略总结了一套适合我国企业的价值观考核指标。我们共整理出 10 个重要指标。

（1）愿景目标。明确的愿景目标对企业来说是极具意义的，它们为较高层面的目标和行动计划提供了导向，能促使个人进行深层次的思考，提高他们的直觉能力，继而增加企业的创造力，而创造力正是企业创新的基础。随着企业的成长，愿景目标作为一体化、定位与创新手段的作用日益重要，它可以使原本孤立、无关联甚至相互竞争的业务单位实现一体化，这种愿景目标常常超出企业本身的限制。员工对企业愿景目标的认同以及行动的一致性，是员工价值观与企业价值观统一性考核的重要指标。

（2）客户、品质。与外部世界建立知识网络是改善客户服务的重要手段之一。通过知识网络，公司无须明确询问客户的需求，而是与客户直接建立双向交流，通过不断对话和对客户的了解进行产品开发和改进服务。公司应为员工创造关注客户与品质的氛围，同时对员工的客户关系管理进行测评考核，从而拉近公司与客户之间的距离，改善或提高产品与服务的品质。

（3）正直。正直是最有力的企业优势。正直的名声是一个巨大的竞争优势，它可以帮助企业与所有股东建立更加信任的关系，从而极大地减少公司治理成本。对于外界而言，正直也是一个巨大的免费广告资源。公司的每一个员工都应该坚持正直的品质。企业家和管理者要以身作则，同时要对员工的正直品质进行考核。

（4）负责。成功的经营活动的方向可能不一，有的向东、有的向西，但是都依照某种责任观念进行。对企业负责、对员工负责、对社会负责的责任观念有助于巩固企业与社会的关系，也是企业价值观被社会认同的关键因素之一。

(5)沟通和影响力。沟通和影响力对价值观在组织中的传播起着至关重要的作用。企业价值观要得到员工的认同,必须在各个沟通渠道进行宣传和阐释。企业内刊、板报、宣传栏、各种会议、研讨会、局域网、微信、微博等都应该成为企业文化宣传的工具,要让员工深刻理解企业文化是什么,怎么做才符合企业文化。强大的沟通能力以及超凡的影响力,会使企业价值观在员工之间得以迅速传播,并易于被其他员工接受。

(6)资源共享、无障碍。成功的公司都十分注重资源共享机制,充分利用信息共享机制以及相关的基本能力。公司应该为员工创造多种交流渠道(普通、正式和非正式的,所有层面和跨层面的,现场和非现场的),建立和维护有效的交流网络。

(7)授权。应通过有效的授权,加强企业管理中的民主气氛,建立民主监督和决策制度。现代企业为了提高效率,往往采取扁平式组织结构和团队协作。采用扁平式组织结构,加大了授权力度,加速了高级管理层与一线人员之间的交流,尽可能地减少了阻碍企业发展与创新的官僚主义程序。

(8)知识、专业、智慧。企业的智慧是其全部成员知识的结晶。如果缺乏综合各部门知识的系统,企业就无法形成价值含量高的知识。每一部门的知识必须是其全部成员的知识总和,而非部分领导者所具备的知识。零星分散的知识通常没有什么价值,许多知识如果毫无关联价值同样不大,知识在观点相互关联的情况下才具有价值。员工的知识、专业、智慧以及员工将知识贡献给企业并共享,是企业员工价值观的重要考核指标。员工知识、专业、智慧的有效利用,是企业发展与创新的源泉。

(9)主动性、速度。21世纪的新经济时代是一个竞争激烈、变化迅速的时代，企业发展的战略以及企业文化都要随着企业所处环境的变化快速做出反应。这就要求每位员工都能够主动出击，迅速调整自己的思想、心态和行为，与企业的价值观保持一致，为企业的持续发展而努力。

（10）全球观。面对全球化所带来的冲击，我国企业及其员工必须具有全球化的观念，抓住全球化所带来的机遇，应对挑战。而员工是否具有全球化的观念，应成为绩效考核的重要方面之一。

在表3-1的清单中，所列举的每一个指标都要根据一个五分评价尺度进行等级评价。

表3-1 评价尺度法考核表

绩效指标	评价尺度				
	优异	优秀	值得赞扬	合理	较差
愿景目标	5	4	3	2	1
客户、品质	5	4	3	2	1
正直	5	4	3	2	1
负责	5	4	3	2	1
沟通和影响力	5	4	3	2	1
资源共享、无障碍	5	4	3	2	1
授权	5	4	3	2	1
知识、专业、智慧	5	4	3	2	1
主动性、速度	5	4	3	2	1
全球观	5	4	3	2	1

与工作绩效考核相似，有关价值观的绩效考核也基本采用上级考核、同事考核、下级考核、自我考核、客户考核等相结合的考核模式，其中以上级考核与自我考核为主。一方面，员工对自己在各个方面的认识和表现进行自我陈述和打分，形成员工对自己的客观认识（可能会夸大或隐藏某些信息）；另一方面，领导

者就各个方面与员工进行一对一的交流，通过员工在交谈中的言语、表情等反映出来的思想和心态对员工进行价值观各个方面的考核。与此同时，同事、下级与客户也可以参与到考核评价中。最后通过多方评价的汇总，得出每个员工在价值观各个层面上的得分以及价值观的总体得分。

激励机制

有效的激励机制会使组织的价值观转化为员工个人的价值观。企业可以通过有效的激励机制及其制度操作，来使企业的核心价值观融入企业及其员工的自觉行为。

根据企业文化与人力资源咨询的多年经验，我们得到一个共识：人在工作中的表现取决于三大因素——利益、信念和心理状态。相对应的企业员工激励机制包括物质激励、精神激励和工作激励。

(1) 物质激励。物质激励也是经济激励。将实物与金钱奖励等作为激励员工提高工作绩效、实现价值观统一的方法，是最常见、应用最广泛的。物质激励作为激励机制的重要性，一直被大多数企业家和行为学家重视。他们同时也乐意把具有挑战性的工作、目标，参与决策，反馈和凝聚力高的工作群体和其他非经济因素，看作员工激励的刺激物。因此，为实现企业价值观的落地——将价值观变成企业和员工的自觉行为，必须采取有效的物质激励机制。这也是我经常讲到的，"打土豪"后面一定要有"分田地"。

1) 改善薪酬制度体系。企业需要建立以价值观为核心的战略薪酬体系。战略薪酬要求有一个完整的薪酬体系，将工资、薪金、福利等统一在一个体系之中，从各个不同的角度出发，提高薪酬的竞争力。在具体制定薪酬制度体系时，要充分考虑到薪酬制度的内部协调性、市场竞争性以及结构合理性。在实施过程中要因企业的规模不同、发展阶段不同以及行业特点不同，灵活制定适合本企业的薪酬制度体系，最大化地发挥薪酬制度的激励功能。

2）尝试员工持股计划。员工持股计划具有提高员工工作满意度、忠诚度和工作激励水平的潜力。为使潜力成为现实，员工需要在心理上体验做主人翁的感觉。也就是说，员工除了拥有财务股份，还需要被定期告知企业的经营状况，并拥有对公司的经营施加影响的机会。具备了这些条件，员工会更满意，并会积极地做好工作。

（2）精神激励。精神激励意指通过满足员工情感上、精神上的需要，对员工的工作予以肯定、表扬和奖励，通过让员工自豪和满足来实现价值观的落地，提高企业运营效率。基于本能的动力和思想的动力是精神激励的基础。

1）基于本能的动力。人们在情感上、精神上需要爱、被人肯定、被人接纳和有归属感。同时，为了满足学习和发展的内在愿望，他们也需要挑战和激励。每个人都有这些需求，它们影响人的决定和行为。

2）思想动力。思想动力根植于是非好坏的道德规范。认为某些行为从本质上说比另一些行为好的想法建立在道德判断或人生观的基础之上。对于一个企业或组织，当员工的思想和行为较好地反映了公司的价值观和愿景目标时，企业在情感和精神上给员工以肯定与鼓励，往往会使员工加倍努力工作，将个人价值观融入企业价值观。

（3）工作激励。工作激励主要是指要培养自己的下属，大胆授权，给员工更多的机会，让他们有一种工作的成就感和满足感。满足内在需要是一种隐形的"薪酬福利"，比如，让员工从工作中获得人生的乐趣，让员工因潜力得以发挥而倍感舒畅，让员工因为梦想在工作中得以实现而获得满足。

将价值观推进到底

价值观是企业文化的核心部分，前面我们分五个阶段（宣传阶段、沟通反馈阶段、培育阶段、行为转换阶段和长期建设阶段）论述了如何实现价值观的落地。我们认为，在企业文化的建设中，一定要将价值观推进到底。

需要大量的宣传推广

要实现价值观的落地、将价值观推进到底，需要方方面面的努力。价值观的落地不能仅是抽象的语言或书面的文字，而是要把这些企业文化内核方面的东西通过大量的传播媒介和实际行动广泛宣传出去，使之生动鲜活起来，易于为全体员工所理解、认同和接受。

领导重视是关键

一方面，领导者所处的地位决定了领导者对企业生产、经营、管理等各项活动起着重要的作用；另一方面，领导者的价值观影响和塑造着企业的价值观。因此，领导者重视与价值观落地的关系十分密切。领导者是价值观落地的龙头，是倡导、宣传和实践企业价值观的先行者，领导者的表率作用和模范行为是一种无声的号召，对员工起着重要的示范作用。

忌空洞

价值观不是短短的几行文字，也不是对这几行文字连篇累牍的阐释、发挥,而是对价值观倡导的行为准则的实践与运用。价值观不是孤立的,应该通过企业生产、经营和管理等诸多活动不断体现出来,并得到强化。如果只是发挥充实领导者讲话、企业内刊、宣传册的一种功能,企业的运作依然我行我素、与价值观的内容并不搭界,价值观落地的效果就是对价值观内容的否定,是对企业长期发展的根本损害。

忌速成

价值观的落地并非一朝一夕之功,价值观的深刻影响及价值观对企业发展的巨大作用也不是短时间内就能够显现的。企业文化建设中,人们行为和价值观的融合统一往往发生在较长时间之后。因此,价值观工程的重中之重不在于提炼阶段如何引人注目、热血沸腾,而在于长期的贯彻与实践,逐渐强化,成为企业的坚实内核。

上下一致性

上下一致性包括多重含义:从最高决策者到每一名基层员工都应共享企业核心价值观,企业宣传的价值观与大家共同遵守、心照不宣的价值观是一致的,员工的行动符合企业价值观规范等。一个企业的价值观是企业的行为骨架,当被员工理解和采用时,价值观为员工的行动提供了准则和依据。如果企业宣称的价值观和付诸实践的价值观之间存在较大的鸿沟,其后果就是:较低水平的信任、较大的混乱和挫折,以及较少的集体感。尤其是领导者的言行不一,会严重阻碍价值观的落地。因此,保持个人言行的一致性、员工之间的一致性以及公司宣传与实践的一致性,是价值观落地过程中的重要一环。

内外统一性

从四元价值观角度来看,内外统一性可以分解为两方面:一方面是面向员工的价值观与面向顾客、股东的价值观的统一;另一方面是企业价值观与社会价值观的统一。企业价值观是以企业中员工个体价值观为基础,以企业家价值观为主导的群体价值观念。企业作为自主经营、自负盈亏的法人实体,是不能离开社会而独立存在的,必然受到不断发展的社会价值观的影响;同时,企业中的每一个成员也是社会中的一分子,社会价值观必然通过影响个人价值观间接作用于企业价值观。

历史延续性

价值体系要素来源于企业历史中长期稳定的东西,这些如今仍在企业内部各种群体中起作用的东西,就形成了企业价值观的内核。因此,价值观的落地不能忽略它的历史延续性和影响力。价值观是经过企业长时间的深层次整合而沉淀、积累下来的,它的形成需要较长的一段时间,一旦形成又会不断地延续下去。随着时间的推移,企业不断向前发展,有些价值体系中的内容会随之变化,被赋予新的内涵,但核心价值观是不会轻易改变的。特别是基业长青的企业,它们的核心价值观具备很好的历史延续性,历经百年风雨而不衰。

系统性

价值体系作为企业文化的核心要素而存在,由相互联系、相互作用的诸多要素组成,是一个具有特定功能的整体。企业作为独立的组织而存在,影响企业价值观的因素很多,企业目标、组织形式、规章制度、行为规范、成员与组织的关系等,都是强有力的客观影响因素。因此,必须综合考虑各种影响因素,从核心价值观出发,进一步升华、系统化企业价值观,并在企业实践中加以明确体现。

企业文化的推进实施

在建设企业文化的过程中,为保证企业文化推进方案各子系统有关内容的有序实施,需制定出企业文化推进实施流程,以便能够有计划、有步骤地推进企业文化实施。

企业文化推进实施流程一般分为四个阶段,分别为企业文化的宣传阶段、培育阶段、转化阶段、长期建设阶段,各阶段流程与具体内容如下。

(1) 宣传阶段。具体内容如图 3-4 所示。

```
┌─────────────────────────────────────────┐
│      召开企业文化成果颁布大会              │
│              ↓                           │
│   将企业文化内容分次刊登在内刊和宣传栏上    │
│              ↓                           │
│    印制企业价值观卡和员工手册下发员工       │
│              ↓                           │
│  在集团内部或行业内部汇报并交流企业文化建设成果│
│              ↓                           │
│ 在网站、媒体、移动终端上宣传报道企业文化建设成果│
│              ↓                           │
│    制作公司简介和宣传广告片进行形象宣传     │
└─────────────────────────────────────────┘
```

图 3-4　宣传阶段的流程与内容

(2) 培育阶段。具体内容如图3-5所示。

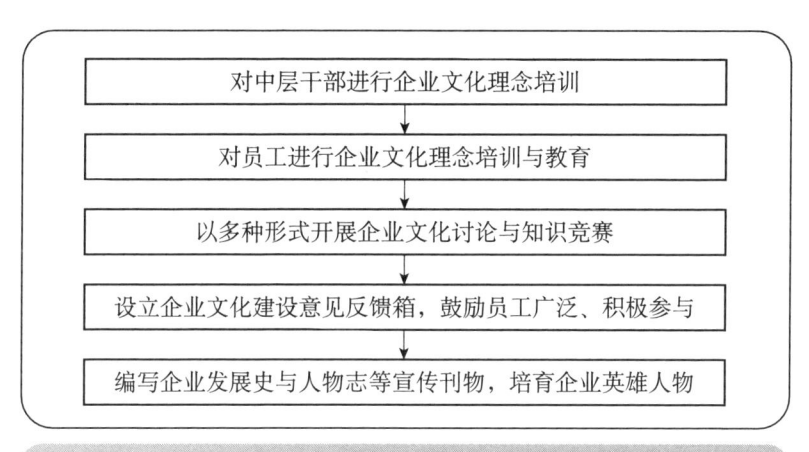

```
对中层干部进行企业文化理念培训
对员工进行企业文化理念培训与教育
以多种形式开展企业文化讨论与知识竞赛
设立企业文化建设意见反馈箱，鼓励员工广泛、积极参与
编写企业发展史与人物志等宣传刊物，培育企业英雄人物
```

图3-5 培育阶段的流程与内容

(3) 转化阶段。具体内容如图3-6所示。

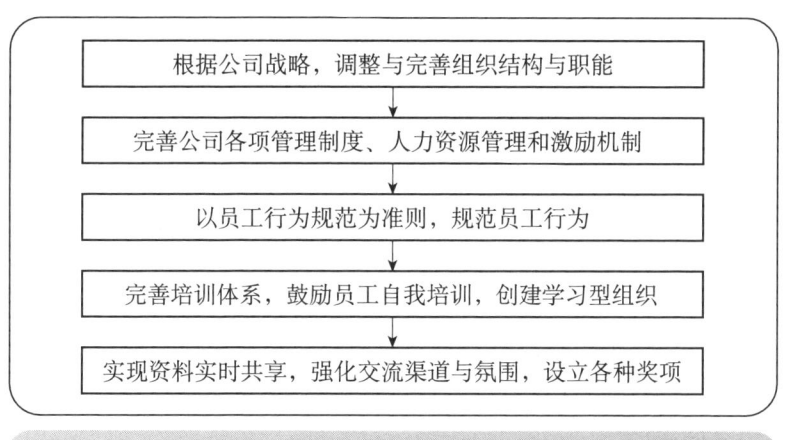

```
根据公司战略，调整与完善组织结构与职能
完善公司各项管理制度、人力资源管理和激励机制
以员工行为规范为准则，规范员工行为
完善培训体系，鼓励员工自我培训，创建学习型组织
实现资料实时共享，强化交流渠道与氛围，设立各种奖项
```

图3-6 转化阶段的流程与内容

(4) 长期建设阶段。企业文化建设是一个长期的过程，企业文化建设的目标是通过对使命、愿景、价值观以及理念体系的描

述，使员工在追求共同价值观的同时，增强工作主动性、团队意识以及对企业的忠诚度，增强亲和力、凝聚力，进而达到增强企业核心竞争力，提升企业形象、美誉度与认同度的目的。

企业文化建设是一个长期的过程，需要组织在生产经营过程中不断丰富与完善。在企业文化建设的长期过程中，我们需要贯彻执行几个系统的内容，全员共建，不断丰富其实施手段和方法，提高企业文化建设的水平，最终通过企业文化的建设，提高企业的凝聚力、向心力，提高企业的管理水平与经营水平。

企业文化建设的组织保证

领导者模范带头作用

从一定意义上说，企业文化是企业家的人格化。企业家精神及企业家的形象，是企业文化的一面镜子，卓越的企业文化是企业家德才、创新精神、事业心、责任感的综合反映。如格力和董明珠、苹果和乔布斯、联想和柳传志等。

对于企业文化的推进实施，领导者的模范带头作用同样重要。领导者首先要积极行动起来，率先垂范，加强企业文化的学习与贯彻，从自身做起，要求员工做到的自己首先做到，要求员工不做的自己坚决不做，自觉接受群众监督，用良好的形象带动广大员工进一步做好企业文化建设工作。

组织保证

企业文化是管理文化、全员文化。企业文化建设是一项长期的系统工程，为确保企业文化建设健康有序地推行，必须建立一个组织领导机构。这个领导机构的名称，可以是企业文化建设委员会或企业文化建设领导小组。

企业文化工作是"一把手工程"。因此，在这个机构中，必须由企业的最高决策者亲自担任委员会主任。企业家要通过企业文化建设体现自己的价值取向，把握企业文化建设的整体方向，始终占据决策地位。同时，要确定一名企业高层领导者担任委员会的常务副主任，在企业文化建设的推进实施阶段，专职从事委员会的领导工作，保证企业文化建设按计划方案正常有序地推行。企业其他高层领导者，可以担任委员会的副主任或委员。委员会还应当吸收企业一些关键部门（如党群部门、政工部门、人力资源部门、战略发展部门、文化宣传部门）的负责人参加，充分调动各方面的力量和资源。

在委员会之下，还必须建立一个高效精干的工作机构。这个机构的名称可以是企业文化中心、企业文化部或企业文化办公室等。这个工作机构的成员，主要由那些热心企业文化建设并具有一定企业文化基础知识，在今后的企业文化建设中将成为骨干的人员组成。这些成员在常务副主任的领导下开展日常实务性工作。

为了使企业文化建设科学化、规范化、系统化地进行，可以根据实际需要考虑借助"外脑"——或者是具有较高企业文化理论水平的学者专家，或者是具有企业文化实践专业资质的管理咨询机构——进入企业，协助企业开展企业文化建设。为了能够对企业文化建设进行全面协调，形成互动式的工作机制，企业文化建设委员会及其工作机构还应当吸收或聘请企业文化咨询顾问加入。

制度保证

企业的各项管理制度和人力资源管理中的考核、分配、奖励等一系列制度制定及实施的过程,几乎都渗透和体现着企业的主流文化,同时也作用于企业文化的建设。

(1) 组织制度。有着创新文化的企业,它的组织形态追求的是"精简敏捷"。这样的组织结构流畅,可以快速适应市场动态。在精神上比较民主,以开放、坦率和不同功能及层级之间的合作,取代僵硬的权威领导。具体的企业组织形态要根据企业规模、外部环境、企业实力、企业员工和企业产品等具体情况来定。

(2) 人事制度。企业作为一个生命体,不停地与外界交换资源,其中包括人力资源。企业为求稳定,应当尽量提供一切条件来维系自己的员工,但不等于企业承诺为员工提供终身保证。在人力资源政策方面,企业应当与外界维持一定的流转率。

(3) 财务制度。有生命力的企业,不会将追求最大利润作为自己的最高理想,但都会将之列为重要指标,力求保证有良好的财务收入。财务本身并不为企业创造价值。财务的功能是支持、控制和监督,这些都是附带的功能,如果混淆职能部门和财务之间的主次关系,将对企业产生难以估量的负面影响。

(4) 学习制度。学习制度对企业来说,是企业增强自身能力的手段。这既包括具体技能的培训,也包括企业文化、价值观的建立和培养,还包括员工自发的学习。有活力的企业文化要求企业将学习化为一种习惯,而不是一项负担;不但要建立一套文化网络，更根本的是建立员工学习的勇气和动力。在企业里，不论职位高低，不论背景资历，员工都要互相学习。

（5）英雄制度。英雄是企业价值观的直接体现，是员工效法的具体典范。英雄分为两种：制度英雄和人文英雄。在企业中，处于中心地位、拥有组织制度中规定的权力的人是必然的制度英雄，具体说就是组织中的管理者，不单指最高层领导者，还包括所有管理人员。另外一种英雄，是企业非正式组织中的英雄，可称为人文英雄。人文英雄的作用在于他是组织中非正式团体的灵魂，其言论和行为也会成为典范。

企业文化建设的推进系统

企业文化传播系统

（1）企业文化传播系统建设的原则。积极主动地利用企业创办的各种传播渠道，充分发挥它们在企业文化建设中的主渠道作用，是企业的一项重要工作。企业文化传播系统的建设，应该坚持以下几项原则。

1）导向性原则。企业文化建设是一个改造现实文化状况、构建目标文化模式的过程，企业文化传播网络有助于这一过程的实现。但企业文化传播系统由于受到主客观各方面因素的影响，其传播的内容往往包含较为复杂的成分，如果不加引导，难免出现与目标文化模式不和谐的内容，不但无助于目标模式的实现，反而会产生阻碍作用。

2）协调性原则。企业文化传播渠道有多种类型和形式，各有优势和不足。协调性原则就是要求用系统、全局的观点，对传播网络的各种形式进行协调，以发挥文化传播系统的最佳综合效应。

3）效能性原则。在设计和建设企业文化传播渠道时，不可能面面俱到、求大求全。要选择哪些渠道，不选择哪些形式？企业一把手抓什么，各部门又以什么为重点？这些都应该从企业的人力、财力、物力的实际和企业文化建设的需要出发，视各种传播渠道的实际效果而定，以最少的投入争取最大的效果。

4）合法性原则。这一原则是指企业文化传播渠道的开办和建设，必须按照国家法律法规和地方政府主管部门的有关规定进行。

5）参与性原则。企业文化传播系统的建设与企业文化建设一样，是企业全体员工的共同责任，而不是个别部门或少数人的事情。要努力发动广大员工积极参与建设，参与的过程就是激发和释放广大员工的智慧和创造力的过程。只有通过广泛参与，才能使作为企业文化传播受众的员工主动地在思想上接受企业文化观念、在行动上体现企业文化的要求，真正建立起完善的企业文化传播系统，最终建成优秀的企业文化。

6）持久性原则。建设优秀的企业文化，不是一朝一夕之功，而是需要长期不懈的努力。这是由企业文化的本质决定的，它同时决定了企业文化传播系统的建设也必须贯彻持久性原则。这一原则要求将企业文化传播系统作为企业总体工作的一个组成部分，从计划制定、组织落实、人员安排、财务投入等方面给予充分保证，使它的建设能够长期坚持下去并逐步完善，持续不断地发挥其应有的作用。尤其要克服急于求成、急功近利的短视心理，更要避免用企业文化及其传播系统"装门面"的错误认识。

（2）企业文化传播系统的内容。

1）企业报刊。企业报刊是企业自行创办的内部报纸或刊物。企业报刊按照形式可以分为企业刊物和企业报纸两种类型，如华为公司的《华为文摘》和报纸《华为人》就分属这两类。按照内容可分为综合性报刊和专门性报刊，按照出版时间可分为定期报刊和不定期报刊，按照批准创办的机关不同可分为内部正式报刊和非正式报刊。

2）企业广播、电视。指按照有关规定或经上级主管部门批准，企业自行开办的广播、电视节目。企业广播、电视是企业文化传播系统的重要渠道之一，与报刊相比，信息传播及时，内容更加丰富生动，但深度不足，办好节目的难度也较大。

3）企业宣传栏、广告牌。用作宣传、公告、通知的橱窗、墙报（壁报）、黑板报、公告栏（牌）等宣传栏、广告牌，是我国企业使用最早且用得最多的企业文化传播的传统形式。

4）其他传统形式主要有以下几种。

一是企业文化书籍。这是以专著、文集等形式编辑印刷的正式出版物或内部资料，对企业文化有较为全面深入的介绍和反映，对企业文化对内对外的传播具有重要意义。

二是企业文化展览。指企业开辟厂史室、荣誉室等专用场所或利用其他非专用场所，以图片、文字展示和实物陈列等方式，介绍企业的发展历史、历史人物和英雄模范、技术特色和主要产品等。

三是企业画册。很多企业会印制精美的企业宣传画册，这些画册以图片、文字的形式综合反映包括企业文化在内的整个企业概况。

四是企业内部信息简报。指企业编印的信息汇编材料,一般仅限于企业内部发行。虽然企业简报一般局限在某一层级管理人员的范围内,但它对沟通企业内部上下级之间、部门之间的信息,加强企业内部的联系,起着积极的作用。

5)企业网络。随着网络技术的发展,企业局域网不但可以分别实现企业报刊、广播、电视、宣传栏、广告牌等传统的企业文化传播渠道的全部功能,而且可以克服传统形式的种种缺陷。如通过局域网可以开办企业电子刊物,建立网上公告栏、广告牌、通知栏、建议箱等。

6)移动互联技术。移动互联技术应用越来越广泛,人们使用微信沟通交流,使用各种手机 App 获得各类服务,全方位感受到自媒体时代大潮的冲击。

实例———————————————————————

(1)企业文化中心制定方案,党群工作处负责召开企业文化成果颁布大会,展示企业文化理念体系与员工行为规范等成果,阐明企业文化对于企业及个人发展的重大意义,激发员工的参与热情。

(2)由企业文化中心负责召开企业文化建设实施发布会,广为宣传,加深员工的了解。

(3)由企业文化指导委员会主持,企业文化中心组织加强对各级干部的培训,使中层干部尽可能快、尽可能准确地整体把握理解企业文化理念体系的内涵。

（4）由企业文化中心负责、党群工作处组织、各业务部门和职能部门配合进行企业价值观、企业精神的培训与教育，让全体员工都理解企业价值观、企业精神的含义。

（5）举办企业文化建设有奖知识竞赛，通过生动有趣的活动，使员工对企业文化的内容耳熟能详。

（6）企业文化中心在网管中心的配合下在局域网上开辟互动式企业文化论坛。

（7）利用企业内刊和宣传栏，刊登企业文化内容，举办征文讨论活动，动员员工畅谈感想、建议。

（8）党群工作处编写企业发展史，收集整理史料，总结光辉成就，展望规划未来发展，使员工对本企业有系统、全面、深入的了解，增强大家的信心与动力。

（9）制作企业价值观卡和员工手册，发放给员工。

（10）建立企业文化建设意见反馈箱，鼓励员工积极参与企业文化的建设，发挥员工的积极能动性。

企业文化转化系统

企业是树，文化是根，正因为有这样的树根，才会有企业的不断发展、枝繁叶茂。只有用文化理念的思想调整组织结构，完善各项规章制度，规范员工行为，才能促使企业文化的精神力量转化为行动的巨大力量，企业这棵大树才会愈加枝繁叶茂。下面主要从组织结构、规章制度、员工行为规范三个方面阐述企业文化转化系统的建立。企业文化管理图如图3-7所示。

图 3-7 企业文化管理图

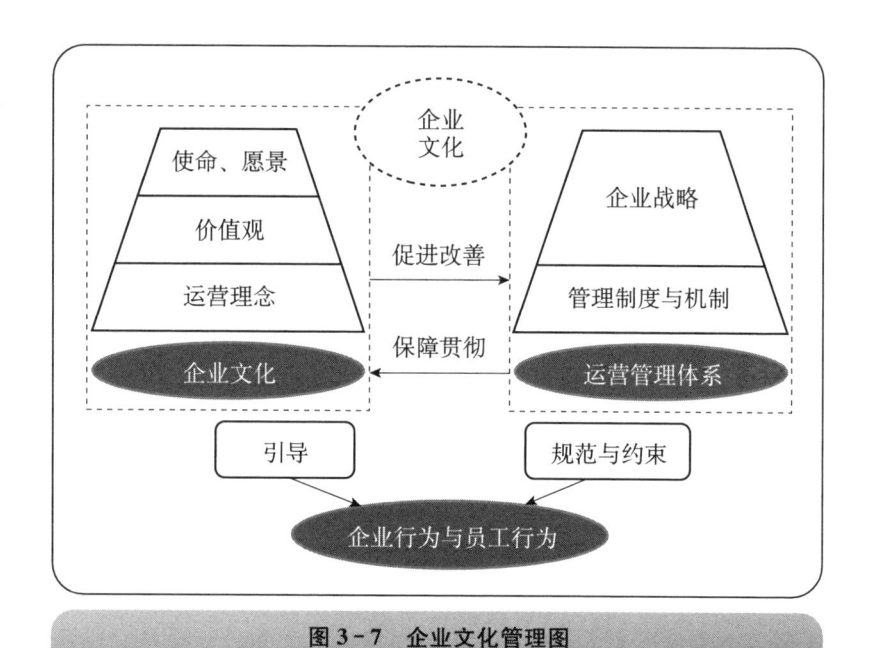

(1) 组织结构。常见的企业组织结构有如下 10 种：1) 直线制组织结构；2) 职能制组织结构；3) 直线职能制组织结构；4) 事业部制组织结构；5) 矩阵制组织结构；6) 高层式组织结构；7) 扁平式组织结构；8) 网络型组织结构；9) 多维制组织结构；10) 模拟分权制组织结构。

虽然不同的组织结构有不同的优点和缺点，但从现代管理理论强调人本管理的角度而论，事业部制、扁平式、网络型等组织结构更具人性化管理的特征。而且，企业采用什么样的组织结构，不仅受制于企业特点等因素，更重要的是受制于企业领导者的观念和企业的价值观。

(2) 规章制度。企业规章制度是企业从事生产经营活动所依据的各项条例、规则、程序和办法的总称，它是人们长期从事企业生产经营活动的总结,也是科学管理的结晶。企业制度文化反映企业文化观念和经营思想,保证企业生产经营活动正常进行,保障企业和员工权益。企业的生产经营活动都有其明确的目标,为使企业和员工的行为与实现企业目标的要求保持一致,必然要有一系列制度和规定作为保证。

(3) 员工行为规范。企业文化主要是一种观念形态,它以企业的价值体系为基础。企业的价值体系要转化为群体积极向上的行为、以唤起员工对企业精神的共识为核心的企业管理行为,即把抽象的价值观转化为看得见、摸得着的东西,需要员工行为规范来完成。

实例

(1) 根据企业实际情况与未来发展目标,对战略与组织结构进行相应调整、完善,以更适应发展的需要和市场的需要。

(2) 依据企业文化理念体系,对现有规章制度进行整理与完善,形成完整、科学、与企业文化理念相适应的管理制度。

(3) 对人力资源管理工作进行改进与完善。

(4) 以员工行为规范为准则,规范员工行为,塑造高素质的员工形象。

(5) 在各种重要节日、纪念日以及民间传统节日和重大历史事件纪念日等,举行形式多样的群众性庆祝、纪念活动,使人们在集体聚会的同时,增强对祖国、对本企业、对所从事事业的热爱,陶冶道德情操。

(6) 适当推广传统伦理教育。

企业文化育人系统

企业文化如何影响企业？毫无疑问，企业文化通过人影响着企业。对于广大群体来说，激活人的能量的最有效方法莫过于组织文化。在整个推进系统中，文化育人系统有着举足轻重的枢纽地位。

文化育人系统主要是从强化员工培训工作、提高员工基本素质、建设学习型组织入手。

(1) 企业文化培训。企业文化的培训过程，也就是企业文化的教育化。企业文化的教育化是指通过培训、研讨、灌输等方式，将企业已确立信奉和倡导而且必须付诸实施的价值理念，渗透到员工头脑中。因此，企业文化推进实施过程中的一项重要工作就是强化企业文化培训，即从思想上用企业文化去整合与占领员工的思想，让所有员工都必须认可企业文化，并用这种文化在现实中指导自己的行为。

(2) 员工素质教育。美国的汤姆·彼得斯（Tom Peters）和南希·奥斯汀（Nancy Austin）在合著的《赢得优势》一书中，列出了提高员工素质的 12 条方法，并指出，企业领导者提高员工素质的方法并不仅限于正规教育，还应引导员工学会思考：从顾客、供应商、公司其他单位或部门的同事身上能学习什么东西？怎样将日常生活中平凡而深刻的点滴转化为员工教育计划的一部分？

(3) 建设学习型组织。学习型企业是指以组织的共同愿景为基础、以团队学习为特征、对顾客负责的扁平化横向网络系统。它强调"学习＋激励"，不但使人勤奋工作，而且尤为注意使人

"更聪明地工作"。它以增强企业的学习力为核心,提高群体智商,使员工活出生命的意义,自我超越,不断创新,从而达到企业持续快速健康发展的目标。创建学习型企业,是现代企业参与知识经济时代竞争的必然选择,也是今后摆在每一个企业面前的重要课题。

实例

(1) 强化企业各级培训体系,建立科学系统的员工培训机制,有针对性地对员工进行各个方面的培训。

(2) 强化员工的自我培训与自我学习,鼓励员工参加内部、外部的培训与学习,并给予一定的帮助以及工作岗位上、物质上的奖励。

(3) 增加学习沟通渠道,利用企业内部局域网、内刊等,开辟多种交流、沟通与讨论的渠道。

(4) 优化资料管理,建立电子数据库,员工可在局域网上查阅数据资料和技术资料。

(5) 以基金的形式,设立"××学术奖"或"××创新奖",激励员工在学术上、管理科学上不断创新,开拓进取。

企业文化激励系统

企业文化的激励功能一方面依赖于企业共同价值观的驱动、企业精神的深入人心和积极群体意识的影响;另一方面依赖于在共同的文化观念下形成的适合本企业特点且具有操作性的激励机制。激励机制没有固定的模式，它可以借鉴但不可以照搬，这是因为企业的价值观不同，规模不同，企业所处的发展阶段不同，受社会政治经济环境变化的影响不同，受激励者的需求不同。例如，一个处于创业期或困难期的企业，由于规模不经济和资金紧张状况的制约，物质激励会受到限制。此时，更多的是采用精神激励，或是在公司内提倡艰苦创业、勤俭节约的精神，或是通过公司愿景激励员工。随着创业期或困难期的结束，激励者一定要调整激励的形式，在激励的天平上添加物质激励的砝码。

（1）建立精神激励与物质激励相统一的激励系统。人的需求很复杂，一般同时具有多种需求。根据马斯洛的需求层次理论，人较高层次的需求是个人价值的体现和他人的尊重，在基本的物质需求得到满足之后，精神上的激励效果更长久和深远。企业中不同知识层次、年龄、收入水平、家庭背景的员工会有不同的物质需求和精神需求。企业管理者必须把组织所拥有的各种激励资源合理地分配给合适的人，才能获得最大的激励效果。无论是物质的需要还是精神的需要，"有用"的激励才有价值。实施激励应分析不同群体在不同阶段的需求。不能过分依赖精神激励，也不能过分夸大物质激励的作用，要努力做到两种激励方式的平衡使用与合理组合。

（2）激励系统的设计。很多企业都在探索如何更有效地建立企业内部的激励机制，以最大限度地激发起员工的潜能，提升员工的业绩，促进企业的发展。从现实状况来看，由于企业文化不同，激励机制从内涵到形式也表现得千差万别。可以说，先进的企业文化造就先进的激励系统。不同的文化背景下，激励的理论和认识也是不同的。

(3) 领导激励的重点。所谓领导，是在某种特定的条件下影响个人或群体向目标迈进的行为或力量。领导者的影响力主要来自两个方面：一是职位权力。这种权力是领导者在组织中所处的位置而赋予的。二是个人权力。这种权力是由于自身的某些特殊条件具有的。例如，领导者具有高尚的品德、丰富的经验、卓越的工作能力、良好的人际关系等。这些能力不仅能完成组织目标，而且能创造一个激励人的工作环境。

(4) 领导激励的难点。在日常工作中，时常会遇到一些激励工作的难点，正视这些难点，并想办法克服或解决，才能使领导激励走上科学合理的应用之道。

1) 避免误入激励陷阱。常见的激励陷阱有：只激励不考核；形式单一，重物质轻精神；轮流坐庄搞平衡；士气低落才激励。

2) 对知识型员工的激励难点。知识型员工是美国学者彼得·德鲁克（Peter Drucker）提出的，指的是"那些掌握和运用符号和概念，利用知识或信息工作的人"。知识型员工的特点，用一句话来概括就是：作为追求自主性、个体化、多样化和创新精神的员工群体，激励他们的动力更多地来自工作的内在报酬本身。与其他类型的员工相比，知识型员工更重视能够促进他们发展、有挑战性的工作，他们对知识、个体和事业的成长有着持续不断的追求。常见的激励办法有智力产权制度、长短期结合、认股期权、个性化人力资源管理等措施。

实例

(1) 物质奖励方面：改善员工考核制度；修订薪酬制度，制定更具激励作用的薪酬体系；强化员工的奖惩制度，平衡正负激励。

（2）精神激励方面：培育企业文化楷模，即英雄人物；工会通过有特色的娱乐活动培养员工的团队意识，如足球、篮球、桥牌等；培养员工目标明确、整体思考、个性独立的特点，在潜移默化中树立团队意识，在轻松愉快中打破陌生感，形成互助互动的工作关系和真诚和谐的人际关系；开设企业文化协会，为员工交流提供场所，在交流中传递信息，相互激发，相互促进；关注员工生活，在员工生日送上祝福，不定期慰问员工家属，了解员工的实际需要；编辑出版内刊等宣传刊物，反映企业精神实质，教育员工树立远大理想，为共同的事业贡献力量。

企业文化推广系统

（1）企业文化推广的原则。企业文化推广是一个十分复杂的体系和过程，敏感性很强，如果运用失当，不仅不能为企业营造良好的社会环境、提升企业的荣誉度，相反还会损害企业的形象。因此，在企业文化推广过程中，应遵循以下原则：

1）坚持真实性原则。宣传、广告必须实施求是，讲真话，讲实话。在新闻报道中，不人为拔高企业形象，不违背事实搞过分的渲染，不说大话、假话、空话，要给人以实在之感，在企业与社会之间建立一种信任感。广告宣传中的承诺必须一诺千金。

2）传播要适度。企业文化的推广要适度，要把握分寸、掌握火候，不能过度。在对外推广上投入过多的财力物力，超出了企业的承受能力，就会给企业带来困难和危机。

3）把握时机，灵活多样。企业文化的推广要把握好时机，及时传播，做好规划。同时，在大众媒体的选择组合和推广内容的编排方式上都要坚持灵活多样、生动活泼、丰富多彩的原则。

（2）企业文化推广的渠道。

1）视觉识别系统是社会公众识别企业和企业对外展示风貌的一座桥梁。视觉识别系统集企业身份、历史、理念、行为、视觉等为一体，整体展示企业形象，具有很强的传播功能。视觉识别系统将企业经营理念与精神文化，运用统一的整体传达系统，传达给企业周边的关系或者团体，并使其对企业产生认同感。

2）公共关系。公共关系对企业文化的推广功能主要体现在以下三种方式中。

一是专题活动。它是在已有事实的基础上，利用创造性思维设计出能引起轰动的专门活动，把企业文化与公众关注的话题联系在一起，与名人联系在一起，与传统节日、纪念日联系在一起，达到传播企业文化、塑造企业形象的目的。

二是公益活动。企业通过一些公益活动，提高企业文化在社会公众心目中的影响力，如支持社会福利事业、为赈灾捐款、为希望工程献爱心等。通过向社会表达善意，履行社会责任，来传播企业文化的信息。

三是宣传品。公共关系宣传除口头演讲，更多的是制作宣传品，如企业的标识、小册子、专题宣传稿、音像视听材料、内部报纸、简报等。这些材料或介绍企业、企业领导人，或介绍企业产品或服务，或介绍市场营销情况等，可以从不同的侧面推广企业文化。

3）营销。企业的营销以刺激消费者和零售商迅速、大量地购买某一品牌商品为目的。在营销过程中，通过展销会、展示会、免费使用、价格折让、优惠赠送、保退保换、维修服务、送货上门等具体行为，传播企业"顾客至上""一切为顾客服务"的文化理念。这是以实际行动传播企业文化。

4）消费者的口碑。消费者的口碑对企业文化和企业美誉度的传播作用很大。人际传播虽然覆盖面小、传播速度慢，但是如果多数顾客都倾向于购买某种商品，那么这个商品品牌的忠诚者群就出现了。品牌的忠诚者也就是企业文化的信赖者。

5）广告。很多人是通过广告知晓企业和企业文化的。广告大师戴维·奥格威（David Ogilvy）说："广告是神奇的魔术师，它有一种神奇的力量，经过它的点化，不只是能卖出产品，而且能化腐朽为神奇，使被宣传的产品蒙上神圣的光环。"这种光环的产生，主要是由于广告传播把附加了文化的产品非常直观、形象地展示在消费者面前，用广告的语言、画面描绘出它的独特文化情境，引起消费者的注意，实现消费者与企业文化的共鸣，使企业文化深深印入消费者的心中。

（3）实例。企业文化建设的目的，不仅在于形成内部良好的创新氛围，还在于对外求得社会的认知，文化推广系统就是要通过相关措施，创造良好的外部环境，吸引人才、资金，在更加广阔的领域得到发展。

实例

（1）企业文化中心策划，党群工作处组织，筹办企业周年庆活动，实施整体视觉识别体系，结合企业新环境的变化，给人以耳目一新的印象，振奋员工精神。

(2) 企业文化中心组织召开企业文化理念与行为规范成果发布会，广为宣传，加深外界对企业文化的了解。

(3) 企业文化中心制作企业简介和形象宣传广告片，在适当场合和媒体发布。

(4) 在公司上上下下、行业内部汇报并交流企业文化建设成果。

(5) 在网站、媒体上（可通过投稿的形式）宣传报道公司的企业文化建设成果，树立文化先进、实力超群、人才济济的崭新形象。

(6) 加强与外部企业或企业文化协会等的联系，宣传和交流企业文化建设经验。

(7) 以本公司为主体举办"××科技成果展"，进行优秀成果、优秀论文征集等交流活动，让社会公众了解公司的社会价值和科研实力。

企业文化推进的载体

企业文化不是无源之水、无本之木，它必然要通过一定的物质实体和手段，在生产经营实践中表现出来，才能使企业员工产生对企业目标、行为准则及价值观念的认同感。这种物质实体和手段，就是企业文化的载体。企业文化载体形式多种多样，物质方面的有图书室、俱乐部、企业刊物、网站、App、企业服装、建筑物、企业标识等；组织方面的有各种协会、研究会、座谈会等；还有各类专项活动，如庆典仪式、文艺晚会、军训等。

企业文化的推进，重点在企业内部，应把广泛宣传和深入细致的工作紧密结合起来。首先，做到企业全体人员了解和掌握本企业文化建设的具体内容和精神实质。其次，进一步完善修订企业规章制度，使之真正体现企业价值观和经营理念。最后，在实践中，一方面检验企业文化是否符合客观形势和企业实际，及时加以完善；另一方面加强管理，开展思想教育，使企业文化落实在行动中，发挥应有的作用。

从文化建设向文化管理迈进

如今，不谈企业文化似乎就是不懂企业管理，"文化管理"成为大家津津乐道的一个话题。对于什么是企业文化建设，什么是企业文化管理，在什么发展阶段做文化建设、什么发展阶段做文化管理，在什么情况下可以做文化管理，需要具备什么样的能力，这些是我和仁达方略这些年研究和推广的主要内容。

文化建设与文化管理的区别

文化建设是指企业文化相关理念形成、塑造、传播等过程。文化建设重口号轻落实，重宣贯轻执行，突出"建设"，基于策划学、传播学理论，认为企业文化是一种策划和传播，是一种泛文化。

文化管理是指企业文化的梳理、凝练、深植、提升。文化管理重落实轻口号，重执行轻宣贯，突出"管理"，基于管理学、组织行为学理论，认为企业文化是一种管理。文化管理是在企业文化的引领下，匹配公司战略、人力资源、生产、经营、营销等管理条线、管理模块。其涵盖了文化建设。

文化管理的核心是以人为本的管理，管理的对象完全从

"物"转向"人",通过共同价值观的培育,在企业内部营造一种健康和谐的文化氛围,使全体员工的身心能够融入企业,变被动管理为自我约束,在实现社会价值最大化的同时,实现个人价值最大化。文化管理是人本管理的最高层次,它通过企业文化的培育,来实现文化管理模式的提升,使员工形成共同的价值观和共同的行为规范,进而成为企业人。

从文化建设到文化管理的必然性

企业文化建设绝对不是看着别人的好看就有样学样那么简单,也不是制定个什么法就大功告成了。没有对自身的深层思考,最好不要奢谈企业文化建设。很多人都知道《华为基本法》,它被推崇为企业文化建设的宝典,很多人希望能在自己的公司里弄出一套类似的"法",以此来建设自己的企业文化。中国的传统管理讲究道、法、术,《华为基本法》还仅仅停留在术的阶段,只是一堆管理制度和行为规范,关于企业的核心价值观、流程和客户方面的问题提得都很少。

有效的企业文化建设方式通常是形成企业核心价值观,并以此作为种子要素孕育企业文化。在此文化中,通过沟通信仰、传递愿景和从事所有企业实践,强化核心价值观,使全员认可并内化企业核心价值观以形成持久的行为。领导者行为、员工行为和企业的一切生产、经营和管理活动都以企业的核心价值观作为基本准则,一定时期以后,以鲜明价值观为核心的强势企业文化就将形成。在这种鲜明价值观和企业文化的有效指引下,将企业的核心价值观统一为全体人的意志,再将这种意志转化为持久的行动,是需要长期、艰苦的努力的。①

在目前的企业管理阶段,企业文化已难以满足企业管理的需要,仅有企业文化建设还不够,企业文化需要进一步深化,已经到了必须对企业文化进行管理的阶段,即文化管理阶段,这也是企业管理的最高境界。企业文化有两个属性:一个是亚文化属性,一个是管理学属性。所谓亚文化属性,是指企业文化相对社会文化而言,是亚文化;所谓管理学属性,是指企业文化是一种管理思想和方法论。但是,这其实并不准确。这里应该分成两个:一个叫纯粹文化,一个叫应用文化。纯粹文化是从文化学的角度来研究和实践企业文化,应用文化从管理学的角度来研究和实践企业文化,可以成为企业的原则。企业文化建设要从纯粹文化建设向应用文化管理迈进。我们通常所说的企业文化的起飞与落地,实际上就是文化建设和文化管理,只有文化建设没有文化管理,相当于企业文化只起飞了没有落地。

从文化建设迈向文化管理

企业文化的成长有其内在的规律,即在企业初创阶段,将生存作为第一要务,这时的文化也许不能为企业创造立竿见影的效益,这种慢热的影响元素——文化,将随着企业的不断成长而滋长。当企业到了稳定成长的阶段,企业文化建设的力量变得非常突出,企业文化会因企业的发展需要得到传承、整合或再造,这时就需要企业的领导者进行企业文化建设了。仁达方略在多年企

---

① 伍晋明. 企业文化建设:过程,过程,还是过程. 中国管理传播网,2005-03-18.

业文化实证研究和为上百家企业提供文化建设咨询服务的基础上提出，以下几种情况是企业文化建设的最佳时机。

（1）企业的发展进入快速增长期时。组织规模迅速膨胀，人员大量增加，资本迅速扩张，兼并了一些企业，这时就需要有与企业发展同步的企业文化，否则就会出现文化危机。

（2）企业产权结构发生重大变革时。变革后，企业再不能沿袭原来的价值理念，应适时发展与产权机制相一致的企业文化。

（3）企业发展战略发生重大转移时。如从单一性产业向多业性产业转移，从低价位市场战略向名品牌市场战略转移，为适应这种转移，企业要重新定位自己的企业文化。

（4）企业实施"二次创业"计划时。如果企业为求得新发展进行"二次创业"，就要启动新的企业文化战略，以实现跳跃式发展和质的转变。

（5）企业高层发生人事重大变动时。不同的企业家有不同的企业文化理念，往往可以开创新的局面。

（6）企业由国内市场转向国际市场时。走向国际竞争的企业必须适应国际化、全球化的要求，把握更新企业文化的时机。

（7）企业从垄断经营走向市场竞争时。以前形成的垄断性行业，如银行、电信、航空、铁路等，在市场经济条件下将打破垄断，改变原有的企业文化状态，塑造新的企业文化。

（8）企业工作环境发生重大改变时。如迁入新的办公大楼、新厂房落成；企业发展实现阶段性目标；周年志庆，进行 10 年、20 年回顾和总结。这些都可以成为开创新的企业文化的契机。

（9）企业处于停滞状态需要突破时。企业发展的某一阶段出现停滞状态，此时重塑企业文化可能会起到强大的振兴作用。

（10）企业管理失效、矛盾丛生时。由于种种原因，到了一定阶段，有的企业开始出现机构臃肿、职责不清、管理混乱、人际关系恶化等现象，亟须大力推行企业文化变革，用新文化赋予企业新的生命。

现在很多企业仍停留在文化建设阶段，文化理念体系也不是很科学，只是变成了一个本本，没有进行文化管理，最后连文化理念体系也形同虚设了。文化建设大致包括调研诊断、方案设计、培训宣贯、具体实施（活动配合）等环节。要清晰定义企业文化的核心——价值观，将企业文化理念体系应用到管理实践中；同时要对企业文化进行诊断评估，抓住文化的本质和规律，结合自身的管理状况构建企业文化体系，找到企业文化建设的路径和方法，这样就好进行文化管理了。

对于文化管理来说，其内容包括文化建设、文化深植、文化评估和文化再造四个阶段，是一个循环往复、螺旋上升的过程。文化建设之后，应该通过文化深植阶段将愿景和价值观固化到战略规划、品牌建设、组织设计、薪酬设计、绩效考核等工作当中去，切实体现文化的引领作用，实现企业的系统变革。变革的结果需要在下一阶段进行评估，通过控制其执行情况来保证企业核心价值观的提升。如果通过评估发现愿景和价值观不再适合企业的持续发展，就必须进入文化再造阶段，再次进行建设与变革，使文化管理进入更高的层次。

事实上，任何一个企业，从初创开始就自发地形成它的企业文化。然而这种文化是原生态、散乱、粗糙的，甚至是错误、有害的。因此，对企业文化的管理其实是在对企业的既有文化进行整合、变革、创新基础上，形成与企业未来目标相对应的价值观、企业精神以及整套企业文化体系,并利用这种经过整合创新的文化系统来产生企业的文化力,进而推动企业发展。从这个意义上说,企业文化的管理过程就是企业既有文化的整合、创新的过程。

企业都需要进行文化管理,仁达方略认为,从企业的发展利益出发,企业文化管理的实施还是有一定选择性的。

首先,企业的管理运行通常伴随软硬两个链条:一个是企业经营战略管理链条,是硬链条;另一个是企业文化管理链条,是软链条。经营战略管理链条反映了企业组织实施经营的逻辑顺序,文化管理链条则反映了企业作为具有灵魂的有机体从抽象走向具体的过程,两个链条之间存在内在的逻辑联系。不论是经营战略管理链条,还是文化管理链条,每个链条上的环节均是承前启后、环环相扣的。

其次,文化管理的核心是以人为本的管理。实行以人为本的管理,不是宣传一种政治说教,也不是形式上的变革,更不是追求一种时髦,而是实实在在的管理宗旨、管理战略、管理重心、管理方法、管理策略的转变,即摆脱传统的以物为本的管理模式,向更高级的管理阶段——以人为本的管理新阶段跃进。企业文化管理把以人为本作为核心,其内涵和外延不能局限于企业内部。从某种意义上说,企业实行顾客满意战略,开展顾客关系管理,是更加重要的内涵和外延,这是决定企业持续生存与发展的关键所在。

最后,企业文化的作用主要体现在它作为一种管理方法的运用,无论是在进行企业文化塑造的过程中,还是在企业文化成功塑造后,企业管理者都应该自觉地把企业文化作为一种管理手段，运用到管理实践中去。在企业文化管理任务的执行过程中，要反复检验以确立企业文化的现实性和实用性，看企业文化有没有起到应有的管理功能。同时，要对在企业文化管理过程中遇到的问题及时进行思考，并反馈到企业文化的塑造中，在企业文化的塑造和管理实践中努力完善企业文化管理功能，构建企业文化管理系统。

企业文化的发展趋势是文化管理，企业向文化管理的跃进是企业战略发展的必然选择。建设企业文化的过程实际上就是企业向文化管理新阶段跃进的过程，这不是一朝一夕的事，需要通过文化建设构筑一个坚实的平台。总之，企业不能为文化而文化，文化与企业管理和经营实践不能"两层皮"，文化管理需要更好地用新的企业文化理论、方法来指导实践，解决各种难题，使企业管理和经营实践真正成为企业文化建设的"主战场"。

企业文化与管理紧密结合

企业文化与人力资源管理

企业文化是围绕人展开的，主体就是人。企业文化推进实施的重点在于如何把企业文化工作与人力资源结合起来，包括各种人力资源政策和制度。企业文化与人力资源管理之间是密不可分的，主要体现在以下几个方面。

两者的交叉点：以人为本

企业文化与人力资源管理，都是基于对人的管理，强调以人为本。尊重人才，爱护人才，最大限度激发人才的创造力，是人力资源管理和企业文化的最终目的。人力资源管理体系采取具体的制度措施与方法,是一种有形的"硬管理",而企业文化则实施无形的"软管理"。企业文化通过精神状态影响员工,而人力资源管理通过措施与方法来施加影响,员工(以人为本)是它们之间的联结点,以此不断指引与开发人力资源的潜能,为企业发展奠定坚实的人力资源基础。

企业文化是人力资源管理的导向

企业文化对人力资源管理的导向作用,主要是指企业价值观念和思维方式对员工的导向作用。每种企业文化或多或少都会对员工产生影响。一种管理理念或管理方法(比如人力资源管理)在这一企业可以获得极大的管理成效,而在另一企业则可能完全行不通。人力资源管理需要在一定的企业文化基础上进行,只有服从企业文化这个软环境,才能使人力资源管理更加有效率。作为企业管理的一部分,通过或利用企业文化进行管理,是人力资源管理发展至今的必然要求,也是企业管理所追求的最高管理境界。总之,企业文化是人力资源管理的环境和条件,在人力资源管理的过程中要时刻注意以企业文化为导向。

人力资源管理是企业文化的完善手段

企业文化要得到员工的认同就必须有人力资源管理的支撑。企业文化以多种方式传递给员工,例如故事、模范人物、仪式、物质象征和语言等,这些方式都是比较生硬地将企业文化灌输给员工,员工接触到的只是企业文化的表层。企业文化的深层次内容是无法通过这些方式传递给员工的,只有通过员工的切身感受才能体会到。

而人力资源管理的核心就是人,它的措施、方法都是有目的地针对员工的。如果将企业文化融入人力资源管理活动,那么人力资源管理活动就能直接使员工切身体会到企业文化。如果企业文化融入员工的绩效考核,员工就会日复一日地受到企业文化的熏陶并对其做出反应。这样,不认同企业文化的员工就会不断修正自己原有的价值观与思维方式,使自己成为该企业文化的一员;认同企业文化的员工就会加强认同感。由此可见,人力资源管理体系是企业文化推广与完善的重要手段之一。

企业文化与招聘管理

在招聘阶段就应以企业文化,尤其是企业价值观念为导向。企业人力资源管理者要通过有目的的公关活动和广告宣传,让潜在的员工了解企业的文化,特别是企业的基本价值观念、原则和宗旨。

要用合理的测试手段分析判定应聘者的价值倾向与企业的价值体系是否一致,包括面试流程、场地布置、时间安排,都要体现出企业的文化。有调查显示,新员工对企业的了解,除了网络、报纸、亲友等途径,更重要的是通过面试的程序。科学、高效、专业的面试方法和流程,会给应聘者留下很好的印象,也是他们了解企业文化的开始。

企业文化与绩效考核

在员工业绩考评上,建议将是否遵守企业核心价值观作为对员工进行考核的重要标准之一。

例如,企业文化强调诚信的重要性,那么在员工业绩考评上就应考评员工在取得业绩的过程中是否遵循了公司的诚信原则。

员工的业绩固然重要，应成为员工业绩考评的主要依据，但公司同时也应了解员工怎样获得了业绩。有的员工通过欺骗的手段来增加销售额，虽然业绩不错，却违背了企业的诚信原则，给企业的长期发展带来大于其个人业绩的损失。通过对员工是否遵守企业原则和价值观的考评，可以督促员工用正确的方式去获取业绩，从而最大化企业的长期利益。

企业文化与激励机制

激励包括三个方面：物质激励、精神激励和工作激励。这三个方面相辅相成，与企业文化结合起来，才能使激励发挥最大作用。

在员工的薪酬系统方面，企业应真正建立起符合新的企业核心价值观和原则的薪酬系统。例如，新的企业核心价值观强调业绩导向，那么在薪酬系统设计上就应该拉大不同表现员工的薪酬差距，真正让工作表现好、对企业贡献大的员工受到明确的奖励和赏识，特别是要通过薪酬的调整予以体现。

企业文化与培训体系

在员工培训上，建议在新员工入职培训课程中增加企业核心价值观和原则的培训，帮助新员工了解和理解企业文化，增强核心价值观认同。对现有员工，也应定期组织企业文化方面的培训或研讨会，以不断深化员工对新的企业价值观的理解。对企业中高层员工，应定期组织企业文化创新和变革方面的培训，让管理人员更加重视企业文化建设，并且为其进行文化创新和变革提供理论框架和工具。

企业文化与员工异动

通用电气根据员工的考核结果，有这样的规定：如果认同企业文化而且业绩很好，将得到各种奖励或者升迁；如果认同企业文化但业绩不好，公司给予改进的机会，包括培训、轮岗等，并进行考核；如果不认同企业文化但业绩很好，那要限制使用，没有升迁机会；如果既不认同企业文化业绩也不好，将被公司辞退。

人力资源管理中企业文化作用的媒介形式

任何文化发挥作用都必须通过感官媒介，企业文化也是这样。企业文化在人力资源管理中的媒介形式主要有：良好的企业环境和优质的产品与服务，它们对企业员工有潜移默化的作用，这要求管理者外树良好的企业形象，内创优美的生产工作环境等；富有象征意义的企业欢庆仪式、礼仪、纪念等活动；企业特有的语言、口号、标语、传闻轶事、"神话"故事，好懂易记，易于传播。

企业人力资源管理者要树立本企业的英雄人物、传奇人物。因为榜样的力量是直观、感性的，明确告诉人们企业在提倡什么、鼓励什么，企业员工也就知道自己应该怎么做，这就是"树典型"的方法，实事求是的人物典型会发挥强大的感召力。如果企业家身体力行，成为企业文化中的典型人物，就会更好地发挥企业文化的导向作用。总之，企业文化导向下的人力资源管理会使人力资源管理更有效率，二者是互相促进的管理活动。

企业文化与品牌管理

企业文化和品牌文化的差异

品牌文化是指使产品或服务同竞争者区别开来的名称、名词、标记、符号或设计，这些要素的组合，在这些要素组合中沉积的文化特质和该产品或服务在经营活动中的一切文化现象，以及这些文化特质和现象背后所代表的利益认知、情感属性、文化传统和个性形象等价值观念的总和。

具体来说，企业文化与品牌文化至少在以下几方面存在差别。

(1) 两者建立的基础和形成的方式不同。企业文化主要建立在企业管理的基础上，是一个相对比较封闭的系统，主要面向企业内部，主体是人。在长期经营的基础上，企业文化随着企业的发展会慢慢积累、成形，需要经历由不自觉到自觉、无系统到系统的过程。品牌文化主要是在企业销售环节建立起来的，它是一个完全开放的系统，主要面向企业外部，主体是物或可物化的存在。通过总结市场竞争状况、自身产品状况、消费者因素，并在此基础上在激烈竞争的市场中给产品一个明晰而独特的定位，塑造鲜明独特的形象，从而形成品牌文化。

(2) 解决的目的不同。企业文化主要解决企业存在的目的是什么，企业未来的发展方向是什么，以及企业和企业人在发展过程中应该如何做。企业文化正是通过对这三个核心问题的回答，指导企业的生产经营行为和企业员工行为，发挥企业文化的导向作用、凝聚作用、激励作用和约束作用。

品牌文化的主要目的是建立产品与消费者的关系。它关注消费者接触品牌的途径和方式、使用经验与感受，以及如何与消费者建立友谊，并倾听消费者的想法，观察消费者的态度，体察消费者的需要等，借以保持产品在市场上长盛不衰。

(3) 企业文化与品牌文化是两个完全不同的体系。建立企业文化有不同的理论，按照比较成熟和权威的理论，企业文化可以分解为形象、行为、制度和价值观四个层次。品牌文化则是在品牌的建立、品牌的推广、品牌的维护、品牌的再生等过程中精心策划形成的。企业文化和品牌文化的具体区别如表3-2所示。

表3-2 企业文化与品牌文化的区别

项目	企业文化	品牌文化
建立基础	管理与运营	销售领域
建立目的	解决企业存在的目的、未来发展方向、如何做的问题	主要解决与消费者关系的问题
建立环境	相对封闭	完全开放
构成	形象、行为、制度以及价值观	品牌建立、推广、维护、再生等
形成方式	由自发到自觉并形成系统，不断总结提炼	也有自发过程，但最终需要精心策划
目标人群	企业内部为主	消费者

在品牌推广中要不要推广企业文化

一般认为，消费者不会关心企业的理念是什么，产品是如何生产出来的，而是主要关心企业提供的品牌能不能满足他们的需要，是否与他们的价值观、梦想相符合，产品能否让他们得到满足。

其实，企业文化与品牌文化并不是割裂的两个系统，品牌文化实际上只是企业文化的一个子系统。从品牌标志、外形包装上看，它是企业文化形象层的反映；从品牌的生产工艺、销售过程和服务方式上看，它是企业文化行为层的表现；从品牌的品质和定位等上看，它反映了企业对待客户的价值观，凝结着企业对产品（服务）品牌的感情寄托。

消费者对品牌的忠诚度受多种因素的影响，企业文化是其中重要的影响因素之一，宣传企业文化能够促进品牌的推广。

（1）提升品牌形象。消费者消费的核心问题之一是产品质量。对企业文化的宣传，是解决这个问题的捷径。著名的"海尔砸冰箱"事件，向消费者透露了海尔极其重视产品质量的价值观，使海尔迅速赢得了消费者的认可。脑白金在连续多年对市场实行广告轰炸战略之后，为了打消人们对其质量的怀疑，开始用广告对消费者展示企业形象，突出宣传自己的质量意识，延续了自身的成功。

（2）培养顾客忠诚。包含诸如"奋斗、创新、报国、追求完美"等高尚词语的企业文化总能引起人们的共鸣，激发顾客内心的认同，甚至对企业产生尊敬。长虹的"以产业报国"、红塔的"超越文化"都引起了人们的强烈好感。作为企业文化建设的经典案例，海尔集团通过对企业理念的不断宣传，让海尔品牌脱颖而出，成为中国家电第一品牌。可以断言，仅凭单纯的品牌广告，海尔不会成长得如此迅速。

企业文化是经过提炼总结的具有积极意义的文化，它们一旦被发掘出来，就会引起人们心理上的强烈共鸣，企业的产品品牌也将迅速被消费者接受，并产生较高的忠诚度。人们往往是因为佩服一个企业或者企业家而决定钟情于其品牌，这样的故事一直不断上演。

（3）理解品牌内涵。在品牌运作中，有一套完整的系统来塑造品牌形象，如视觉识别、广告代言人等，企业文化也可以使消费者加深对品牌形象的理解。

英国最大的私营企业维珍集团，其创始人理查德·布兰森（Richard Branson）传奇性地将叛逆精神注入企业，使维珍品牌成为"叛逆、时尚、低价、优质"的代表。中国崛起速度最快的通信企业华为公司，凭借其对理想的狂热追求、崇尚技术与竞争精神（狼文化）而吸引了公众的关注。人们对华为的印象，主要建立在其企业文化，特别是其总裁任正非教育内部员工的一篇文章《华为的冬天》上，它使华为成为整个信息技术行业学习的楷模。

（4）某些领域的企业文化就是品牌文化的核心。直接面对消费者的企业，比如沃尔玛、麦当劳等，它们的企业文化往往就是品牌文化的核心。沃尔玛信奉"服务客户"，认为"顾客是老板"，应该"超越顾客期望"，这也是沃尔玛品牌的核心。麦当劳推崇的"QSCV"理念——"Q"代表产品质量（quality），"S"代表服务（service），"C"代表清洁（cleanness），"V"代表价值（value），长期以来就是麦当劳品牌的核心。

综上所述，我们认为，企业文化在品牌传播中具有重要作用。因此，在品牌推广过程中，适当地推广企业文化会得到事半功倍的效果。

企业文化与学习型组织

学习型组织与企业文化建设都是现代管理的重要手段，也是企业未来发展的重要保证。没有企业文化支持的企业干不成大事，不去创建学习型组织的企业也很可能被时代淘汰。因此，把创建学习型组织与企业文化建设很好地结合起来，有着十分重要的意义。

学习型组织通常指这样一种组织，该组织中的成员总是在努力不断地学习新东西，并且将他们所学到的新东西直接运用到产品或服务质量的改善等方面。学习型组织同时也是一种学习能力、适应能力以及变革能力不断强化的组织。彼得·圣吉认为，学习型组织理论不在于描述组织如何获得和利用知识，而在于告诉人们如何才能塑造一个学习型组织。在学习型组织建设中不可避免地要提到企业文化，二者有着密不可分的关系。

(1) 企业文化是学习型组织的有力支撑。企业文化有很多类型和表现，学习型文化是其中一种。学习型组织必须依靠大家的自觉行为，必须是发自内心的自愿学习，而不是感觉上的被迫学习。必须让大家从观念上认识到学习型组织对于企业和自己工作的重要性，只有这样才能自觉融入学习的浪潮。因此，塑造学习型文化，提倡自我学习以及大家互相学习，是建立学习型组织的必要条件。

(2) 学习型组织是企业文化的基础。企业文化不能没有依托，必须进行推广，使之转化为制度和员工的工作行为，否则就成了一张皮，而制度和行为是企业文化的中间层次，也是决定企业文化能否取得成效的关键。因此，学习型组织是企业文化的基础。

学习型组织不仅要进行自我超越、改善心智模式、团队学习、共同愿景和系统思考的修炼，还要在组织结构、激励机制、考核机制和推广宣传等方面进行系统规划。只有这样，学习型组织才能成为企业文化的基础。

(3) 二者的结合点。所谓学习型文化，就是在企业文化发展过程中导入学习型组织的理论，引领和支撑企业成长为学习型企业的一种组织文化。学习型文化是对企业文化的创新性延伸和拓展。

学习型组织最本质的特征就是在组织中存在学习型文化。学习型文化与学习型组织相互依存、相互融合、相互作用。学习型组织是学习型企业文化的载体,没有学习型组织,学习型文化的创建也就无从谈起;学习型文化是学习型组织的灵魂,不创建学习型文化,创建学习型组织只能是一厢情愿。

综上所述,学习型组织和企业文化的结合点便是学习型文化,它吸收了学习型组织和企业文化的精髓。

重新定位企业文化建设的核心

21世纪是全球化的时代,资本在全球流动,资源在全球配置。21世纪的企业也在向着文化管理阶段迈进,企业对人员的关注超过了以往的任何时期,人作为社会经济发展中的重要资源站在了企业舞台的最前沿。如何引进、培养、稳定和激励人员是企业面临的最重要的问题之一,对这一问题的解决方法是强势、合理的企业文化。企业文化作为新的管理理论受到了我国管理理论界和企业界的广泛关注,两方面的努力促进了企业文化在我国的迅速发展,企业界的实践者到了重新认识何为企业文化的时候。

企业文化的本质

美国学者埃德加·沙因(Edgar Schein)将企业文化划分为三个层次:第一层是外显的人为事物,第二层是表层的价值观,第三层是核心的基本假设。通过这个理论模型可以发现,企业文化的本质因素是存在于员工内心深处的基本假设,是基本假设决定了企业员工的行为。而目前公认的企业文化三层次中的理念层(以价值观为中心),则是企业文化本质的表现形式。企业文化作为一种管理思想是要预防企业在运行中面临的问题，弱化或消除企业运行中的障碍，减少管理中的不可预知性，也就是要最大可能地预测组织或个体行为以及行为所导致的最终结果。因此说，企业文化的核心是影响产生个体和组织行为的内在因素，即隐藏在个体和组织中的基本假设。

所以，在企业文化建设中仅仅关注企业文化理念层的构造无法在企业中形成强势的文化氛围，也无法步入文化管理的境界。建设企业文化的最终结果应该是在企业全体员工中形成相对统一的基本假设，在形成统一的基本假设过程中，提炼、提升和构造企业的理念体系是重要的，但更重要的是将所构建的以价值观为中心的理念体系转化为全体员工相对统一的基本假设，使员工在潜意识的行为过程中体现企业所倡导的价值观。这种价值观到基本假设的转变过程意味着价值观有很高的正确性并反映了客观现实，在此条件下，组织内部的员工才会忘掉自己的不信任和对企业价值观的争论和反对，形成假设并进入无意识状态。在企业价值观没有转化为员工的基本假设时，员工的行为也许会严重偏离企业价值观。因此可以说，表述了企业的价值观或构建了理念体系并不是形成了企业文化，它只不过是企业向文化管理发展的开端，我们还需关注文化以及文化之外的众多影响因素。

形成基本假设

既然基本假设是企业文化的本质和核心，那么在建设企业文化过程中如何在员工内部形成相对统一的基本假设？有诸多因素影响基本假设的统一过程，关键因素有三个。首先是企业管理者尤其是高层管理者所拥有的领导能力,这种领导能力是通过非强制性的方法,带领和激励一群人实现既定目标的过程;其次是已经存在于员工或组织中的基本假设,这些假设已经促成了员工的思维程序,在潜意识状态下影响着员工的行为,要改变员工的固有思维程序是一个困难和漫长的历程;最后是企业管理者在管理和领导过程中衍生的行为准则或原则,包括对员工的薪酬、奖励、处罚、晋升和培训等。

企业文化建设的第一个关键因素,即企业文化建设的基础是企业管理者领导能力的培养和开发。埃德加·沙因将企业文化和领导视为同一事物的两个方面,就是出于企业文化建设和领导是企业最高管理层面临的两项最重要工作的原因。通用电气前 CEO 杰克·韦尔奇将自己视为一个领导者而非管理者的原因也在此,韦尔奇认为自己的工作就是"一手拿着水罐、一手拿着化肥,让所有的事情变得枝繁叶茂",这表明他的主要工作就是引导通用电气的企业文化。

可以说,企业文化是由企业管理者设定的,是管理者的基本假设在组织中的反映。麦格雷戈的 X-Y 理论指出,管理者对员工人性假设的不同会导致采用不同的管理风格,从而在企业内部形成不同的氛围。据此我们认为,企业文化建设的难点不是将企业价值观转变为全体员工的基本假设,而是转变为管理者的基本假设,进入管理者的潜意识状态,管理者在潜意识状态下的行为方式体现的价值标准将会形成员工行动的框架。所以,企业管理者是企业文化建设的关键,企业的价值观不能转变为管理者的基本假设,全体员工就无法形成相对统一的基本假设,更无从建立强势的企业文化。需要指出的是,企业价值观和管理者基本假设的背离也必然会引起员工思想上的混乱，导致企业凝聚力的下降，削弱企业的竞争能力。

企业文化建设的第二个关键因素是组织中员工已经拥有的基本假设，以基本假设构成的思维程序是员工在适应组织和社会的发展过程中逐步发现和学习的。如果已经存在的基本假设能够适应企业的发展，那么不用实施重大的调整，就可对企业文化进行缓慢的改造。否则，企业文化建设必将需要通过重大的变革来实施，企业的高层管理者也要具有改变自己的决心和坚持不懈的毅力。在重大变革过程中，企业或许面临剧烈的冲突、人员流失等问题，得到的结果可能也是悲观的，这就需要管理者对员工拥有的基本假设有清晰准确的判断，采取相应的措施。

第三个因素或许是最容易被忽略的。管理者应该注意，员工是按照制度、薪酬和考核指标工作的，即使管理者具有优秀的领导能力，也不能忽视制度、考核、内在和外在薪酬对员工的长期影响。

管理理论的发展经历了经验管理、科学管理，现在正在步入文化管理，管理理论的发展是伴随着对人性假设的不断发展而前进的。文化管理是以人为中心的管理，其对人性的基本假设是将人视为自我实现人。缺乏对人性的合理假设是不会形成文化管理态势的。同时，在企业与外部环境相适应的过程中，企业要按照内部资源、能力采取相应的管理方式，并不是任何企业都完全适用文化管理。企业文化建设是一个长期持续的活动，企业在早期就进行企业文化规划和建设、创造适宜的文化氛围，必将有利于培养和增强企业未来的竞争能力。

案例

苹果的保密文化

苹果公司（Apple Inc.）是史蒂夫·乔布斯（Steve Jobs）、斯蒂夫·沃兹尼亚克（Stephen Wozniak）和罗·韦恩（Ron Wayne）等于1976年创立的高科技公司，2019年苹果公司位列《财富》世界500强第11位，2020年苹果公司市值突破2万亿美元。

苹果公司的成功在某种程度上得益于其保密文化。保密不仅仅是苹果的沟通战略，而且已经融入公司文化。

李开复曾就读于卡内基梅隆大学，获计算机学博士学位，曾在苹果、SGI、微软和谷歌等多家IT公司担任要职。他刚毕业时选择进入苹果公司。

李开复第一天到苹果公司上班，拿出报到书一看地址，吓了一跳，上班的地方居然是一家商业银行，这让李开复有点摸不着头脑。问那里的保安，保安指了指银行的后门，李开复发现还真是别有洞天，上到二楼，一个小门里，一些年轻人正专注地摆弄着计算机。原来，大名鼎鼎的苹果公司真的是在银行背后一个隐秘的小楼里。苹果的产品研发多秘密进行，就连办公地点都很隐秘。

研究发现，苹果公司的保密文化十分有趣：

1. 苹果公司的保密文化是员工工作内容的一部分。苹果公司保密规章中不允许员工在博客和演讲中谈论工作内容，也不允许对配偶泄露产品机密。

2. 在苹果公司上班时，参与秘密项目的员工要"穿过如迷宫般的安全门，每道门都要刷卡，最后还要输入密码才能进入自己的办公室"。此外，办公室里有监控摄像头，最保密的产品要用黑布包裹，当布取下后，红灯闪起，提示所有人要倍加小心。

3. iPad 发布之前，有一个匿名消息源不断透露 iPad 的讯息。苹果公司使用这种"选择性泄露"的办法，是为了判断大众反应、迷惑竞争对手以及鼓励合作伙伴。

资料来源：https://mp.weixin.qq.com/s/NkmQYR93aoLKzWy4WQSiMA.

案例

苏宁易购全新 LOGO 曝光：真成动物世界了

天猫的"猫"（见图3-8），京东的"狗"（见图3-9），两家更换 LOGO 后的一场"猫狗大战"让人记忆犹新，也由此开启了一个新的"动物世界"。

图3-8 天猫的"猫"

图 3-9　京东的"狗"

之后，苏宁易购也杀了进来。苏宁易购放弃了以往的黄蓝色域名＋名字的简单方式，在左侧增加了一个小狮子形象，并变为黑白黄三色（见图 3-10）。

图 3-10　苏宁的"狮子"

苏宁方面称，新的 LOGO 主要运用百兽之王"狮子"作为设计元素，与图形中"云"的嘴部特征结合，表达苏宁易购线下与线上统一的云商模式。舍弃蓝色则是因为其"电器化"感受略强。

另外，Suning.com 这个域名也从大小写混合变成了全小写，视觉上更具平衡感。

苏宁易购在 2015 年 4 月 28 日开业的上海浦东、南京山西路苏宁易购生活广场中正式启用了全新LOGO，网上商城与实体门店也陆续更换。

其实苏宁早就有了小狮子这个吉祥物，但知名度不高（说起小狮子恐怕绝大多数人第一个想起的还是瑞星），现在大方地拿出来放入LOGO，颇有直接挑衅天猫、京东的意味，电商之争也只会更惨烈。

再扩大到互联网圈，还有腾讯的"企鹅"、百度的"熊掌"、迅雷的"蜂鸟"、小米的"兔子"、UC浏览器的"松鼠"、搜狐的"狐狸尾巴"、YY的"小浣熊"……

资料来源：http://news.mydrivers.com/1/418/418863.htm。

第四章

企业文化重构

CORPORATE
CULTURE
CONSTRUCTION

社会结构变迁、社会文化转型给我国本土企业文化建设带来了一系列重大深刻影响,对企业文化建设提出了新要求;国企改革背景下混合所有制改革,国企、民企文化的冲突,企业国际化,新生代晋升职场主体,移动互联技术应用……这些都对企业文化建设提出了新的要求——企业文化重构。

在进行企业文化重构时,需要把握一条思路:不是要给企业一种新的文化,而是要在对原有企业文化进行梳理的前提下,提炼出企业文化的优秀因子,同时引入能够推动企业战略实现、适合企业发展的先进文化因子,两者共同构成企业文化新的基础,形成新的企业文化,促进企业的发展。

企业文化重构的理论基础

企业文化重构的理论基础包括企业文化基本理论和企业文化重构理论两部分,其中企业文化重构理论包括企业文化应用理论、企业文化生态理论、企业文化落地理论、跨文化理论、企业文化融合理论五项内容。

有的理论在前面的章节中已经有论述,在这里,我们简单介绍企业文化重构理论中的跨文化理论和企业文化融合理论。

跨文化理论

在发展壮大的过程中,企业的高层领导和相关工作人员如果缺乏跨文化交流和沟通的知识与技巧，各地区之间、各民族之间的文化差异就会导致误会和不必要的摩擦，影响工作效率，增大内耗。驾驭文化差异是企业在走向社会主义市场经济体制环境特别是走向经济全球化时面临的巨大挑战。21世纪，中国企业为了更好地生存和繁荣发展，必须把文化的敏感性和技巧结合在企业管理和文化建设中，应用在战略和组织结构中。

跨文化管理又称交叉文化管理，就是在跨国经营中，对不同种族、不同文化类型、不同文化发展阶段的所属成员机构所在国的文化采取包容的管理方法，其目的在于在不同形态的文化氛围中设计出切实可行的组织结构和管理机制，在管理过程中寻找超越文化冲突的公司目标，以维系不同文化背景的员工共同的行为准则，从而最大限度地控制和利用企业的潜力与价值。

在进行全球发展时，由于加入了另一种文化的观念，跨国公司势必会出现文化冲突。承认并理解差异的客观存在，克服狭隘主义的思想，重视对他国语言、文化、经济、法律等的学习和了解，是发展跨文化管理能力的必要条件。理解文化差异有两层含义：一是理解东道国文化如何影响当地员工的行为；二是理解母国文化如何影响公司外派管理人员的行为。不同类型的文化差异可以采用不同的克服措施。因管理风格、方法或技能的不同而产生的冲突可以通过互相传授和学习来克服；因生活习惯和生活方式不同而产生的冲突可以通过文化交流解决，但需较长的时间。人们基本价值观念的差异往往较难改变。只有把握不同类型的文化差异，才能有针对性地提出解决文化冲突的办法。

企业文化融合理论

关于文化冲突与融合的一些概念和命题包括文化互化、文化抗阻、文化没落、文化取代、文化整合、文化漂移。

文化互化指相互的或双边的文化涵化,也指两个当事的文化群体彼此影响的文化涵化状况。文化抗阻指一个民族对于外来的信仰、思想及行为等模式的接受与否。这个概念对于讨论涵化及传播有重要的意义。文化没落一词指当两种性质不同的文化相遇时,在文化中发生的没落现象。文化没落的理论自从被较新的文化涵化及文化接触的观念取代以后,便不再提及了。文化取代指不同文化的部分或者全体代替另一种文化的过程。文化整合可界定为不同文化变为整体或一体化的过程,或者不同文化成为整体或一体化的一种情态。文化漂移指一个文化体系内部变迁的过程,而此文化体系是由文化中的小型变迁的无意识选择构成的。

在企业文化融合管理中,成功的企业一般都坚持求大同、存小异的原则,在使命、愿景与价值观方面建立彼此之间的相互信任,特别是合并公司的领导者要通过实际行动来取得公司核心团队的信任。这需要领导者在主观上重视企业文化因素,想办法了解各自原有团队的企业文化,并在组织结构、制度和流程方面进行适度的重构。下面是企业文化融合管理中的一些基本原则:

(1)强加一种不需要的文化并不是一个很好的解决办法。要建立一套和谐的企业文化比较困难,但是从长远来看,会取得更佳的效果。

(2)在合并初期就制定文化融合的策略。决定是想维持原有任何一方的文化,还是更愿意建立一种融合的文化。

（3）诊断、评估、分析并描述现有的文化。比较双方文化的异同点，这样就可以区分出沟通中出现的文化障碍、文化差异及其他问题。

（4）判断新的文化在合并中所扮演的角色。确定为何需要一种特定的文化，以及从这种文化中将得到什么。

（5）在双方之间建立"桥梁"。为了增进相互之间的了解，互相协作是最佳的方式。

（6）为新的文化建立一套基本的体制，包括奖励、认可和考核体系。

（7）保持耐心。人们需要时间来接受新的企业文化。

企业文化重构的一般类型

要对企业文化进行重构，首先要做的就是对企业文化重新进行定位，明确企业文化在企业发展过程中的作用和位置。在定位明确的情况下，再根据定位来选择企业文化重构的路径，推进企业文化重构。

对于企业来说，企业文化重构可以定位于以下三种类型：战略导向型企业文化、市场导向型企业文化和绩效导向型企业文化。

战略导向型企业文化

战略导向型企业文化是指这样一种文化，它以企业战略为基础，为企业战略服务，围绕企业战略的要求进行企业文化理念体系等的建设。在战略导向型企业文化中，战略无疑是至关重要的，要求战略能够对企业文化起到指导和引导作用。

在重构战略导向型企业文化时，首先要做的是厘定企业的战略，告诉员工企业的使命和愿景是什么。只有战略明确，才能根据战略来调整组织结构和业务流程，使它们更好地体现战略要求，实现战略目标。明确企业战略的方法有很多，如 SWOT 分析（优势、劣势、机会和威胁分析）、波特五力分析、关键成功因素分析等。在运用这些工具的同时，还可以借鉴同行业中的标杆企业，为自己确定一个可行的战略定位。

市场导向型企业文化

随着社会主义市场经济体制的深入发展，越来越多的行业从计划控制走向市场竞争。虽然某些行业或企业在一定程度上还是处于垄断地位，但市场的作用越来越大，市场的影响越来越明显，从市场出发、以市场为导向成为企业管理新的趋势。因此，企业在进行企业文化建设时，也要积极应对，建设市场导向型企业文化。

市场导向型企业文化，就是企业文化以市场为中心，一切围绕市场占有率和市场控制力进行，在为市场和销售服务的经营环境中所形成的企业文化。在市场导向型企业文化中，要增强市场意识，根据市场要求调整企业行为，进行企业文化建设，其中的关键就是服务。服务是市场导向型企业文化的核心。在很多行业产品差异性不大的现实情况下，服务是企业将自己区别于竞争对手的关键手段；服务成为市场竞争中的有力武器，也是企业立于不败之地并实现长远发展的内在要求。这里的服务，将不仅仅是为企业的顾客服务，还包括为企业的利益相关者服务。

在利益相关者模型①中，企业处于一系列多边关系的中心，相关的个人、集团则称为利益相关者。利益相关者是那些将受益于或受损于公司运营者，也就是说，他们的利益与企业相关。对于一个大公司来说，这一利益相关者的定义包括广泛的各方，如图 4-1 所示。

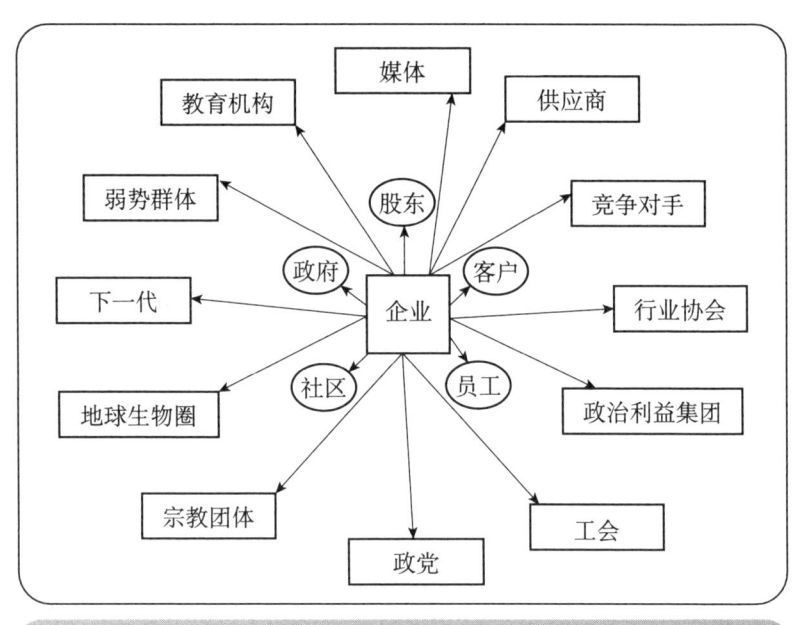

图 4-1 利益相关者模型

在图 4-1 中，我们可以很明确地看到，除了员工、客户、股东、政府、社区等与企业关系紧密的利益相关者，还有工会、宗教团体、竞争对手、行业协会等看上去联系不那么紧密的利益相

---

① 乔治·斯蒂纳，等. 企业、政府与社会. 北京：华夏出版社，2002.

关者。为了保障自己的利益，它们都有意愿对企业的经营管理加以干涉，以确保自己的利益。

市场导向型企业文化，要求企业具有市场意识和服务意识，在全体员工中形成全员经营、全员营销的思路，紧盯市场的变化，将市场的要求融进日常的工作行为。所谓全员经营、全员营销，就是企业的每一个员工，不论职位、岗位是什么，不论该职位、岗位是否直接与市场对接，都必须以市场为导向，从市场需要的角度来考虑自己的工作，调整自己的职责和角色定位，成为带动企业前进的龙头，成为作出各种行为的出发点，成为经营活动的检测地。一个职位只有经受了市场的检验，才是对企业有意义的职位；一种行为只有获得了市场的认可，才是对企业有效的行为。

绩效导向型企业文化

战略导向型企业文化也好，市场导向型企业文化也罢，企业文化并不是为了在企业中存在这样一个体系而构建的，而是为了企业能取得更好的业绩、获得更大的市场份额、赢得更长久的发展，实现从优秀到卓越。从这个意义上说，所有的企业文化都应该是绩效导向型企业文化。

也是在这个意义上，战略导向型企业文化和市场导向型企业文化本质上是一样的，它们都是为了企业的绩效，是绩效导向型企业文化。但是，反之就不正确了，绩效导向型企业文化与战略导向型企业文化、市场导向型企业文化是不完全一样的。绩效导向型企业文化讲究的绩效，可以经由战略的指引来获得，也可以通过提升市场的竞争能力来获得，还可以通过降低自己的成本来获得，它们都是企业提升绩效的手段。企业可以没有战略，也可以不面对市场，但它一定要关注绩效，关注企业的效益。在这样的企业中，就没有办法建立战略导向型企业文化或市场导向型企业文化，而是应该建立绩效导向型企业文化。

绩效导向型企业文化，就是在进行企业文化重构时，将绩效引入其中，以绩效为目标，根据绩效的要求来对员工进行要求，绩效成为文化建设的引导，一切工作围绕着企业绩效进行而形成的文化。

企业文化重构的主要内容

企业文化重构究竟要重构什么？根据仁达方略对企业文化的研究，我们认为，企业文化重构包括五个方面：愿景与战略、价值观与运营理念、企业伦理与道德、制度与规范、企业形象。

愿景与战略

企业管理成功的关键在于如何发挥组织能量从而取得成功，这需要从说服参与人员接纳新的战略开始，也取决于企业成员能否在企业的前景问题上达成一致，最好的方式就是规划共同愿景。明确的愿景给员工以目标和希望，告诉大家未来将是什么样子，同时也给了员工方向，告诉大家应该朝什么方向努力。

而清楚的战略定位则告诉员工，我们是谁，我们现在处于什么位置，我们可以通过什么方式实现愿景，我们选择什么样的路径等。明确的愿景规划和准确的战略定位，是一个企业进行文化重构时最需要注意的事情，因为它是企业行为的出发点和落脚点，离开了它，企业行为就失去了评判的标准。

价值观与运营理念

愿景与战略确定之后，随之而来的是企业的价值观和运营理念必然需要重构。

在进行价值观建设时，企业应该注意这样几个问题：一是要明确企业价值观的内容体系，准确把握企业的价值取向；二是要通过提高员工的素质和觉悟，促使员工个人的价值观与企业的价值观相统一；三是要强化企业价值观的整合，实现价值观的一致，增强企业的凝聚力、向心力和竞争力；四是企业的价值观要兼顾社会、政治、经济等方面。

企业在进行理念建设时，首先要明确理念的含义和范围，对企业理念作出准确的定义。在准确定义之后，应该对理念进行划分，区别企业的核心理念和具体的业务理念。此外，还需要对理念进行整合，形成理念体系。但是，形成理念并不是目的，而是要发挥理念引导、约束、指导员工的作用，用理念统一员工的思想、观念和行为。

企业伦理与道德

伦理从根本意义上指的是处理"己"与"人"关系的准则，包括处理人与他人、人与人类、人与国家、人与自然等关系的准则。引申到特定的环境，这里的人可以是泛指的客体，也可以是泛指的主体。

企业伦理也称商业伦理，是指蕴涵在企业生产、经营、管理以及生活中的伦理关系、伦理意识、伦理准则与伦理活动的总和。伦理关系包括企业与投资人（股东）、员工、消费者、上下游合作者、竞争者、媒体等的关系。伦理意识包括企业的道德风气、道德传统、道德心理、道德信念等。伦理准则包括营销准则、分配准则、生产准则、信息准则等。比如谷歌的"不做恶",同仁堂的"炮制虽繁必不敢省人工,品味虽贵必不敢减物力"。企业伦理和道德表明的是一个企业为什么要存在,将会以什么方式和途径来体现和实现存在。从某种意义上说,伦理是企业竞争力的最初发源地,是企业核心竞争力最本质的因素。

企业文化的道德建设包括社会公德、职业道德、家庭美德和个人品德几个方面。加强社会公德的建设,要求企业员工热忱帮助他人,为他人着想,积极参加社会公益活动,共建良好的社会环境。良好的职业道德要求员工不在工作过程中谋求自己的利益,不损公肥私,不利用企业的平台偷梁换柱、暗度陈仓。家庭美德教育,要求员工爱家、顾家,上班时想着企业大家,下班后回到自己小家,而不是夜不归宿,闹得家庭不得安宁,影响工作。优秀的个人品德是道德建设的基础,员工要加强个人品德修养,企业也要加强对员工品德的教育,以优秀人物事迹鼓舞人,以高尚情操激励人,培养有理想、有道德、有文化、有纪律的"四有"员工。

制度与规范

企业文化要取得显著效果,要使员工认同企业的价值观并转化成自觉的行为,就要在企业文化的深层结构和表层结构之间建立起一道桥梁,这道桥梁就是以价值观为导向的、由物质基础和权力(或权威)基础所保护的企业制度和行为规范。在此基础上,从企业文化的深层结构到企业文化的表层符号体系与行为,才能形成一条企业文化建设的有效通道。

制度是企业文化的重要内容,是硬文化,保证企业文化的价值观等在企业中得到贯彻和执行,规范员工的行为,定义企业的倾向。进行制度建设时，一是要对原有的制度、条例、规范、规定进行清理，对不符合企业发展需要的加以废除；二是要建立和完善一套相互衔接的符合企业要求的制度、条例、规范、规定等，为企业正常的经营管理提供依据；三是要建立运转有序的机制，保证制度、条例、规范、规定能够得到顺利实施。

企业形象

虽然在企业文化重构中，核心是价值观，根据企业文化结构图，我们也知道，建设企业文化的路径是由内而外的——从价值观到企业文化的形象层。但是，作为企业文化的表现形式，企业形象也是企业文化重构的重要内容。

企业形象是企业展示给客户的外在感觉，是客户在与企业接触中最先感受到的部分。良好的企业形象不仅反映了企业的实力，也反映了良好的企业文化。企业形象是企业文化的外显，体现着企业文化的内在核心层，是企业最能够着力加以改进的方面。企业可以首先在这个层面做一些努力，形成一种新的气象，给员工一些新的感觉，告诉员工现在与原来已经有所不同。这些往往是一些小的方面，阻力比较小，容易实施和贯彻，也容易见到实效。随着时间的推移，重构持续深入，员工也对重构有了适应性，就更能够接受事物的变化。海尔公司的重构，就是从规定不许在车间小便这么一件理所当然的事情入手的。

当然，企业也要防止把企业文化重构等同于形象改变的做法。一味地在外在形象上下功夫，而没有深入到其他层面的重构，是无法真正实现企业文化重构的。

企业文化重构的路径选择

企业文化重构的路径选择是：基于企业文化结构模型，由内向外实施。首先是企业文化的核心——理念体系的重构，其次是管理制度与行为规范的重构，最后是基于全体员工的共同愿景和共有价值观的企业形象的重构，这样才能够构建表里如一、为全体员工和社会所认可、具有行业特点和企业自身特色的优秀企业文化。

企业文化重构的难点在于新企业文化的起飞与落地。起飞阶段包括对现有企业文化的准确评估、企业文化重构目标的确定以及新企业文化体系的形成。企业文化重构还存在一个落地阶段，即推进实施阶段，包括企业文化的宣传、沟通反馈、培育、行为转换和长期建设。只有经过企业文化的落地阶段，企业文化才能真正内化为员工的思想，体现在员工的行为中，企业文化重构才能真正完成，才会形成新的企业文化。

由内向外的企业文化重构

从企业文化结构模型出发，企业文化体系由内向外依次为价值观、行为、制度以及形象。其中，价值观层面是必须首先重构的，价值观是企业在长期的经营过程中，为了适应竞争环境而形成的对生产经营行为的选择标准、辨别标准和评价标准。它决定了企业的发展方向和行为准则，是企业一切行为与对外形象的意识根源。制度层与行为层是在企业文化核心层指导下的企业各项管理制度和企业、员工行为的体现，它对企业所倡导的价值观与理念体系的实现起到保障和促进作用，并进一步转化为指导操作的行为准则和规范。形象层是企业文化的外显，外显的行为是受企业文化理念体系与价值观支配的，表现出价值观的选择和要求，是企业价值观的实践。

由内向外的企业文化推进系统是企业文化重构的关键环节，是企业文化理念体系回归实践的核心通道。要实现这一目标，必须有效利用各种途径，把企业文化所提倡的价值观念、精神宗旨灌输到全体员工的头脑中去，并通过制度与机制的引导与约束，使之"领会在心里，融化在血液中"，切实保证员工在企业活动中自觉或不自觉地展现优秀的企业文化。

企业文化重构是一个艰难的过程，需要很长的时间，因此，要尽量避免完全重建，更不能指望一蹴而就，最好是逐步发展和完善。具体流程如图 4-2 所示。

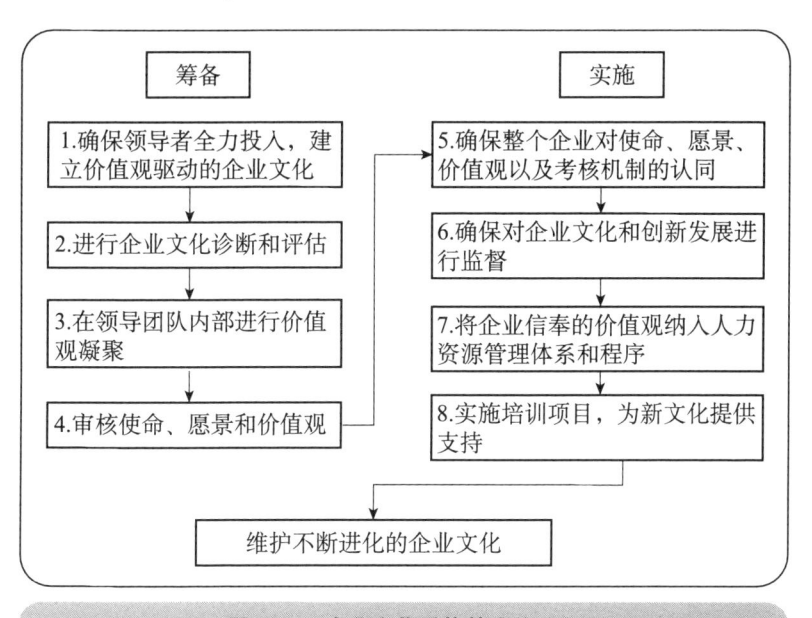

图 4-2 企业文化重构的实施流程

企业文化的更迭，都是先在上层形成，然后逐层向下传递，逐步改变员工原有的信念。理想的企业文化必须同时具备稳定性和灵活性，既保持使命、愿景和核心价值观稳定不变，又在公司的组织结构和业务经营上体现灵活性。必须同时关注对外部的适应性和内部的整合，既要不断适应客户和市场的需求，也要使员工感到满意。

如何认识和了解企业文化

以前很少有公司设立企业文化部，现在越来越多的公司开始这样做。用审视的眼光研究在整个职业生涯中所供职过的企业，你很可能会发现，这些地方都有自己深层的、根深蒂固的价值观主导着它们的经营方式。其中有良好的价值观，例如多样性、尊重、努力工作以及一线的权威等；也有一些不良的价值观，例如地方观念、不信任员工以及在做决策时独断专行。无论怎样，这些公司都有自己根深蒂固的价值观，而且十有八九，这些价值观非但写不出来，也难以用语言来表达。在很多工作场所，你虽然很少能够听到人们公开谈论，但人们日常工作中的表现已淋漓尽致地体现了这些价值观。

虽然企业文化的内涵难以用文字确切地进行描述，但是，毫无疑问，人们对它了如指掌。在很多情况下，它是由某种事例保存下来的传统。这些价值观在员工之间、经理与员工之间准确无误地传承下来，体现在构成工作的每一项日常决策中。在更广阔的层面上，企业的最高层做出的决策传递了这些价值观。

企业文化是一种相对难以量化的东西，只能大致通过对公司一些关键因素进行量化评估，才能全方位地勾勒出企业文化的状况。社会研究中定量资料与定性资料最简单的区别就是数据化或非数据化。定量化常常使我们的观察和判断更加明确，也比较容易对资料进行集合或总结，而且为统计分析提供了可能性，比如从简单的平均到复杂的公式以及数学模型。将企业文化的内涵进行分解，并设计适当的指标和变量，有助于我们清晰地认识和了解企业文化。

步骤一：企业文化诊断与评估

在决定是否需要进行企业文化重构之前，以及在即将实施企业文化重构之前，需要回答以下三个问题：

（1）目前——我们的组织状况如何？企业以及个人的做事习惯如何？

（2）将来——如果按照我们的期望进行企业文化的创新与重构，两年后会取得什么样的成就？

（3）差距——目前的企业文化与我们做事的习惯距离未来的成功有多大差距？

好的企业文化诊断与评估方法将会对此做出实证性的回答，而不是仅仅基于某个领导者或执行人的个人主观意志。关于企业文化的诊断与评估基本上可以分为两种类型：一类是软性的，属于定性方面的信息和材料；另一类是硬性的，属于定量方面的数据。现在有关企业文化硬性和定量的研究还很少。根据硬指标和半硬指标（直接或间接可用数量表示）所做的企业文化方面的评估，在信度上具有一定的优势，测量工具在整个研究阶段和实际应用上也是稳定可靠的。这种定量的研究比起那些以软性指标为基础的研究，更有助于克服研究者抵制或不愿使用那些他们认为没什么用处的信息。管理人员和经理们用这些硬指标数据，根据自己的意念具体化地去构筑企业文化的轮廓也更容易些。

步骤二：构建价值体系

(1) 价值观的重新提炼。没有谁能够为企业创造一种"新"的企业文化，因为只要企业存在，就有自己的文化，这种文化就会在日常的工作与生活中表现出自己的力量。任何所谓的新企业文化要能够在企业中扎下根来，都必须是从企业旧有文化中提炼出来的，是对企业旧有文化中的优秀文化成分发展改造的结果。

在企业价值观的提炼过程中，国内企业最常犯的一个错误就是给企业嫁接一种价值观。这种价值观往往要么是从著名企业中照抄过来的，要么是从自己的逻辑思维中推理得到的。它们的一个共同特点就是，没有考虑企业实际，太理想主义，太相信自己的力量，真的以为"好"的企业价值观一经提出，就会收到立竿见影的效果。

许多接受企业文化咨询的国内企业，往往希望咨询机构能够提供"漂亮"的企业文化范本，这不仅是指外表包装的"漂亮"，还包括企业文化理念体系内部的"漂亮"。在这样的要求下，文本中表述的企业文化就得包罗万象，最终失去企业文化真正应该有的作用，很难引导和塑造员工的行为。

因此，建立新的企业文化体系必须遵循两个基本原则：

一是尊重现实——充分尊重企业历史和企业文化的现状。

二是超越现实——引入现代企业文化体系。本着这样的原则去建立企业文化体系，就是有根的，就是与企业相通相连的。它是对旧有企业文化体系的扬弃、继承和发展。

（2）新价值观宣言的确定。价值观在提炼出来之后，并不等于就可以作为核心价值观进行传播和贯彻了，这时得到的价值观还只是一些初步的、泛化的看法。要真正成为为企业员工所接受的价值观和影响企业员工的核心价值观，还必须经历一个核心价值观的确定阶段。只有经过了这个阶段，企业核心价值观才能真正抓住企业的关键，适合企业的需要，由核心价值观生发的企业文化才能成为企业约定俗成的做法，才能渗透到企业员工日常的行为活动中，起到内聚员工、外树形象的作用。

核心价值观的确定从来就不是一蹴而就的，它是一个反复调查、反复诊断、反复提炼、反复讨论、反复提升的过程。只有经过反复的努力，经过多次提炼、讨论、提升，适合企业的核心价值观才会浮现出来，才能够被清楚、简洁地理解和接受。

第一，将需要调查的价值观进行分类。有些价值观因素可以通过问卷调查获得，有些价值观因素可以通过访谈形成，有些价值观因素可以通过阅读企业的历史资料收集。总之，应该对需要调查的价值观的内容进行分类，根据不同的分类采取合适的调查方法，同时，各种方法获得的信息可以相互印证、相互补充。这是企业核心价值观确立过程中非常关键的一步，因为它提供了大量的信息，准备了大量的材料，储备了大量有价值的闪光点。这个环节工作结果和效果的好坏，将直接影响到确立的企业文化是否能够真正适合企业的需要。

第二，对所获得的价值观因素进行讨论。把企业中的核心层人员召集在一起，根据设定的企业文化体系框架，共同探讨企业文化体系中的每一条，逐字逐句推敲，反复争论落实。这里要注意的是，参与讨论的员工主要是核心层员工，通俗地说，就是那些能对企业文化产生影响的员工。这类员工关于企业文化的意见是真正具有价值和意义的。一般较低层的员工更大程度上是企业文化的执行者和传播者，如果他们不愿意接受企业文化，最后的结果只能是被解聘和辞退，而且企业也可以通过控制招聘程序来减少这一类员工。

第三，将讨论后的核心价值观在员工中进行宣讲。经过核心层人员的讨论之后，企业文化基本上会有一个比较明确的框架和结构，其中的条文也基本得到固定和细化。这时，就要将核心价值观在员工中进行宣讲，了解员工对于新企业文化的看法和感受，了解新企业文化与员工旧有思维的契合度，了解新企业文化与旧有企业文化的弥合性。此时，还可以通过员工问卷调查，了解广大员工对企业文化体系中各项内容的认知程度和接受程度。

经过此阶段，一般会得到员工对于企业文化的反馈。要么是新企业文化很顺利地融入员工的行为，受到员工的欢迎；要么是新企业文化与旧有的观念发生碰撞，员工的行为与企业文化产生抵触。在前一种情况下，说明新企业文化与旧有企业文化实现了良好对接，旧有企业文化得到了继承和发展。在后一种情况下，则会出现反复。可能是新企业文化强行开拓自己的路径，将不能适合它的员工清除出员工队伍；也可能是新企业文化吸收员工的一些反馈，继续修正和调整自己。

第四，最终确定价值观宣言。经过了第二阶段、第三阶段的反复，核心价值观将会越来越清晰。此时，就到了企业核心价值观确立的最后阶段，可以组成一个由企业主要的领导者、员工代表和咨询顾问构成的临时小组，共同讨论第二阶段、第三阶段的工作成果。每个人根据重要程度对结果进行排序，并重新审核排序的内容。然后重新坐在一起，对比分析工作成果，确定企业核心价值观。

价值观确立之后，并不是企业文化重构的事情就完了，这只是完成了企业文化重构的起飞，还有更重要的阶段，那就是实现企业文化重构的落地。只有实现了落地，企业文化才算是融进了企业的血液，才会体现在员工的日常行为中。

步骤三：重构行为规范体系

我们经常会发现这样一种现象：有完整的企业文化手册、规范的制度文化和形象识别系统，却无法使精神层面上的东西在企业行为和员工行为上得到共鸣，反过来也一样，二者无法对应。事实上，很多企业正是想通过某一局部的取巧来建设企业价值观，却从根本上忽略了企业价值观的无形存在和作用。其实，完整的企业文化手册、规范的制度文化和形象识别系统只是企业文化建设的第一步，归根结底还需要企业价值观被员工共同认可，并在他们日常的工作行为中完全体现。只有这样，核心理念才能发挥其对企业战略目标实现的强大推动作用，企业才能长盛不衰。

目前，我国很多企业的企业文化建设仍然停留在视觉识别系统的层面上，重视企业形象设计而轻内涵，在企业员工行为规范上，企业往往只重视员工行为准则的设计以及相应的制度约束；对员工行为规范的认识仍停留在员工礼仪规范，如员工仪容仪表规范、商业社交礼仪等方面。视觉识别系统是将企业理念转化为企业行为的物化过程。企业理念需要通过企业的行为传播出去，才能使企业的形象得以树立。而观念形态上的企业理念只有通过企业行为的实施，才能变成人们看得见摸得着的客观存在。

有人可能说，制度可以规范员工的行为，因此建立一个完整的制度体系就行了。的确，没有规矩不成方圆，企业管理必须有规章制度。制度是用来约束员工行为的，通过约束使得员工的行为符合企业的核心价值观。但是再细致的企业制度也会有鞭长莫及的时候，在制度约束不到的地方，靠什么？靠思想层面的企业价值观。只有企业的核心价值观才能指导员工的行动。譬如前面提到的没有文字规范的行为习惯，一个价值观已经被员工认可的企业恰恰会自己形成一种或优或劣的文化规范，很自觉，很统一。这种规范进入理念层面，不符合这种规范的行为会被文化无形的力量纠正，不认可这种规范的人会被企业排斥。所以，当员工已经完全接受了企业的核心价值观时，员工的行为会超过制度的要求，制度约束的行为已经变成员工的自觉行为，这就是以价值观为本的组织控制，是价值观的巨大力量。

行为规范编写的基础源于以下方面。

(1) 诊断调查。诊断调查主要从现场观察及问卷调查中获取第一手资料，包括员工对公司有关行为的真实看法、调查员现场对行为的感受。

(2) 公司有关文件。这些文件包括党和国家下发的有关文件，公司原有的企业领导廉政建设方案、领导行为规范与员工行为规范，公司自身形成的有关行为规范文件。

(3) 理念体系的指导。在理念体系框架下，通过理念的指导，形成对员工行为具有引导作用的行为规范体系。

(4) 相关经验与数据库。主要从外部获取入手，吸收其他优秀企业的、适合公司实际的相关内容，融入员工行为规范。

行为规范体系包括以下方面：

(1) 员工行为规范。现代企业员工行为规范体系基本由四部分构成，具体包括总则、职业道德规范、员工行为规范以及员工礼仪规范。员工行为规范总则概述了公司员工行为规范体系设计的目的、重要性、作用范围、期望以及最终解释权等。职业道德规范，就是同人们的职业活动紧密联系的符合职业特点要求的道德准则、道德情操与道德品质的总和。员工行为规范是由管理层制定的、以共同价值观为基础的一系列工作行为标准，它描述了我们如何通过共同工作去达到组织目标。员工行为规范又可分为公司不同层次员工的基本行为规范和日常办公（工作）行为规范等。员工礼仪规范是员工在日常的工作交往和商务交往中需要遵守的行为准则，是对员工的仪容仪表以及举止言谈的普遍要求。在员工行为规范的实际修订过程中，以上具体内容将根据不同公司的特点以及需求进行适当调整。

(2) 企业行为规范。企业活动的基础是与消费者、政府、商业伙伴、区域社会和以员工为代表的众多利益主体的关系。企业的目标是通过企业活动获得各利益主体的信赖，进而为社会贡献力量，因此，对企业活动进行规范至关重要。

企业在各种场合所表现出的行为不仅反映自身的外在形象，更重要的是体现企业的使命、愿景与价值观追求，进而将企业文化传达到众多利益相关主体中，让员工和全社会在企业的经营活动中感受、认知、理解、尊重其企业文化。因此，制定企业行为规范是企业文化重构实现落地的有效手段之一。

企业行为规范一般包括企业基本商业道德与社会责任、与消费者的公共关系规范、政府和社区公共关系规范、商务公共关系规范以及企业在各种日常重要活动中的规范。基于企业价值观的企业行为规范将在整体上展现企业的社会形象。

步骤四：新企业文化体系的落地

在企业文化重构的过程中，为保证新企业文化体系推进的有序实施，必须找到一条企业文化落地的路径。通过研究，这条路径可以划分为宣传、沟通反馈、培育、行为转换、长期建设五个阶段，对应企业文化落地的流程，就是企业文化的传播与推进（宣传阶段）、沟通渠道（沟通反馈阶段）、制度建设和领导风格（培育阶段）、工作行为（行为转换阶段）、绩效考核和激励机制（长期建设阶段）。这部分内容已经在前面章节有具体论述，在此不再赘述。

中国企业文化重构势在必行

中国经济经过 40 多年的高速发展，如今已进入一个调整期，按习近平总书记的描述，就是中国经济发展进入新常态。新常态下经济不只要看国内生产总值（GDP），还要综合协调发展，变革和创新发展模式，推动以科技创新为核心的全面创新。科技创新驱动产业结构调整，压缩产能过剩，减少低效供给，增加有效需求，进而推动经济发展方式转变和经济结构调整。

在企业的不同发展阶段，需要坚持去粗取精、去伪存真和兼收并蓄、博采众长，积极学习借鉴优秀企业的文化财富，不断完善和优化企业文化，促进企业更健康、更快速发展。

时间的推移

尽管企业文化因其相对短暂的历史，不存在考古学意义上的文化层，但这并不能说明企业文化就不能形成以理念变化为主的文化层面。例如，从经营目标哲学、管理思想等各个方面，我们可以从多个角度看到企业文化理念层发展的轨迹，例如，从最大化利润单一目标到适度利润多元化目标；从单一行业经营到多元化经营；从古典的科学管理到行为主义与人际关系管理，再到系统、权变管理；从家族式老板管理到硬专家、软专家管理，再到专家集团管理；从"老鹰"和"鸽子"二者必居其一的单一竞争策略到既扮演"老鹰"又扮演"鸽子"的混合式管理。企业不可能有一种永远不变的指导其发展的理论与方法，人们的经营思想应该随着经营活动的变化而变化。

作为企业文化理念体系核心的价值观，相对于企业经营来说，虽然是一种相对稳定的形态，但也不是一成不变的"永恒蓝图"。任何企业价值观的产生、发展都离不开一定的时间、空间。企业价值观在时空上的展开，形成了企业的积淀和轨迹。企业价值观的这种在一定时间、空间的延续，就构成了企业价值观的完善系统。随着时间的延续、空间的转移，影响企业价值观的因素必定会有一系列的发展、变革，自然而然地要求企业价值观随之变化。所以，建设企业文化是一个长期处于动态的循环过程，需要根据变化的时事形势和市场态势，进行必要的调整和完善。

内潮的涌动

企业文化是随着企业的不断发展而发展的，企业生产经营活动很多要素的变化以及新要求的提出都可能促使企业文化创新，例如，企业家管理水平的提高以及经营观念的转变、企业人员的大规模流动以及企业资本的重组等。

企业家在成长

随着企业家管理水平的提高，他们逐渐意识到优秀的、为员工所共同认可的企业文化对企业战略目标的实现具有强大的推动力，是企业长期发展的根本保证。随着企业的发展和对管理认识的提升，企业家会审视企业文化，在尊重历史与传统的基础上，对原有模式提出质疑，探讨新的经营模式与方向，在一定条件下甚至完全扬弃旧有企业文化，创造新企业文化。

混合所有制

改革浪潮下，我国大量的国有企业通过产权重组、出让、兼并、收购等方式，实现了产权结构的根本变革。变革后的企业不能再沿袭原国有企业的企业文化，必须适时导入与它的产权机制相一致的企业文化。

战略大转移

企业在经营活动中，为了适应经营环境，会适时地选择自己的发展战略。当战略发生重大转移时，例如单一产业向多元化发展、低价位市场发展战略向高品质名牌市场发展战略的转移等。为了适应这种变化，企业文化也要重新定位，以适应战略的变动。

失去垄断地位

我国长期计划经济形成的行政垄断性的行业，如电信、银行、电力、税务、航空、铁路等，原来都具有垄断性的经营权，而在当前社会主义市场经济条件下，必须打破垄断，参与竞争。垄断经营形成的企业文化，已不能适应市场竞争的需要，甚至会严重阻碍企业参与竞争。因此，不少企业迫切地需要重塑以企业价值观为核心的企业文化。

高层变动

企业文化很大程度上是企业家的文化，或者说是企业家群体文化。企业价值观的雏形首先由企业的高层领导者构思，而不同的企业家具有不同的文化理念。当企业由于种种原因而发生决策层的重大变动时，为了改变原来落后的管理方法和经营理念、开创一种新局面，高明的企业家往往紧抓企业文化建设。

外界的推动

企业文化的变革和创新不是盲目的，不是哪一个人说了就必须实施的，而是现实向企业提出了创新的需求，才可能在实践中有创新的行为。创新往往是因为企业在实践中遇到了原有的方法解决不了的问题，需要人们依靠对企业文化的变革、创新来找到更适合新环境、更能够解决企业面对的各种问题的新企业文化。所以，创新往往是来自实践的需要，而不是某个人的一时冲动。

对我国大多数企业来说，重构企业文化十分迫切。当前我国企业正在深化改革，不少企业虽然确立了新的构架，战略上做出了调整，但由于企业文化的变革未能跟上，员工的观念和行为没有跟着转变，仍以一套旧的思维方式和做事方式来主导新的管理体系与运作制度，不可避免地出现了部门之间配合不协调、信息交流不顺畅、市场反应欠灵敏等负面现象。在企业的变革中，主要突破口是使员工的观念、态度和行为发生转变，以适应硬性变量的变革。在这方面,海尔是最著名的例子,我们都知道海尔的做法:收购一个企业后,最先派驻的人是搞企业文化的,最先着手的工作是改变员工的观念。

延伸阅读

中国社会转型与企业文化重构

改革开放 40 多年来,中国发生了真正意义上的社会转型,开启了社会体制改革的序幕,正处于前所未有的社会大变革时代。

中国社会的变革意味着包括从原有计划经济体制向社会主义市场经济体制转变、农业社会向工业社会转变、乡村社会向城镇社会转变、封闭半封闭社会向开放社会转变、伦理社会向法理社会转变……结构转型与体制转型并行交织,涉及所有社会结构要素的剧烈变化与调整,最终将确立和实施社会主义市场经济体制和与之配套的经济、政治、思想文化等领域的全面社会改革。

中国社会结构变迁、社会文化心理转型给我国企业文化建设带来了一系列重大深刻影响,为企业文化建设提出了新要求。一是文化"全球化"对企业经营管理的全面渗透,为企业文化建设提出了与国际接轨的新思路。二是区域经济和文化的融合更加深入,为企业文化建设提出了竞合、多赢发展的新理念。三是"市场化"趋势促使国企传统思维向"混合"文化转型,为企业文化建设提出了创新图强的新要求。四是"和谐社会"的社会导向理念,为企业文化建设提出了新方向:要求企业处理好内外部各种关系；要求企业的改革主要侧重于效率优先；要求企业变简单的物质福利为以精神心理为主的管理方式，变被动管理为职工群众的自我配合管理，变单纯的以行政、经济手段的管理为经济、法律、文化约束的综合管理；要求企业进一步发挥社会责任意识，不仅要创造利润，还要对员工、合作伙伴、自然环境、社会负责。随着经济的快速发展，我国逐渐进入经济和社会的转型期，企业社会责任理念在中国广泛传播。中央企业作为国民经济的重要支柱，其社会责任状况引起了公众越来越多的关注。

仁达方略认为：当代中国社会主义市场经济改革已不再局限于体制变革的狭隘领域，它已会同发展中国家的现代化进程一道融入了世界范围内的后发国家的社会转型潮流，是一场全面、整体性的社会结构变革。它不仅是一场经济领域的变革，而且是一场全社会全民族思想、文化、政治、心理等各方面的"革命"。社会转型时，它的方向应该是更高程度的市场化、更高程度的全球化和更高程度的法制化。社会转型肯定要呼唤文化的重构，文化重构的重点应该是观念的转变、制度的创新及秩序的重构。需要指出的是：社会转型和文化重构应该并驾齐驱，硬实力和软实力也应该并驾齐驱。当下中国的文化转型也意味着一种价值观念的转变。面对社会转型，中国企业要更加注重顶层设计，在对未来趋势前瞻性预判的基础上，进行系统性、体系化的战略规划，并把战略和利益分配挂钩，把战略与管理部门职能转变挂钩，把战略与企业文化重构挂钩，才是实现企业转型升级、打造智慧企业的出路。

企业文化重构是指在发展到一定阶段后，企业重新提炼、创新它的文化理念体系，并使之目标化、战略化。

在重大社会转型背景下，经济增速整体放缓，外部环境与内部环境的悄然改变，决定了中国企业的转型升级已经迫在眉睫，尤其是央企。作为我国最大的先进技术装备引进服务商，最主要的大型及成套设备出口、国际工程承包及对外经济技术合作企业之一，逐步实现了由单一的外贸型企业向具有国际竞争力的科工贸一体化大型集团转型。在全球经济衰退、内外需不振的大背景下，中国通用技术集团的"奇迹"从何而来？这要从企业文化重构说起。

中国通用技术集团成立于1998年3月，是由中央直接管理的国有重要骨干企业。20世纪90年代，中国通用技术集团逐步介入国际工程承包业务，并成为落实国家"走出去"战略的先行者和主力军。

2005年这家央企公布的企业文化理念体系如下：企业精神是追求完美、创造卓越。企业使命是为股东创造丰厚价值，为客户提供完美服务和优质产品，为员工搭建实现人生价值的舞台，为我国国民经济发展和社会进步作出卓越贡献。愿景是在应对变化、整合资源、持续创新、创造价值方面领先一步，成为一流的国际化大型集团。经营哲学是一个目标、两个坚持、三个追求：一个目标是加快发展、做强做大；两个坚持是坚持以人为本、坚持诚实守信；三个追求是追求企业效益最大化、追求客户满意度最大化、追求员工个人发展空间最大化。管理法则是规范、高效、激励。

2007年，中国通用技术集团在实施转型升级战略之初，明确提出"把技术进步作为立企之基、兴企之源、强企之路"。2010年，又进一步提出要深入实施科技兴企战略，并设立了自主创新专项资金和科技奖励基金,用于支持和奖励子公司的科技创新。经历了近几年的转型实践,中国通用技术集团大力推进传统外贸业务向"专业化国际工程承包商、专业化工程项目管理商、专业化商品供应链综合服务商"转型,并开始了企业文化重构。中国通用技术集团文化重构的重点是在愿景、使命、核心价值观等方面进行重塑:企业愿景是建设具有国际竞争力的科工贸一体化大型集团;企业使命是为国家创造财富、为客户创造价值、为员工创造幸福;核心价值观是创新进取、和谐共赢;企业精神是团结拼搏、勤奋耕耘、坚忍执着;经营理念是诚信、开拓、专业、服务;管理理念是科学、规范、高效、务实。

中国通用技术集团大力实施以推进产业化转型和商业模式重构为核心的转型升级战略,实现了跨越式发展,经营规模与经济效益快速增长,产业结构持续优化,科工贸一体化产业格局初步形成,核心竞争力显著增强。在美国《财富》杂志发布的2014年度世界500强榜单上,集团以257亿美元营业收入首次入围,排名第469位。2021年8月2日,美国《财富》杂志发布2021年世界500强排行榜,中国通用技术集团以283.79亿美元营业收入再次入围世界500强,排名第430位。这是继2014年首次入围《财富》杂志世界500强榜单后,第七次入围世界500强。

针对社会转型期间企业文化重构工作,仁达方略强调要注意把握好以下尺度:一是要把握"以人为本"的度。在整个社会转型时期,文化导向日趋多元化,人们的价值观与行为方式多样化。二是要把握"民主管理"的度。企业文化倡导的"民主管理",强调吸取集体的智慧。三是要把握"单边灌输"的度。有些企业负责人,发展企业文化仅仅是为了实现自己的意志,建立的企业文化只是

"双重标准"下的"单边灌输",实际上是一种"老板文化"。

在社会转型背景下,企业文化重构是要去"倡导"和"塑造"一些适应新战略的文化元素,并且努力让其被员工接受,成为员工行为做事的准则。新的企业文化,通过向员工宣导一种精神,进而让员工形成行为文化,这种行为文化久而久之又对精神起到巩固和强化作用,如此相互作用,企业文化便可深植人心,形成强大的"气场",潜移默化地改变员工的行为。

延伸阅读

混合所有制企业的企业文化重构

混合所有制经济是我国国有企业改革的一种重要方式,也是我国社会主义制度下股份制企业的一种重要形式。党的十八届三中全会指出:"积极发展混合所有制经济。国有资本、集体资本、非公有资本等交叉持股、相互融合的混合所有制经济,是基本经济制度的重要实现形式。"2014年7月15日,国资委召开发布会,宣布启动"四项改革"试点并公布试点企业名单,折射出央企新一轮改革已经打响了发令枪。国资委想重点在六个方面对央企混合所有制试点进行探索:一是探索建立混合所有制企业有效制衡、平等保护的治理结构;二是探索职业经理人制度和市场化劳动用工制度;三是探索市场化激励和约束机制;四是探索混合所有制企业员工持股;五是探索对混合所有制企业的有效监管机制;六是探索混合所有制企业党建工作的有效机制。

混合所有制是中国探寻内生动力的关键动作。中国建材集团、中国医药集团这两家集团公司都是处于充分竞争领域的央企，业绩和发展势头都很好。在壮大自己的同时，这两家集团公司积极探索如何发挥国有经济的主导作用，引导非公有制经济健康发展。它们按照市场机制运行的规则，采用市场手段联合私营企业共同发展，以包容性增长方式推动整个产业健康发展，形成了一个由央企控股、吸收私营企业参加的多元化混合所有制经济体系，用"规范化的公司制＋独有的职业经理人制度"的办法，在国有企业主导下，把不同所有制企业融合在一起。中国建材集团近年来联合重组了几百家私营企业，一般在新组建的企业里为私营企业保留30%的股份，多数原来的私营企业创业者继续担任新企业的管理者，成为规范治理企业的职业经理人。国有企业不是简单地"吃掉"私营企业，而是把私营企业纳入由国有企业带领下新组建的公司。这样，一方面，国有企业以少量的国有资本带动了大量的社会资本，极大地扩大了国有资本的支配范围，加强了国有经济的主导作用；另一方面，也给整个行业注入了活力，挽救了行业中许多在国际金融危机冲击下处于困境、濒临破产的私营企业，使私营企业的资产得以保值增值，从而实现了双赢。这是一条既坚持公有制为主体、国有经济为主导，又引导非公有制经济健康发展的新路。

混合所有制的成败，不单单在于股权是不是多元化，更关键的因素在于股权多元化之后，该如何很好地融合不同的企业文化。特别是稳健有余、创新不足的央企，怎样在民资引入的过程中，更有效地培育创新文化。近年来，混合所有制企业不断涌现，但文化冲突普遍存在，制约着企业的发展。因此，混合所有制企业文化的融合与重构势在必行。

一般而言，混合所有制企业的前身基本是国有企业，其中包括一定数量的央企。其投资主体相当复杂：有国有的，有民营的，有外资的，有职工持股的；有国有资本是大股东的，有民营资本是大股东的，还有个体资本联合成为大股东的。混合所有制企业的经营方式也多样化、混合化，如混合所有国营、混合所有集体经营、混合所有民营甚至是混合所有家族式经营等。混合所有制企业文化由民族文化、国外企业文化、大股东文化、原国有企业文化等多元文化组成。

混合所有制企业的文化重构不是几种所有制形式所体现的文化形态的归纳和拼贴，而是建立在不同所有制结构基础上的共性文化，应站在集团企业的高度和不同投资主体的角度构建新体系，形成企业文化引领和推动企业锐意进取的新气象。

中粮集团是央企混合所有制企业文化重构的典型代表。中粮自成立之日起，一直是调剂国内粮、油、糖等大宗贸易余缺的主渠道，是参与国家宏观调控的骨干企业。1999年上半年开始，中粮对企业进行重组、改制并在香港整体上市，拓宽融资渠道，推进全球化经营。通过全面的产业整合、架构调整和价值观重塑，2005年以来集团资产规模成倍增长，进入高速发展的快速路。2009年，面对国内外新的市场环境和经营形势，中粮集团秉承企业社会责任，开启了打造全产业链粮油食品企业的新篇章。

2009年7月蒙牛被中粮收编，变成中粮"产业链，好产品"中的重要一环；2009年中粮完成对五谷道场的整合；2013年年初本身已严重亏损的华粮整体并入中粮。蒙牛、中粮在企业使命和愿景上有共通之处，对对方的经营理念也相互认同，才得以愉快联姻。但牛根生时代还未完全结束，中粮介入后立即大刀阔斧，民企和央企文化冲突马上暴露。接手五谷道场后，中粮仍延续非油炸方便面的概念，只是将"天然"牌改成了"健康"牌，反而造成其市场定位更加模糊。而新加入的华粮，在"全产业链"上，又会得到什么样的位置？蒙牛和五谷道场在中粮"全产业链"下表现乏善可陈，华粮物流现状糟糕，这些都只是表面的管理状态，企业文化融合才是对中粮最大的挑战。

中粮构建"全产业链"的首要任务在于企业文化的融合和重构。然而现实是中粮内部依然残存着浓厚的老派国企遗风遗俗，经理人作风不够市场化，迫于压力，干部队伍不稳定，文化的融合异常困难。中粮集团党组结合中粮的业务实际，将国有企业的政治责任感和央企的使命感诠释为"忠于国计、良于民生"的中粮企业精神，提出了"为国尽责、为民造福、为农谋利"的经营方针，始终在国家经济和社会发展的大局中定位企业自身的坐标，切实履行保障国家粮食和食品安全、稳定国内市场粮油供应、服务"三农"的重要责任。通过倡导"高境界做人，专业化做事"的理念，倡导人性化的管理哲学，有意淡化"官本位"和层级意识，有力地助推企业理念转变为企业战略行动。

通过文化重构，中粮文化建设取得了良好成效，在中粮集团的战略转型与"全产业链"建设中发挥着越来越重要的作用，逐步统一了全集团的思维模式、工作方法和语言、形象，使公司有了更强的整体感；人性化的管理给人更多的尊重、信任与认可，使员工队伍有了更强的归属感；营造了轻松愉快、朝气蓬勃的工作氛围，使经理人和员工有了更多的幸福感。全体中粮人凝心聚力投入"全产业链"建设中，努力践行"产业链，好产品"的郑重承诺。中粮旗下的长城葡萄酒、福临门食用油、金帝巧克力、蒙牛牛奶、五谷道场方便面、中茶茶叶、悦活果汁、我买网电子商务等众多产品赢得了越来越多消费者的认可和信任，中粮集团的品牌形象越来越深入人心。中粮文化有力地支撑了中粮产品、品牌的建设和推广。

企业文化作为一种企业人本管理的手段，从意识形态上引导企业人实现个体价值，使不同个体合力推动企业持续稳定发展。仁达方略认为，企业文化是一个长期的动态过程，企业在发展的每一个阶段都需要有适合这个阶段的文化去支撑和推动，应该根据实际情况的变化不断进行创新，不断为企业文化建设注入新鲜血液，这样才能保持企业文化的活力，最大限度地发挥企业文化的推动作用。企业文化重构工作意义重大、任重道远，尤其是混合所有制企业的文化重构，它不同于国有、集体或者非公的单一所有制企业的文化建设。混合所有制企业文化重构要结合自身特点进行规划和实施。首先，当务之急需要企业高层领导者把文化的有效整合放到一个突出的位置，加以认真对待，既要注意推进企业物质层文化和制度层文化的整合，又要注意推进企业精神层文化的整合；同时要主动把握改革机遇，通过产权多元、资本经营、股份制等"嫁接"手段，与国内外优秀企业文化元素直接对接，迅速提升企业文化建设水平，融入国际文化体系；原国有企业要尽快走出保守型的文化建设状态，以积极心态迎接各种新文化，提高文化的兼容、重组、跨文化管理和创新能力。混合所有制企业通过文化重构可以达成主流文化与亚文化的统一，实现文化信任与管理契约。

资料来源：仁达方略. 混合所有制企业文化重构研究报告.

案例

开滦集团：混合所有制企业文化建设的探索

开滦集团是国有特大型企业。集团公司控股参股的多元投资企业有120家，其中有69家是与中央及省属企业、外资企业、民营企业合作的混合所有制企业，涉及煤炭、煤化工、物流、金融、电力、房地产、新能源等产业。在推进企业整合重组中，开滦集团坚持同步加强文化整合和创新，探索不同所有制企业文化建设路径，努力建立与发展战略相匹配、与产业格局相适应的企业文化体系，增强了集团文化的包容性、开放性和影响力，促进了不同管理主体之间取长补短、合作共赢。

1. 对各分公司采取强力宣贯、整合提升的文化建设模式

开滦集团共有46家分公司。为适应转型发展的新形势，集团公司编印《企业文化手册》，在用好报纸、橱窗、文化长廊、文化广场等传统载体的基础上，开发运用企业文化网、电子书、电子屏、声影、手机平台、QQ群等新媒体，构筑覆盖广泛、视听交融、多元立体的宣传格局。组织开展"宣传开滦文化、促进战略实施"活动，把理念宣贯融入发展，形成本单位的目标文化，让员工熟知、熟记各项改革发展目标，增强工作的责任感和自觉性；把理念宣贯融入生产经营，以集团公司理念系统为指导，提炼岗位格言警句，形成上下贯通的理念体系，指导经营管理和员工操作实际；把理念宣贯融入员工生活，通过文艺汇演、讲故事比赛等文化活动，潜移默化地增强文化的感染力和影响力。对各单位企业文化进行系统梳理，凡与主体文化冲突之处，

及时进行修订,保持集团企业文化的整体性和影响力。特别是对新组建单位,在推进经济建设的同时,强调加强开滦文化的宣传与融合,以共同价值理念统一思想认识,规范经营行为,塑造良好形象,为集团公司做大做强提供良好的文化环境。

2. 对控股公司采取开滦为主、兼容并蓄的文化融合方式

开滦集团有绝对控股的公司19家,相对控股的公司5家。对这类公司,以集团文化为主导,兼顾其他股东文化诉求,逐步打造形成自身特色的企业文化。比如,蔚州公司由开滦集团、大唐国际、蔚州能源共同投资,开滦相对控股,股比占36%。2007年蔚州公司组建后,就把文化融合作为企业整合的重点工作来抓,坚持正确处理发展与平衡、多元文化与自主文化的关系,倡导以沟通为前提,以信任为基础,换位思考,资源共享,提升品位,促进思想、制度、价值观、行为上的融合,逐步形成了以开滦核心理念为主导,适应开滦发展战略、具有蔚州特色的企业文化体系。蔚州公司还结合各方管理优势,积极创建"教练式指导、裁判式检查、交管式考核"的"三式"管理模式,培育了员工精细规范的行为习惯,树立了公司员工的良好形象。

3. 对全资子公司采取战略主导、逐步培育的文化融合方式

开滦集团共有国际物流、装备制造等10家全资子公司。对这类企业,集团坚持与产业发展同步,推进企业文化建设向新兴产业延伸,大力开展分项文化建设。比如在物流文化建设上,2011年以来,开滦集团和北京交通大学合作,先后完成了《开滦物流文化评估报告》《开滦物流文化手册》《开滦物流文化建设实施意见》《开滦物流文化理论总结报告》等研究成果。物流产业秉承开滦历史文化根脉,对百年积淀的优秀物流文化元素,特别

是对近年来形成的物流文化理念加以梳理、升华和创新，形成了新时期的价值取向。开滦物流的发展愿景是打造跨国、跨区域、跨行业、跨所有制的以专业化煤炭物流为特色的"供应链管理服务商，中国现代物流领军企业"；发展使命是致力于发展以信息化、标准化、智能化为主要特征的现代物流业，努力为客户提供高品质的物流服务，为员工搭建实现自我价值的平台，为股东和投资者谋求投资回报，为开滦可持续发展提供支撑；发展价值观是以诚实守信赢得信誉，以优质的产品和服务满足客户的需求，以创新赢得发展先机，不断超越自我、超越他人，实现更新更高的发展目标，践行"诚信守责，创新超越"的庄严承诺。分项文化的延伸，对于引领新兴产业发展起到重要的支撑作用。

4. 对独资外埠公司在尊重当地文化习俗的前提下，全面移植开滦文化

开滦集团独资外埠公司主要包括内蒙古开滦投资有限公司、新疆开滦能源投资公司。这些公司在组织结构设置、制度安排、人员配备、管理方式等方面，基本沿袭了开滦传统。结合当地公司特点，外埠公司在加大开滦企业文化宣贯的基础上，引导教育员工树立顾全大局、主动加压、艰苦创业、融入发展、合作发展的思想观念，使"特别能战斗"精神在西北边陲得到发扬。结合实际深入开展"五过硬五领先""双提双促"等主题实践活动，提升了员工队伍的综合素质，涌现出许许多多可歌可泣的模范人物和感人事迹。

5. 对合资公司采取各取所长、求同存异的文化融合方式

开滦集团有参股企业 30 家，煤化工生产单位基本都是合资建设的。近年来，集团对煤化工生产单位的企业文化进行了调

研，确定了"一主多元、兼容并蓄、彰显特色"的文化建设思路和体现"时代特征、行业特点、企业特色"的文化建设目标。一是在思路引领上着力，夯实示范型企业建设基础。以提升公司核心竞争力、实现公司可持续发展、打造一流煤化工园区战略目标为引领，明晰公司发展的愿景，形成推动发展的合力。二是在标准规范上着力，营造良好的工作环境。按照程序化、模式化、规范化和科学合理的要求，编制业务流程手册，规范基础工作台账，形成了完整的标准化体系。三是在激励机制上着力，搭建各类人才施展才华的平台。推行公开选拔、竞聘上岗制度，打破用工界限，以业绩能力分优劣，建立起了公平的竞争平台。四是在驱动创新上着力，提升核心竞争力。五是引入石化系统安全管理模式，依靠科学技术加强安全管理，开发智能巡检系统，实现了"走动式管理规范化、巡检内容精细化"，提升了安全管理的档次和水平。六是对托管公司采取宏观指导、相互尊重的文化建设方式。这类公司主要是开滦托管的地方煤矿。这些企业在股权上与集团没有交叉，开滦行使托管职能，在企业文化上不能强制输出，主要是在相关法律法规约束下，在尊重对方的管理传统的基础上，逐步用先进的理念、规范的制度改善提升其管理水平。比如兴隆公司在开滦代管之初，并没有自己的企业文化理念体系。开滦集团托管后，在集团战略和主体理念指导下，对企业的发展战略、发展目标、发展路径、发展理念进行了明确定位，形成了"一主两翼"和构建"1122"产业格局的发展战略。在兼顾本企业历史传统、管理方式及文化背景的基础上，形成了包括创业、经营、管理、安全、质量等理念在内的理念体系。实行企业文化考核与领导班子成员年薪挂钩的制度，建立企业文化"一岗双责"领导机制和长效激励机制。通过创建员工电子书屋、文化广场、文化长廊、井下文化巷道等方式,打造具有兴隆特色的企业文化。

开滦集团通过建设各子分公司特色文化,构建新型企业文化体系,促进了集团公司与所属企业的文化融合、优势互补,提升了企业管理水平,增强了企业核心竞争力。5年来开滦集团原煤产量、营业收入、利润总额、利税、资产总额分别增长了1.9倍、10.2倍、3.9倍、1.5倍、1.7倍,连续三年跻身世界500强企业。开滦集团先后被授予"全国企业文化示范基地""新中国60年企业精神培育十大摇篮组织""全国企业文化建设十大典范组织""全国企业文化建设先进单位"等荣誉称号。

资料来源:周玉君. 开滦集团:混合所有制企业文化建设的探索. 中外企业文化,2015(8).

案例

中国大唐集团文化重构

一、公司基本情况

中国大唐集团公司(以下简称大唐集团)是中国五大发电集团之一,总资产7 000余亿元,是国务院国资委管理的特大型国有企业。大唐集团注册于2002年12月29日,在过去十几年的发展中取得了辉煌的业绩,但也曾经步入低谷,在困境中挣扎。

二、项目背景

在2002年组建到2010年的第一个八年战略期中,大唐集团获得了快速的发展，在仁达方略协助形成的"同心文化"指导下，集团上下一心，攻坚克难，实现了进入世界500强的战略目标，一度成为亚洲最大的发电集团。

经过十几年的发展，无论是外部环境还是自身的资源、能力都发生了重大的变化，与集团公司组建之初大有不同。在过去的发展中，同心文化是集团公司重要的精神动力，是大唐梦想的思想支撑，但有其特有的历史阶段性。实践证明，只有创新、发展同心文化，为大唐文化注入新的内涵，才能切合大唐集团不断变化的内外部环境，有效助推大唐集团的改革发展。正是基于企业文化需要不断创新发展的客观规律、大唐集团在新形势下面临的新环境新任务，大唐精神的创新势在必行。

2012年下半年，以陈进行为董事长的新领导班子审时度势，对大唐文化进行了深入反思，并提出了创新发展的需要。2013年6月与仁达方略达成合作，对"同心文化"理论及理念进行全面的创新和变革。

三、设计方案

仁达方略对大唐集团10年的发展进行了全面系统的分析评估，对国内国际经济社会发展趋势进行了科学判断，并对大唐集团主要管理者的管理思想、10万大唐员工的集体诉求进行了总结分析，在此基础上帮助大唐集团明确了新时期的大唐精神——务实、奉献、创新、奋进。其中务实是大唐集团的精神基石，奉献是大唐集团的精神品格，创新是大唐集团的精神动力，奋进是大唐集团的精神追求。

1. 务实是大唐集团的精神基石

务实强调集团公司要在"价值思维，效益导向"核心理念指导下，求真务实，尊重规律，尊重实际，实事求是做决策、抓管理、定措施，用科学发展观去分析、研究、解决企业发展中的问题。务实要求大唐员工真抓实干，谋实事、出实招，抓落实、求实绩，确保良好的工作效率与工作质量。

务实精神具体体现在：(1) 建立良好的体制机制，保障决策科学、方向正确；(2) 尊重事实，通过深入的调查研究，全面掌握企业发展的关键成功因素；(3) 坚持"价值思维，效益导向"，将思想和行动集中到集团公司整体的价值创造和效益提升上来；(4) 透彻理解企业存在的价值和意义，按客观规律办事，不浮夸冒进，摒弃形式主义、官僚主义；(5) 工作中要目标明确，计划周详，过程严谨，执行到位，质量可靠，务期必成；(6) 细心专注，精益求精，持续提升。

2. 奉献是大唐集团的精神品格

奉献是集团公司与生俱来的使命和责任，强调集团公司要积极担当对党、对国家、对社会、对员工的责任，保障国家能源安全，满足社会发展对能源的需求，保护和推进生态文明。奉献要求大唐员工具有以国为重、服务社会的爱国主义精神和以企为家、勇于担当的责任意识。要保持高度的使命感与责任感，顾大局，做贡献，讲执行不讲困难，讲奉献不讲条件。

奉献精神具体体现为：(1) 集团公司要对党和国家负责，发挥好央企在国家经济、社会、政治发展中的中流砥柱作用；(2) 成员单位要有担当，同心同德，同行同向，心往一处想，劲往一处使，急集团之所急，想集团之所想，与集团公司保持高度一致；(3) 企业要以人为本，尊重员工，爱护员工，善待员工，以广阔舞台发展员工，以入微关怀凝聚员工，让广大员工共享企业发展的成果；(4) 员工要以高度的主人翁责任感，心系企业，忠于事业，珍视岗位，恪尽职守，遇到急难险重的工作，敢于冲锋在前；(5) 领导干部要牢记权从何来、权为谁用，做到吃苦在先、享乐在后，敢于负重，勇于担责，力戒享乐主义和奢靡之风；(6) 集团公司成员企业之间、员工之间要发扬"传帮带"的优良传统，发挥协同效应，追求共同进步。

3. 创新是大唐集团的精神动力

创新强调集团公司要主动应对内外部环境变化带来的挑战，在继承优良传统的基础上，冲破旧思维，打破旧格局，突破旧技术，持续推进管理创新、制度创新和技术创新。创新要求大唐员工善于学习、勇于超越，主动接受新思想、探求新思路、发掘新方法，积极推进一切有利于集团公司发展进步的创新。

创新精神具体体现在：(1) 辩证看待历史经验与固有理论，既要继承和发扬好做法、好传统，又不拘泥于既定模式和既定方法，敢于打破常规，勇于否定旧模式、旧方法；(2) 倡导全员创新，强调企业各级负责人带头提升创新动力和创新能力，健全创新机制，做好创新的组织领导工作；(3) 创新源于学习、成于实践，要大胆将想法、看法与工作中的具体做法结合起来，让创新成为习惯；(4) 密切关注企业内外部环境的变化，始终保持危机感和敏锐度，保持创新动力；(5) 既鼓励整体经营模式和经营策略的创新创效，也不忽视任何微小的创新与改变，有时伟大的创新正是始于细微的变化；(6) 允许创新带来的失败，但要建立相应的风险防范机制，减少不必要的创新成本。

4. 奋进是大唐集团的精神追求

奋进强调集团公司要坚持正确的发展方向，坚定理想信念，凝聚全体员工的智慧和力量，始终保持奋发有为的精神状态和艰苦奋斗的作风，心无旁骛，积极进取，奋发图强，力争早日达到"四强四优"，成为国际一流综合能源企业。

奋进要求大唐员工常怀忧患意识、危机意识，以只争朝夕、时不我待的紧迫感和责任感，以愚公移山的坚定信念，创业不息，奋斗不止，积小胜为大胜，积跬步以至千里。

奋进精神具体体现为：（1）以国内领先和国际一流为企业目标，查找差距，持续改进；（2）在集团公司总体战略目标引领下，不断追求更高的团队目标和个人目标，努力做最好的，做到最好；（3）资源和时间有限，应发挥最大的能力和才智，抢抓机遇，勇担重任，自我加压，乘势而上；（4）拥有挑战困难的勇气和永不退缩的执着，为实现目标不断努力；（5）不断优化工作细节，提高工作质量，精益求精，做任何工作都具有精品意识、成本意识、效益意识；（6）敢于自我否定，重视矛盾分析，从问题中谋求更优方案，在奋进过程中坚持回顾总结和改进提高。

四、方案实施步骤

企业文化重构是一项系统工程。要紧密结合发展战略，按照统筹规划、分步实施的方针，分阶段、有步骤地推进同心文化创新提升工作的持续、深入开展。今后三年，围绕"四项建设""五个融合"的同心文化创新提升重点工作，按照全面规划、分步实施的原则，分三个阶段来展开。

第一阶段：同心文化创新与提升阶段

秉持"价值思维，效益导向"核心理念，全面梳理、创新提升同心文化理论体系，推出新版《同心文化手册》，制定新版《中国大唐集团公司企业文化建设指导意见》以及未来三年同心文化战略实施规划,健全企业文化建设组织机构,丰富企业文化建设载体。

第二阶段:新版同心文化的学习和传播

集中开展新版《同心文化手册》的宣传推广和教育培训,在集团范围内全面更新企业文化宣传文本,使理念表述普遍认知、理念内涵普遍理解,形成共同的企业文化语言。在提及大唐文化时,全集团有共同的概念、共同的认知和共同的理解,使集团公司全体成员的思想凝结到"价值思维,效益导向"中,实现整体的价值创造力提升。

第三阶段:新版同心文化的调试和固化

进一步加强学习培训和传播,增强员工对同心文化理念的认知及理念内涵的融会贯通。将从集团上下收集来的典型事件和寓意深刻的经典故事,按照反映不同层面和方面的理念,分类整理,汇编成册,进行广泛宣传。贯彻执行选定的企业文化仪式活动,丰富仪式活动的载体和内容,扩大仪式活动的影响。

五、公司发展现状

新版大唐精神是大唐集团当前及未来相当长时期内经营发展的重要精神支撑。新版大唐精神为大唐文化注入了新的内涵,切合大唐集团不断变化的内外部环境,有效助推大唐集团的改革发展。

截至2014年底,大唐集团公司在役及在建资产分布在全国30个省区市以及境外的缅甸、柬埔寨等国家和地区,资产总额达7 357.88亿元,员工总数逾10万人,发电装机规模达12 047.96万千瓦,是组建时的5.05倍。自2010年起,集团公司连续6年入选世界500强。

资料来源:仁达方略案例数据库。

第五章

集团文化建设与管理

CORPORATE
CULTURE
CONSTRUCTION

集团是一个国家经济实力的体现，而经济的发展必然要求集团的产生。集团文化建设与一般的单体企业文化建设不同，具有独特的规律：集团文化是多主体、双层次的文化；集团文化建设有两条路径——自上而下的指导路径与自下而上的实施路径。

集团与集团文化

深入分析集团文化的概念和层次，明确集团文化的内涵，是集团文化建设的基础，也是集团文化建设有效开展的内在要求。

集团的形成

集团的形成，一般经过两条道路：一条道路是外延式扩大形成集团，这是外部整合的道路；一条道路是内涵式发展形成集团，这是内部裂变的道路。

所谓外延式扩大，就是由核心企业经过兼并、收购、联合等手段，控制原来存在的一些公司的产权或者股权，将它们整合在一起形成企业联合体。比如电信行业，就是将原来一些省份的电信公司分别组合在一起，形成了中国电信和中国网通两大固定电信集团。

所谓内涵式发展，就是企业经过市场竞争，规模日渐扩大，原来企业的某些业务部门或者职能部门，分产品或者地域注册成为不同的企业，由此形成了集团。比如蒙牛乳业集团，在集团总部形成了事业部门，事业部门又管理着全国各地的子公司。

当然，也有企业两种方式都采用，比如海尔集团，它在自身发展壮大的基础上，通过"吃休克鱼"的方式成就了家电行业的大型集团。中国的集团，虽然一般也是通过外部整合与内部裂变的方式形成的，但是由于历史原因，集团形成的方式具有明显的中国特色，政府在其中发挥着重大的作用和影响。很多国有集团在形成时，基本上是先有"儿子"后有"老子"，几个企业被行政的力量捆绑在一起形成集团。这种捏合，要么是出于规模经济发展的愿望，要么是出于政治原因，要么是出于地方经济发展的需要。总之，是由政府主导进行的，而不是企业根据市场需求自主选择的结果。

具体来说，政府主导的集团的形成方式主要有两种。一是"拉郎配"式：政府将自己拥有控制权的企业，根据自己的意愿捆绑在一起，形成集团。这种集团一般具有多个有实力的企业成员，成员之间的规模和能力有时不相上下，很容易出现"集"而不"团"的状况。二是"翻牌"式：集团由原来政府的行业管理职能部门换个"牌"而形成。这种集团大多是行业性的，比如2002年之前的国家电力公司，就是由电力部"翻牌"形成的，国家邮政局也变成了现在的中国邮政总公司。

由行政力量主导形成的集团先天不足，集团公司与各成员公司在资本、技术、财务等方面缺少联系，甚至在人员上也没有控制权。这样一来，集团公司对成员机构的协调能力差，无法发挥协同效益和规模效益，致使集团不能发挥整体优势。随着对集团认识的深入，原来的集团纷纷做出了改变，如国家电力公司于2002年12月29日实现裂变，组成了11家集团公司，分别是5

家发电集团、2家电网集团和4家辅业集团；中国电信行业也一分为四，形成了中国电信、中国网通、中国移动和中国联通4家集团。这种改变对集团的管理提出了新的要求。

集团管控模式

不论是按照什么方式形成的集团，在经营管理中都不能按照集团形成的方式来管理，必须选择适合的集团管控模式。虽然集团的形成方式会在一定程度上影响集团对管控模式的选择，比如，由一家企业投资控股形成的集团，可能的集团管控模式会是财务管控型，但是选择何种管控模式，更多地与集团战略有关。

集团的管控模式，其实是集团公司（总部）对所属成员机构的管理模式，按照集团公司（总部）集分权程度的不同和管控工具的不同可划分成战略管控型、财务管控型和运营管控型三种模式。

战略管控型

对于采用战略管控模式的集团而言，其集团公司（总部）是战略决策和投资决策中心，以追求集团公司总体战略控制和协同效应的培育为目标，管理方式是通过战略规划和业务计划体系进行管理。集团公司（总部）除了在资产上对所属成员机构进行控制，还负责集团的财务、资产运营和整体战略规划，如所属成员机构的战略发展规划、企业资产运行、全面预算划拨、企业绩效管理、统一技术开发等。各下属企业（或事业部）同时也要制定自己的业务战略规划，提出达成规划目标所需投入的资金预算。集团公司（总部）负责审批下属企业的计划并给予有价值的建议，批准其预算，再交由下属企业执行。集团公司（总部）对所属成员机构的管理主要通过年度报告或者季度报告的形式来实现。

实行这种管控模式的集团，为了保证下属企业目标的实现以及集团整体利益的最大化，各下属企业业务的相关性要求很高。集团公司（总部）的规模并不大，主要集中围绕综合平衡、提高集团综合效益做工作，如协调各下属企业之间的矛盾、平衡各企业间的资源需求、高级主管的培育、经验的分享等。世界上大多数集团公司都采用或正在转向这种管控模式，如壳牌石油、飞利浦等。

财务管控型

采用财务管控模式的集团，集团公司（总部）主要作为投资决策中心，以追求资本价值最大化为目标，管理方式以财务指标考核、控制为主。其主要特点是集团公司（总部）将注意力集中于财务管理和领导功能，只负责集团的资产运营、财务规划、投资决策、监控以及对外部企业的收购、兼并工作。下属企业每年会确定各自的财务目标，集团公司（总部）最为关注的往往只是所属成员机构的盈利情况和自身投资的回报、资金的收益，而对所属成员机构的生产经营不予过问，它们只要达成财务目标就可以。

在实行这种管控模式的集团中，各下属企业业务的相关性可以很小。典型的财务管控型集团公司如和记黄埔，其集团雇员超过18万人，在全球45个国家和地区经营港口及相关服务、地产及酒店、零售及制造、能源及基建业务，还有互联网、电信服务等业务。集团公司（总部）主要负责资产运作，因此职能人员并不多，主要是财务管理人员。

运营管控型

采用该模式的集团，其总部作为经营决策中心和生产指标管理中心，以对企业资源的集中控制和管理、追求企业经营活动的统一和优化为目标，直接管理集团的生产经营活动（或具体业务），总部从战略规划制定到实施几乎什么都管。为了保证战略的实施和目标的达成，集团的各种职能管理非常深入，主要特征是经常性地对下属企业同类管理领域进行组织协调和集中化处理，包括财务、营销、研发、市场等方面。比如人事管理，不仅负责全集团人事制度政策的制定，而且负责管理各下属公司二级管理团队及业务骨干人员的选拔、任免。

在实行这种管控模式的集团中，为了保证总部能够正确决策并解决各种问题，总部职能人员的人数会很多，规模会很庞大，各下属企业业务的相关性要很高。IBM可以说是这方面的典型，为了保证其全球"随需应变式"战略的实施，各事业部都由总部进行集权管理，计划由总部制定，下属单位则负责保障实施。

这三种模式各具特点：运营管控型和财务管控型是集权和分权的两个极端，战略管控型则处于中间状态。有的集团从自己的实际情况出发，为了便于管控，将处于中间状态的战略管控型进一步细划为战略实施型和战略指导型，前者偏重于集权，而后者偏重于分权。

这三种管控模式各有优缺点，现实中，集团的内部管控往往是以一种模式为主导的多种模式的综合。例如，上海宝钢集团对钢铁生产业务采取运营管控模式，对金融、贸易、房地产等业务采取战略管控模式，这与宝钢集团"一业为主，多元化经营"的战略导向是一致的。再如，国家开发投资公司对所属子公司的管控，既有战略管控模式的应用，例如对电力、煤炭等战略业务领域，也有财务管控模式的应用，例如对汽车配件等业务领域。同时，伴随着国家开发投资公司由混合型集团向资本型集团转型，集团未来将主要采取财务管控模式。这说明企业的管控模式并不是一成不变的，它将随着集团的整体战略转型而进行动态调整。

集团文化

集团文化，从字面上理解，就是集团的文化，它一方面规范集团所有员工的行为，另一方面对外展示集团的整体形象。

对于集团文化，我们有两个基本判断：

（1）集团文化的主体是集团而不是集团公司（总部）。

（2）集团文化是集团的文化而不是集团公司（总部）的文化。

集团文化的主体是集团而不是集团公司（总部），也就是说，集团文化建设，除了集团公司（总部），集团中的企业，至少是集团公司控股的企业应该参与进来。如果没有集团中其他企业的参与，集团文化建设就变成了集团公司（总部）文化建设，这与一般的企业文化建设没有差别，具体的思路、方法和操作流程在本书的前面部分有非常详尽的论述。

承认了第一个判断，第二个判断就是自然而然的事情。集团是集团文化的主体，则集团文化自然就是集团的文化而不是其他企业的文化，同样也就不仅仅是集团公司（总部）的文化。但是，集团文化建设必须依靠集团公司（总部）来发动和推进。因此，集团文化虽然是集团的文化，它还是有赖于集团公司（总部）的努力，深深地打上了集团公司（总部）的烙印，体现了集团公司（总部）的希望和要求。

这样，我们就得到了集团文化建设的第一条定律：集团文化是集团的文化，是由集团公司（总部）发动和推行的。这个定律明确了集团文化建设中集团所属企业的角色、地位和作用。集团公司（总部）在推动集团文化建设的过程中，要防止将集团公司（总部）文化等同于甚至是取代集团文化的倾向。这种倾向，要么是忽视了集团文化建设对所属公司的要求，变成了集团公司（总部）本身的文化建设，没有从整体上考虑所属公司企业文化与集团文化的统一性，破坏了集团的整体文化形象；要么是完全忽视了所属公司的独特性和多样性，将集团公司（总部）的文化建设移植到所属成员机构，使得企业文化不符合企业发展的要求，失去了企业文化对企业经营管理的促进作用。

在进行集团文化建设时，什么企业应该包括进来，什么企业可以包括进来，这不但与集团的目的有关，也与集团中成员企业的层次有关，更与集团的管控能力有关，也就是说，与集团的管控模式有关。不同的管控模式，体现了集团中集团公司（总部）和其他成员公司的联系紧密程度和业务相关程度，也决定了应该在何种层次上将成员企业纳入集团文化建设之中。

对于采取财务管控模式的集团，集团公司（总部）实际上扮演的是投资者，并不直接参与其控股公司的经营，集团公司（总部）关注的是自己的投资能否增值、是否可以获得利润、退出是否便捷、变现是否迅速。集团公司（总部）更加注意的是所投资公司的财务指标状况。在这种模式下，集团公司（总部）甚至不会开展集团文化建设，而是只开展集团公司（总部）本身的企业文化建设，集团公司（总部）也并不一定向其成员公司移植自己的文化因子。

有的采取财务管控模式的集团，集团公司（总部）会在视觉识别系统上做出要求，但不会介入具体的文化管理；甚至有的集团，有时为了淡化其投资者关系，集团公司（总部）连视觉识别系统也不要求一致，控股公司保持高度的独立性。集团成员机构除了在股权上体现与集团公司（总部）的关系，在理念、视觉识别系统等各个方面都没有打上集团公司（总部）的印记，一般的消费者根本不知道它们之间的隶属关系，也不会知道它们是否属于一个集团。

采取战略管控模式和运营管控模式的集团，集团文化建设包括的主体除了集团公司（总部），至少应该延伸到集团的紧密层，也就是直属企业和控股企业，这也是集团公司（总部）有能力延伸到的范畴。因为在这两种管控模式下，集团公司（总部）可以在战略、关键职位人员任免上发挥决定性的作用。至于松散层是否纳入集团文化建设的范围，需要看松散层企业的意愿而不是集团公司（总部）的意愿。如果集团公司（总部）认为松散层企业的运转对自己而言是重要的，这种重要性可能是提供关键的资源，或者是掌握主要的渠道等，这时，集团公司（总部）可以采取收购兼并等措施，将松散层的企业转变成紧密层的企业，纳入集团文化建设系统。

在战略管控型和运营管控型的组织模式下，集团文化的管理模式还和集团业务单元的跨度有关系。对于业务多元化的集团来说，如华润集团，从其集团公司（总部）来讲，有着清晰的核心价值观，各成员单位在核心价值观的基础上，结合自身的业务特点，可以做出扩展，但不能与集团的核心价值观相悖。而对于业务高度同一化，地域跨度不是很大的集团，集团公司（总部）和集团所属成员机构企业文化中需要统一的内容将更多且更为细致。

集团文化建设由于包括集团所属的各成员机构，而各成员机构又都具有独立法人资格，因此与单个企业的企业文化建设不同，集团文化建设有一个显著的特点——层次和主体多。这也就是我们关于集团文化建设的第二条定律：集团文化建设是包括两个层次、多个主体的企业文化建设。

这里的两个层次是指集团公司（总部）和集团其他所属各成员机构这两个层次，之所以被当作集团文化建设的两个不同层次，是从它们在集团文化建设中的角色、地位和作用出发的。集团公司（总部）是集团文化建设的发动者和推行者，集团其他所属各成员机构则更多的是参与者和执行者。多个主体是指集团文化建设中，由集团所属的各成员机构参与，共同进行集团文化建设。两个层次和多个主体指称的对象是相同的，不同的是对它们分析的角度，两个层次是从整体上看，多个主体是分解来看。集团文化建设的两个层次和多个主体的特点，是集团文化建设必须充分考虑的前提条件，对集团文化建设在类型、建设方法、关注重点、建设路径等方面都提出了不同于单个企业文化建设的独特要求。

集团文化类型

集团内有不同产业、不同地域的成员机构，如果采取过于统一的企业文化理念，则容易在发展中造成僵化的趋势。而且，在大型多元化集团内部建立高度统一的文化在理论上也是不现实的，因为各成员机构或分公司往往会涉及不同的产业、不同的地域。由于产业类型的差别、地域的差别或领导者价值观倾向的不同，在一套核心价值观之下，基本价值观与附属价值观可以是不同的；不同区域所属成员机构的具体经营理念也可以是不同的，比如人才理念，上海甲分公司的人才理念与东北乙分公司或西北丙分公司的人才理念是不同的，因为各地区在社会文化、社会环境以及人才结构和人才供求状况等方面存在诸多差异。

但是，各成员机构毕竟是属于同一集团的，其企业文化也不能完全按照自己的意愿去建设，而是需要按照集团的要求，再结合自身的特点来确定。这样，战略导向型企业文化理念体系对集团公司来说是比较合适的。在统一的战略指引下，既能保证整个集团的统一，又能充分体现各成员机构的特点，让各成员单位依据自身条件与环境建设具有各自特点的企业文化，从而在整个集团内部形成一个共生共荣的文化生态。

集团文化的几种类型

将集团管理的三种管控模式与企业文化结构模型有机地结合起来，集团公司（总部）与所属成员机构的文化关系可以分为四种类型：一元型、紧密型、多元型和离散型。

一元型

集团公司（总部）与所属成员机构的文化高度统一。一元型的文化管理基于人力资源、公司战略和品牌管理等方面的高度统一，比较典型的代表是连锁经营类企业，像麦当劳、沃尔玛等，集团成员机构对集团公司（总部）的文化几乎没有任何弹性的变动空间。

紧密型

集团公司（总部）与所属成员机构的文化在主体上一致，但具有一定的弹性空间。这种文化特征源自集团的业务单一，集团公司（总部）与所属成员机构行业及职业的特点相近，没有大的外在文化差异，文化管理的内容及方式潜移默化地达到一致。但它们的文化管理不像一元型文化管理模式那样，明确要求高度一致性，而是在使命、愿景、价值观等统一的条件下，允许各成员机构根据地域、经营环境等情况，有一定的差异。这类模式多见于业务相近的集团，比如中国电信、中国移动等。

多元型

集团公司（总部）与所属成员机构的文化仅保持基本一致，注重共同价值观的管理。这种类型的文化管理模式一般出现在奉行多元化战略的集团，由于各成员机构在业务上的多元化，集团公司（总部）期望通过文化输出的方式加强下属各成员企业的协调与一致性，但因为多元化业务的行业以及职业文化差异，集团公司（总部）除了在共同价值观上有所作为，在其他文化层面上很难达到高度统一。因此，这种类型的文化管理模式是集团公司（总部）有规范的文化传播渠道和固定的方式，但只能局限在精神层面，其他层面的文化管理方式则较少，典型的如美国通用电气。

离散型

集团公司（总部）与所属成员机构的文化不仅不统一，而且凌乱。集团公司（总部）对所属成员机构主要以硬控制为主，如财务制度、投资制度、人力资源制度等，企业文化输出较少，或者既不规范又很零散，如仅仅是一些宣传口号或者行为准则，在集团管理模式中很少采用。兼并重组而形成的集团在未整合前多属于此类。

表 5-1 对这四种类型的集团文化进行了对比。我们可以发现，从一元型到离散型，集团文化的统一性逐渐减弱，灵活性逐渐增强。

表 5-1 集团文化的四种类型

统一性	一元型	紧密型	多元型	离散型	灵活性
条件	人力资源、管理模式高度统一	业务单一，行业一致，分子公司有自主空间	经营多元化	注重硬控制、疏忽软控制	
案例	麦当劳、沃尔玛	中国电信、中国移动	通用电气	德隆系	

"一主多元"的集团生态文化

在前一章（企业文化重构）中，我们提出了利益相关者的概念，企业的利益相关者包括股东、员工、顾客、供应商与销售商、社会团体、政治家以及一些特殊的利益集团等，这使得企业的管理任务变成一种非常困难的平衡活动。

对于集团来说，它的利益相关者会比单体企业多得多。集团是由企业组成的，核心层可能只有一家企业，在紧密层和松散层则有多家企业，即使参与集团文化建设的企业只包括集团的核心层，参与的企业数量也远远不止一家。这样，每一家企业都有自己的利益相关者，我们可以发现，集团的利益相关者将是多么庞大的规模，它们都会向集团要求自己的利益。这种要求无可避免地要在集团管理经营中得到反映。

同时，在集团形式下，往往会有很多不同的企业被放置在一把单一的控制伞之下。在一个单一化的企业里，管理不同利益相关者已经很困难了，而在一个集团中，管理链条延长，管理的可控性减弱，复杂因素又会进一步增加，图5-1就说明了这样一种情况。集团的各成员机构都有它自己独特的企业文化，有鲜明的管理风格，这必将与集团文化相互影响和碰撞，希望在集团文化中得到体现。

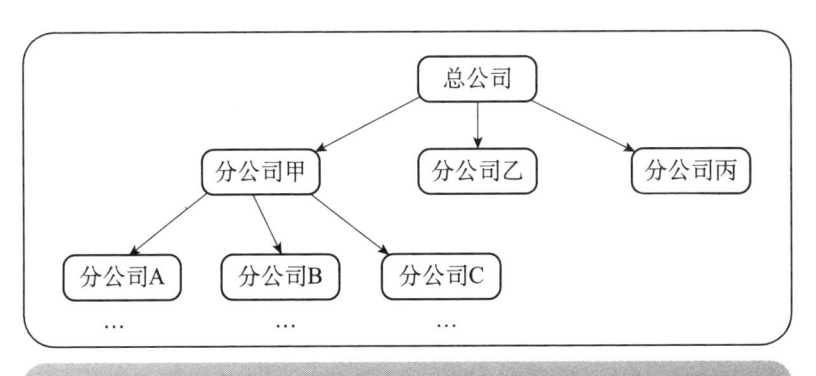

图5-1 集团公司形式下管理链的延长

因此，集团不可能建立大一统的企业文化，必须引入企业文化生态概念，构建集团文化。如果是一种大一统的企业文化，不可避免要进行一刀切，片面强调某些企业的利益和要求，忽视其他企业的利益。如果是这样，那些利益没有得到体现的企业的利益相关者，就没有积极性和主动性来开展企业文化建设，不愿意将这种不反映自己利益的企业文化引入企业之中。即使表面上引入，在行动上也会产生扭曲，不但无法实现企业文化对企业经营的促进作用，而且无法发挥企业文化应有的凝聚、激励作用。

企业文化生态要求集团文化具有自我调适能力，集团各成员机构在引入集团文化的时候，可以在坚持使命、愿景、精神、核心价值观和视觉识别一致的基础上，根据企业的具体实际，在企业中加以应用、解读和引申。同时，集团文化在各成员机构落地的过程中，各成员机构会有一个反馈，根据这些反馈，综合平衡各种认识，在集团文化中做出相应的调整，并将调整后的集团文化在各成员机构中推广。

以华润集团为例，其主营行业包括零售、房地产、啤酒、食品加工及经销、纺织、微电子、石油及化学品分销、电力、水泥等，而这些产业又分布在全国不同地区，集团整体上要有能够包容不同文化的大文化体系。华润的核心价值观是"实现股东价值最大化和员工价值最大化"，这是下属每个企业、每个产业的基本准则。但同样是实现股东价值最大化和员工价值最大化，啤酒行业和房地产行业的企业不可能用同一种思维方式和行为方式。在华润啤酒内部，又有很多不同地区、不同规模的企业，如哈尔滨的新三星、吉林的华丹、辽宁的雪花、成都的蓝剑、合肥的零点以及浙江的钱啤等，东北、西南以及华东地区在思维方式、语言表达方式和行为方式上表现出不同的特点。

随着全球化发展，在国家"引进来，走出去"的政策指引下，必然会催生一批跨国公司走向世界。跨国公司在遇到不同国家和地区之间的文化冲突时，必须通过企业文化生态的建设来调节，在一套共同的核心价值观指引之下，尊重各公司自身的企业文化，这样跨国公司才能够和谐、健康发展。

集团文化建设的作用

集团文化是企业文化在集团中的表现，具有企业文化的一般结构和特质，企业文化所具有的一般作用集团文化依旧具有。但是，由于集团文化的主体是集团，除了集团公司（总部），集团所属成员单位也是集团文化的主体。因此，集团文化发挥作用的范围，不再是单个企业，而是集团中的所有企业，这个改变在集团文化的作用上得到了体现。

平衡不同利益相关者

然而，就集团内部而言，管理链的过长导致集团难以把有效的管理延伸到基层中去。同时，在改革与实践过程中，存在多重利益相关者，不同的利益相关者都倾向于将自己的利益作为集团各项活动的优先考虑对象。无论如何，集团必须在平衡这些利益相关者的基础上，在资产重组和业务整合的同时，进行企业文化的整合与重组，营造一种氛围、一种状态、一种能够充分提高效率的企业文化。

集团下属的每一个企业都有一群自己的利益相关者，都有自己独特的企业文化，而且有自己鲜明的管理风格。有效的授权可以使下属企业自行解决分子公司利益相关者的管理问题，但是，在集团利益寻求一致时，将不同的分子公司整合在一起需要进行广泛的融合——不同利益相关者价值观的融合——让每个人都了解他为什么在这个集团里，他是否认同这个集团的理念和价值观，他能否积极地配合、参与促进集团健康发展的活动。其中必须注意文化融合的技巧，尤其是当它与利益相关者管理有关时，因为最终要融合的正是不同的利益相关者。

增强集团凝聚力

在集团范围内的企业文化建设实践上，要体现集团内不同产业、不同地域的分公司或子公司各自的行业特点和实际情况，处理好集团文化与下属企业文化的关系，注重在坚持共性的前提下体现个性化。要以统一的企业精神、核心理念、价值观念和企业标识规范集团文化，保持集团内部文化的统一性，增强集团的凝聚力、向心力，树立集团的整体形象。同时允许下属企业在统一性指导下培育和创造特色文化，为下属企业留有展示个性的空间。在企业兼并重组和改制的过程中，要采取多种有效措施，减少文化冲突，求同存异，优势互补，实现企业文化的平稳对接，促进企业文化的整合与再造。

统率集团的成员企业

集团的管理与单个企业的管理是不同的，除了管理链条更长、管理层级更多、业务千差万别、地域范围不一致等集团的自然属性，由于各成员机构大多是独立的企业法人，集团的管理还存在一个法律的因素必须加以考虑。

在单个企业内，企业领导者可以按照自己的意志，根据企业发展的需要，对企业的规章制度和行为规范等做出调整。但是，在集团内部，由于各成员机构大多是独立的企业法人，需要受到《公司法》等相关法律的约束，集团的领导者并不能按照自己的意志，根据自己对市场的认识随意地变更集团内的规章制度和行为规范，更不能强制要求各成员机构在企业内部加以推行。

在集团中，由于存在诸侯利益和山头主义的倾向，集团领导者对集团的行政控制力无疑被削弱了。在这种情况下，要实现对集团的管理、保证管理的有效实施，除了按照法律的规定进行一些调整，集团文化是非常重要的工具。

通过集团文化，确立共同的使命、愿景、企业精神和价值观，可以在集团内的各企业之间就很多问题形成共识，在内在认同的基础上，各成员机构可能自愿接受集团的意志，引入集团倡导的某些管理手段，更新某些管理工具，实现对企业的良好有效管理，取得企业绩效的突破。通过集团文化来统率集团的各成员机构，在全集团实现同频共振，也容易达成集团的意图，实现对各成员机构的有效管理和引导，对于各成员机构为统一的集团形象贡献自己的努力也大有帮助。

这些集团文化建设方面的成果，并不仅仅停留在企业文化领域，它们对集团的经营管理也产生了巨大的推动作用，为集团的发展奠定了坚实的基础。

集团文化建设中的问题

在集团文化建设实践中，集团公司（总部）与各成员机构之间会出现一些困境或难题。

问题一：如何形成集团文化理念体系

从理论上讲，形成集团文化理念体系并不是什么困难的事情，基本上有三种方式：自上而下、自下而上以及两者结合。

自上而下的方式是指，集团发动和推行集团文化建设的部门基本上是集团公司（总部）的相关部门，根据集团的相关情况，综合考虑集团的历史、战略、行业文化、领导目标等因素，提炼出集团文化理念体系，并在全集团加以推行。

自下而上的方式是指，集团发动和推行集团文化建设的部门到集团所属各成员机构进行认真细致的调研，听取各成员机构的意见，总结各成员机构的特点，发掘其中的优质文化因子，吸取好的理念，并与集团的战略、领导目标等结合，提炼出集团文化理念体系，并在全集团加以推行。

两者结合的方式是指，集团发动和推行集团文化建设的部门一方面通过自上而下的方式获得关于集团文化理念体系的基本认识，一方面又通过自下而上的方式获得关于集团文化理念体系的基本认识，然后将通过两种方式获得的关于集团文化理念体系的认识与集团的战略等结合，提炼出最终的集团文化理念体系，并在全集团加以推行。

一般说来，三种方式中最好是采取自上而下与自下而上相结合的方式，这样，集团文化理念体系才能够反映集团最真实的情况，得到最广泛的认同，同时也才可能最适合集团的发展要求。但是，在实际操作中，集团文化理念体系的形成并不像理论上这么简单，它还要受到多种因素的影响。其中，两个重要的因素是集团的形成方式和集团领导对于集团文化的认识。

由不同方式组成的集团，在集团文化理念体系的提炼上会表现出很大的不同。因为企业文化是随着企业的出现而出现的，一个企业一旦存在，该企业同时也形成了企业文化。也就是说，企业文化是有根的，不是从天而降突然出现的，企业文化理念体系的提炼，也必须从企业文化的根上去寻找答案。

对于那些通过一家企业收购兼并而形成的集团，集团文化理念体系很可能是该企业原有文化理念体系的扩展，被收购兼并企业在企业内部对并购方企业文化理念体系进行引入和推广，而自身原有的企业文化被清除，企业文化理念体系被抛弃，这种方式可以称为侵略式。海尔在收购企业后，往往是企业文化先行，由企业文化官对被并购方的企业文化进行梳理，同时将海尔的企业文化在被并购企业中进行宣传和推广，保证被并购企业的企业文化与海尔的企业文化相统一。

对于那些通过企业自身裂变发展而来的集团，集团文化理念体系的提炼更为简单，集团公司（总部）的企业文化理念体系就是集团的文化理念体系。

最复杂的是以"先有儿子，后来老子"的方式形成的集团，由于集团公司（总部）是新成立的，没有企业文化的积累和根基，因此，集团文化是无根的。而集团所属各成员机构是有自己原有的企业文化的，这时集团文化理念体系是凭空产生，还是综合集团所属各成员机构的文化而形成，视具体情况而定。但是，不论如何，先充分了解各成员机构的企业文化再形成集团文化理念体系，都是比较好的做法。

问题二：经营理念不统一能否保证核心价值观的统一

作为集团公司（总部），考虑到各成员机构的独特性，在推进集团文化建设时，往往只会对核心价值观等有限的几个方面做出统一的要求，而不会对企业的各种经营理念做出统一规定。因为经营理念与企业的经营实践有关，反映各个企业的独特性要求，集团公司（总部）无法把握各成员机构的经营实践，也就无法了解各成员机构有什么独特性的要求，自然无法对各成员机构就经营理念做出统一规定。

但是，在不做出统一规定的前提下，集团公司（总部）又总是怀疑，不统一经营理念，各成员机构的核心价值观能够统一吗？而且，不一样的经营理念会不会反过来影响到核心价值观，使得核心价值观发生变形，不再是统一的？对于这个疑问，我们的回答是：经营理念不统一并不会妨碍核心价值观的统一，不统一的经营理念可以支撑统一的核心价值观。

产生这种疑问，是因为只看到经营理念与企业经营实践的关系，而没有看到经营理念还受到核心价值观的制约。虽说经营理念反映的是企业的经营实践，但另一方面，它们也是在核心价值观的基础上生发出来的，受到核心价值观的约束。可以说，在经营理念上反映了核心价值观和经营管理实践两者的要求。我们不能仅仅关注经营理念中反映企业经营管理实践的不同部分，还应该关注经营理念中反映核心价值观的共同部分。

以创新为例，假定集团公司（总部）和集团所属各成员机构的核心价值观中，都包含创新。创新作为核心价值观，反映在经营理念上，是与人才理念息息相关的。而人才理念是企业对什么是人才和如何使用人才的一种看法。集团公司（总部）和集团所属成员机构对什么是人才和如何使用人才可以而且应该有不同的看法。对于集团公司（总部）来说，它的人才理念可能同时强调德和才，提倡员工德才兼备；而集团所属成员机构，可能更强调的是才，重视员工解决实际问题的能力、对业务和技术的预见及开发。具体到创新方面，集团公司（总部）的人才理念更多地强调员工对经营管理方面的制度创新，而集团所属成员机构可能更强调对技术和操作的创新。在创新环境的塑造上，集团公司（总部）倡导的是对创新的宽容，而集团所属成员机构倡导的是对创新的激励。当然，它们都有助于实现创新这个核心价值观。

问题三：如何处理强势分子公司与集团公司（总部）的关系

集团的各成员机构之间存在重要性的差别、规模的差别、影响力的差别等，也就是说，在集团内部，分子公司的地位是不同的。强势分子公司，要么是因为规模大，要么是因为业绩好，要么是因为在市场中的品牌声誉高，总之，能够成为强势分子公司，自有其成功的地方。

如果以强势分子公司为主形成集团公司（总部），那自然在推进集团文化建设时，不会出现强势分子公司与集团公司（总部）矛盾的问题，因为双方是同一的。但是，如果不是由强势分子公司形成集团公司（总部），而是其他分子公司，那么，在强势分子公司与集团公司（总部）之间，必然会出现各种各样的问题。比如以哪里作为切入点来开展强势分子公司的集团文化建设，强势分子公司的集团文化建设推进到何种程度，在哪些方面要求强势分子公司与集团保持一致，强势分子公司是不是享有一些特权等。

这种强势分子公司与集团公司（总部）不一致的情况，在很多集团中都存在。在这样的集团内进行集团文化建设，不论是集团公司（总部）还是强势分子公司，都面临两难选择。

集团公司（总部）在推进集团文化建设时，面对着强势分子公司，容易出现两难心理：不在强势分子公司中推行集团文化，难以在集团内部形成一个公平的环境，其他分子公司可能会群起效尤，也要求区别对待，集团文化建设的推进将大打折扣，集团文化将难以保持统一；在强势分子公司中强行推行集团文化，又害怕可能会影响到强势分子公司的品牌和经营，造成强势分子公司经营上出现问题，破坏强势分子公司在市场中的地位。

而强势分子公司面对集团文化建设也会有两难抉择：按照集团文化的要求进行统一，可能会使得自己辛辛苦苦培养出来的市场地位和品牌形象毁于一旦，必须重新开始建立新的品牌形象，重新让消费者接受和了解自己，重新感觉一种新的文化。而且，分子公司内部的员工也存在一个重新适应的问题，原有文化和集团文化之间会出现冲突，分子公司员工可能会无所适从。不遵守集团文化统一性的要求，又可能与集团公司（总部）出现矛盾，不但不能获得规模效益，还可能会受到集团的打压。要解决这个问题，需要对集团文化建设该统一什么、不该统一什么有明确的认识，同时，还应该与集团的战略保持一致。

问题四：强势分子公司与弱势分子公司之间如何平衡

强势分子公司与弱势分子公司之间，存在一个平衡的问题。

强势分子公司和弱势分子公司之间的平衡，主要表现在以下方面。

首先，集团公司（总部）在推进集团文化建设的过程中，可能会因为各成员机构地位的不同而采取不同的要求，甚至鉴于强势分子公司的力量，对强势分子公司给予例外对待，对各成员机构没有平等对待，导致各成员机构之间出现争论和矛盾。

其次，由于强势分子公司的成功，集团公司（总部）在推进集团文化建设的过程中，可能会更多地参考强势分子公司的情况，通过集团的力量，将强势分子公司的做法硬性地在集团内部进行推广，要求其他分子公司都必须遵照执行。这种不考虑其他分子公司具体经营实际，用一种做法取代和占领其他分子公司原有做法的方式，其他分子公司会颇有微词并难以接受，在执行的过程中出现埋怨、推诿、拒绝等，形成强势分子公司与弱势分子公司之间的冲突。

最后，集团公司（总部）在推进集团文化建设的过程中，各成员机构根据自身的经营实际会提出不同的要求。这个时候，强势分子公司往往会有更强的谈判能力，更容易从集团获得自己想要的条件，它们的意见也更多地被采纳，而弱势分子公司谈判的能力比较弱，对集团文化能施加的影响也比较小，其利益也可能更少得到反映。弱势分子公司会觉得集团偏向强势分子公司，自己的利益受到了损害，为集团做出了牺牲。

那么，什么样的平衡才是一种适度的平衡？有没有什么判别的尺度标准和依据？我们认为，判别的依据是集团的战略和目的，而判别的标准则是能否促进集团战略和目的的实现。如果一种平衡有助于集团战略和目的的快速实现，对于集团的发展壮大有利，则这种平衡就是适度的。当然，即使是符合集团战略要求的，各成员机构因为自己的利益也还是会有不同的声音出现。这时，需要集团坚定自己的做法，将集团文化坚持到底、贯彻到底，最终形成适合集团发展要求的集团文化。

问题五：如何化解分子公司原有文化与集团文化的冲突

作为集团来说，其集团公司（总部）和各成员机构，都有自己的企业文化，也就是说，集团公司（总部）有集团的文化，各成员机构有各成员机构的文化。可以说，集团有多少家成员企业，就大致有多少种企业文化。这些企业文化之间，如果没有统一过，则理念体系会有很大的差别，使命、愿景会不同，企业精神和核心价值观也可能不一致，甚至会有一些冲突。即使曾经统一，如果没有随着时间的推移及时调整、变革，也会出现很多冲突。

如果集团文化与分子公司原有文化冲突过大，人们在接受上会有困难，容易用原来的文化消解要建立的集团文化，这也就是集团文化建设如此之难的原因。

要解决分子公司文化与集团文化的冲突，首先要分清楚冲突出现在企业文化的哪个层面。如果是出现在企业文化的行为规范和制度层面，则这种冲突不需要花太多的精力去对待，因为行为规范和制度与企业的经营实践密切相关，只需要分子公司按照集团文化的核心价值观和经营实践做出调整就行；如果是出现在形象层面，集团可以要求分子公司引入集团的视觉识别系统，在视觉识别系统方面与集团进行统一，也没有必要干涉太多；如果是出现在核心价值观层面，问题将相当棘手，因为价值观认同非常困难，手段复杂，效果也难以评价。但是，如果这些方面无法达成一致，集团公司及所属各成员机构企业文化的内核则会不一致，也就无法形成集团合力。

其次，在明确了分子公司企业文化和集团文化的冲突后，还应该与集团的战略结合起来进行分析，看冲突是否会影响集团战略的实现。凡是影响到集团战略实现的冲突，都应该加以解决。

文化冲突是必然存在的，在集团文化建设过程中，集团之所以会觉得分子公司文化和集团文化之间的冲突是一种困境，不知道该如何处理，是因为集团公司（总部）在推进集团文化建设的过程中，对什么该统一、什么不该统一没有明确清晰的认识，因而在面对企业文化冲突时，对于该坚持什么、反对什么没有把握，从而不知所措。在明确了集团文化建设的内容和建设方法后，这个问题将会迎刃而解。

问题六：如何面对时代文化、地域文化和行业文化的差异

集团总是存在于一定的时间和空间的，因此，集团不可避免地要面对具体时间和空间上的文化，集团文化也就存在一个如何面对具体时间和空间文化的问题。具体来说，在时间上，集团文化要面对不同的时代文化；在空间上，集团文化要面对地域文化和行业文化。它们共同对集团文化产生影响，在集团文化中留下自己的烙印。

集团文化要面对时代文化、地域文化和行业文化的差异，并且对各成员机构的文化建设具有指导作用，形成统一的集团文化。我们认为，关键是要统一集团文化的本质，关注集团文化本

质的一致。在统一文化本质的基础上,各成员机构可以根据自身的时代文化、地域文化和行业文化差异,对集团文化本质进行阐释,在具体的做法上进行调整。众所周知,通用电气是一家跨国企业,它所涉及的产品和服务范围广阔,从飞机发动机、发电设备、水处理和安防技术,到医疗成像、商务和消费者金融、媒体以及高新材料,但是,在我们的感觉中,通用电气的创新文化和追求卓越的文化却是非常凸显的。

集团文化实践是多种多样的,除了时代文化、地域文化、行业文化的影响,还会受到各种因素的影响,但只要我们紧紧抓住集团文化的本质,在集团文化的本质上坚持统一,在集团文化的做法上适度调整,就可以有效应对各种挑战。

问题七:分子公司文化与集团文化如何对接

在集团文化建设的过程中,即使各成员机构愿意按照集团文化的要求进行建设,集团文化要想在各成员机构推进,还是必须由各成员机构具体负责,因此,各成员机构企业文化和集团文化之间有一个对接的问题。这个对接问题,从集团公司(总部)的角度来看,就是集团文化的推进问题,牵涉的是集团文化建设的具体操作,是集团文化在各成员机构落地的方式和过程。从集团所属各企业的角度来看,就是集团文化的导入和承接问题,牵涉如何将集团文化与企业实际相结合、如何将集团文化的要求在企业具体实现的问题。

解决文化对接的问题,首先要明确需要对接的内容,其次要找到对接的载体,最后要找到对接的方法。

集团文化建设中,成员机构企业文化和集团文化需要对接的内容，基本上就是集团文化建设的内容。只有将集团文化的内容在成员机构和集团公司（总部）间形成对接，集团文化建设才能完成，才能形成统一的集团文化。

明确了集团文化对接的内容，并不能自动实现对接，还必须找到对接的载体和对接的方法。总结实践中文化对接的经验和研究结果，我们认为，在实际操作中，载体可以分成两种：宣传载体和管理载体。

宣传载体一般来说比较容易具备，而且集团公司（总部）的主动性相对来说比较大，它可以是企业文化理念手册，可以是故事，可以是文件，可以是活动，可以是评先进等。总之，可以是一切有助于集团文化在集团中传播的渠道和方式。

光有宣传载体是不够的，宣传载体只是让对接具备了必要条件，具备了可以操作的基础，要实现对接，还必须有管理载体，管理载体是实现对接的重中之重。管理载体是与战略、组织和内控体系等因素相关的管理手段。对接的方式，也就是通过对接的载体构建出对接的方法，让集团文化在分子公司中得到推进和实践。这种对接的方式其实就是集团文化结构图中的推进系统，就是集团文化建设的路径，我们在随后的章节中将详细阐述。

问题八：如何进行集团文化考核

在一些人看来，企业文化是"虚"的，不可能通过考核这种硬性的手段来描述和评估，能做的就是提一些口号，收集一些言简意赅的名言警句，形成一个无所不包的企业文化理念体系；开一些大会，在集团中进行推广和宣传，要求文化理念上墙、入心

(员工记忆);搞一些活动,丰富成员的业余生活;评一些先进,告诉自己也告诉别人我们的集团文化建设很有成效。走完了这么几步,他们所谓的企业文化建设也就完成了。

但是,说集团文化建设很有成效,成效具体是什么?他们所展示的不是集团风气氛围的好转,不是员工行为的转变,不是集团经营业绩的提高,而是制定了多少制度,举办了多少活动。他们完全忘记了集团文化建设的目标和出发点,不知道从集团管理的角度来看集团文化建设。所以,他们不认为能够对集团文化建设进行考核,即使认为可以考核,提出的考核指标也与集团管理风马牛不相及。

实际上,集团文化是可以考核的,否则,它就不可能成为企业管理的有效思想和手段,也不可能被认为是自经验管理、科学管理之后企业管理的第三阶段。那么,集团文化如何考核?集团文化的考核指标是什么?

其实,文化考核并不是什么新奇的事情,企业文化建设的相关工具和方法已经相当完善,有一整套价值观的测量工具、价值观的考核方法等。丹尼森组织文化模型就是一个运用广泛的模型。丹尼森组织文化模型是由瑞士洛桑国际管理学院教授丹尼尔·丹尼森(Daniel Denison)创建的,该模型是衡量组织文化最常用的模型之一。对于集团文化进行考核,也可以采取关键业绩指标(KPI)的方式,比如列出四个KPI,它们是竞争力、盈利能力、客户满意度和员工满意度。这四个指标将集团文化建设与集团经营绩效连接起来,保证集团文化与集团经营管理紧密结合,而不是成为互不相关的两张皮。

关于集团文化考核,有兴趣的人可以参考《企业文化诊断评估与考核评价》(王吉鹏,2013)一书。该书详细介绍了一些实操性的工具,在国内第一次提出了企业文化定量化分析的问题和方法,介绍了国外的相关技术。

只有通过考核,才能明了集团文化建设的具体情况,并找到改进的办法,这样集团文化建设才能够落地,而不是落在墙上和口号上。

集团文化建设的模型、原则及方法

集团文化建设的假设模型

仁达方略集团文化建设模型的提出,为将集团文化建设成企业文化生态提供了整体思路,明晰了相关因素,规划了建设路径:指导路径和实施路径。集团文化建设的总体模型如图5-2所示。

在图5-2的最顶端,是集团文化理念体系提炼的一个简单模型,它为集团文化建设奠定了基础。集团在集团文化建设中,要致力于建立一种新的有利于发挥协同效应、规模效应的生态企业文化体系,并以此在使命、愿景、核心价值观等理念层面和制度与行为规范等方面进行充分的沟通与研讨,进而在坚持诸如可行性原则、系统性原则、整体性原则、平等性原则等一系列原则的基础上,展开集团的企业文化建设,最后实现集团文化的有效推进,促进管理水平和集团绩效的实质性提升,实现集团的战略目标。

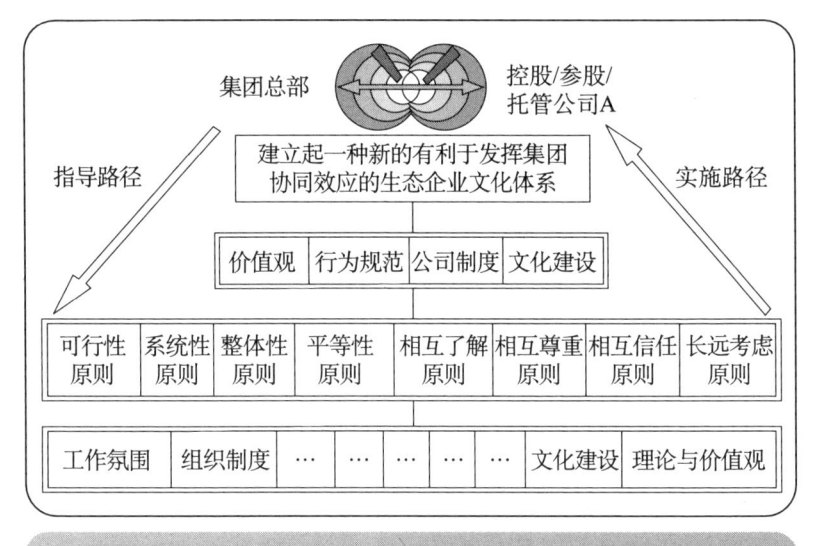

图 5-2 集团文化建设模型

最顶端的这个简单的集团文化理念体系提炼模型告诉我们，集团文化理念体系的提炼，必须充分参考集团所属各公司的企业文化，将各公司中有利于集团发展壮大的文化因子引入集团文化理念体系之中，形成集团文化的核心内容。这个核心内容，集团所属各公司必须遵守，并且作为自己企业文化的核心。

在图 5-2 中，我们提供了集团文化建设的两条路径：一条路径是由上而下的，称为集团文化建设的指导路径；另一条路径是由下而上的，称为集团文化建设的实施路径。

集团文化建设的指导路径明确了集团文化建设的推进方向，它有两个方面的含义：一个方面说明了集团文化建设的逻辑方向，表明集团文化建设必须先提炼出集团文化理念体系，在明确了使命、愿景、企业精神和核心价值观等因素的基础上，企业根据自身的实际，构建符合企业发展要求的制度、行为规范以及经营理念，这相当于集团文化建设的起飞。另一个方面，集团文化建设的指导路径说明了现实中集团公司（总部）和各成员机构之间的关系，体现了集团公司（总部）和各成员机构在集团文化建设中的地位。集团公司（总部）对各成员机构的企业文化建设负有指导的责任，保证各成员机构的企业文化建设不会偏离集团文化的要求，确保集团文化建设中所要求的统一的价值体系在各成员机构中得到贯彻执行。

集团文化建设的实施路径，是一条集团文化建设的具体操作路径，表明了集团文化建设的实现过程，在一定的程度上相当于集团文化建设的落地。集团文化建设的实现，依赖集团所属各公司企业文化建设的完成，依赖各成员机构在企业文化建设中坚持集团文化建设的内涵。在使命、愿景等五个方面与集团保持一致，依赖各成员机构在自己的制度、行为规范、经营理念等方面符合企业经营实际的同时，体现集团文化的要求。集团文化建设的实施路径，更多地表明了集团文化建设中各成员机构的主体地位。

集团文化建设的指导路径并不完全等同于集团文化建设的起飞，集团文化建设的实施路径也不完全等同于集团文化建设的落地。在指导路径中，也包含一定的集团文化落地的内容，因为这种指导路径要求集团公司（总部）在各成员机构中监督集团文化主要内容的落实，指导企业文化建设活动的开展等。

在实施路径中，也包含一定的集团文化起飞的内容。因为各成员机构将集团文化的要求引入企业之后，必须在此基础上形成适合企业要求的企业文化理念体系，也就是说，还有一个企业文化起飞的过程。集团文化建设的指导路径和实施路径，从集团公司（总部）和各成员机构两个层次来考察集团文化的建设，体现的是集团文化建设主体的层次性；而集团文化的起飞与落地，则是从整个集团文化建设的主体出发，体现的是集团文化建设主体的多样性。

指导路径和实施路径一起，构成了集团文化建设的完整路径和通路，保证了集团文化建设既能够起飞，又能够落地，最终促进集团文化建设的深入。

集团文化建设的原则

不论是在集团文化建设的指导路径还是实施路径中，我们都必须遵守一定的原则，包括可行性原则、系统性原则、整体性原则、平等性原则等。这些原则为我们思考集团文化建设提供了规范性要求，遵守这些原则，有助于集团文化建设的完成。

可行性原则

集团在建设集团文化时，必须遵守可行性原则，这样才能保证集团文化在集团所属各公司中的推进和实施。首先，要明确集团公司（总部）和各成员机构在集团文化建设中的定位。其次，要确定什么是集团文化建设中各成员机构必须遵守的，什么是各成员机构可以按照企业实际自由发展补充的。最后，集团文化理念必须是集团所属各公司企业文化融合的结果，是在分析各公司企业文化基础上的产物。

系统性原则

系统性原则的要求来自集团文化本身的系统性。要始终坚持企业文化体系是由多种要素构成的自上而下的有机系统，是企业文化从精神到制度、从思想到行为的一致体现，努力培育形成完善、系统的企业文化，全面、综合发挥企业文化的独特作用。

整体性原则

要始终维护集团公司的整体性、统一性，保证社会公众、投资者、合作者在任何时候、任何场合都能感受到统一的集团文化气息。重视个性与共性的辩证统一，个性中体现共性，共性中包含个性，使有益的个性在有力的文化共性中得以发挥。

平等性原则

在集团文化建设中，集团公司（总部）和各成员机构之间是平等的，强势分子公司和弱势分子公司之间是平等的。集团公司不能因为自己的独特地位而粗暴地干涉各成员机构的企业文化建设，强势分子公司也不能因为自己的强大而恣意要求特殊对待。集团应该平等对待每一个参与集团文化建设的主体，发挥各主体的积极性和能动性，每一个主体都可以对集团文化建设提出自己的建议和设想，以及自己的要求。只要是有利于集团发展的建议，都是应该接受的。

相互了解原则

了解是相互的，集团公司（总部）应该了解各成员机构的特点和需求，各成员机构也应该努力了解集团公司（总部）的目的。在相互了解的基础上，提炼出集团文化，使它既有利于集团的壮大，又有利于各成员机构的发展。

相互尊重原则

相互尊重原则是与平等性原则相关的，是在平等性原则的基础上更进一步的要求。相互尊重原则要求尊重集团所属各公司的独特性，对各公司独特的做法，不要未经调查就进行批评，而是在认真倾听和理解的基础上解决问题，取得共识。

相互信任原则

信任是合作的基石，集团文化建设需要集团所属各公司的共同努力。集团公司（总部）应该相信各成员机构在自身的企业文化建设中会体现集团文化的要求，各成员机构有意愿、有能力将集团文化的要求加以贯彻执行，会在核心价值观等方面与集团文化保持一致。各成员机构应该相信集团文化建设对企业的发展是有利的，集团公司（总部）对各成员机构企业文化建设进行指导是为了使各成员机构更快更好地发展。

长远考虑原则

集团文化建设是一项长期性工作，需要艰苦的付出，不可能一蹴而就。集团文化建设的成效，也不是一天两天就能体现的。要将集团的长期发展作为集团文化建设是否成功的评判标准，将基业长青作为集团文化建设的追求目标。

集团文化建设的方法：五个统一

集团文化在集团各成员机构的推进实施，依赖于各成员机构的具体执行。为了保证集团文化能够在各成员机构中得到贯彻，集团文化必须能够包容各成员机构的特性；同时，为了保证集团文化的统一风貌，集团文化又必须有一定的强制性，有一些集团文化因素必须在集团所有所属成员机构的企业文化中得到体现。因此，集团文化一方面必须能够统率集团各成员机构的文化，另一方面又不能替代集团各成员机构的文化。

要做到这一点，关键就是要明确在集团文化建设中，应该对集团各成员机构的企业文化怎样进行统一，统一什么，统一到何种程度。在集团文化建设过程中，参与集团文化建设的各主体最好在五个方面做到统一。

统一集团的使命

统一的使命是统一的企业文化外显的基础，集团文化要能体现出集团的整体性，就必须对使命进行规定，要求集团内各成员机构的使命必须与集团公司（总部）的使命保持一致。在集团文化建设中对使命进行统一，要求集团各成员机构坚守共同的使命。如果集团内各成员机构的使命不一致，它们的价值取向也就不一致，倡导的行为就会不一致，集团的使命能否实现是值得怀疑的。

统一集团的愿景

统一集团的愿景，就是给各成员机构一个共同努力的方向，朝同一个目标努力。集团所属各成员机构必须在愿景方面实现统一，将集团的愿景当作自己的愿景，但是，这种统一性的要求并不排斥各成员机构有自己的子愿景。对于子愿景，应该把握两点：一是水大漫不过船，子愿景尤其是上市公司的子愿景不能超出集团的愿景；二是集团所属各成员机构可以在集团愿景下制定企业目标。

统一集团的精神

在集团文化建设中统一集团的精神，是与集团文化建设中统一使命和愿景分不开的，统一的企业精神有助于保证实现统一的使命和愿景。集团公司（总部）统一提炼企业精神，并确定全集团共同的企业精神，但是，集团所属各成员机构应该而且必须根据自身的实践对统一的企业精神进行解释和解读，而不是简单地引入集团所统一的企业精神作为口号。只有这样，才能保证企业精神内涵的一致，才能保证所呈现出来的是真正统一的企业精神。

统一集团的核心价值观

企业价值观是指企业在长期发展中形成和遵循的基本信念与行为准则，是企业对自身存在和发展的意义、对企业目的、对企业员工和顾客的态度等问题的基本观点，以及评判企业和员工行为的标准。核心价值观告诉员工"我们应该怎么做"或者"什么对我们才是最重要的"。核心价值观与企业的使命结合紧密，是企业使命的反映和体现，是企业区别于竞争对手最核心和最内在的标志与原因。集团公司应当在核心价值观这个层面做到统一。

统一集团的视觉识别

因为集团的整体形象除了要被集团内部各成员机构的员工感受到，还必须为集团之外广大的消费者所感知，而统一视觉识别，正可以表明各成员机构同属一个集团，可以明白地告诉消费者，业务方向毫无关系的企业可能属于一个集团，将消费者对各成员机构的认知转化为对集团的认知。视觉识别与使命、愿景、精神、核心价值观是表里的关系，只统一标识的做法无疑是误区，而只统一使命、愿景、精神和核心价值观，在集团文化建设的过程中也无法实现完美的效果，因为它不利于集团形象被消费者认知。

对于集团企业来讲，能够做到"五个统一"是比较理想的目标。如果集团规模比较大，业务比较复杂，最少也要做到核心价值观和视觉识别两个统一。视觉识别是集团留给外部的印象，以给消费者一个集团的整体感觉。其他四个方面是对于集团内部成员的要求，保证集团成员能够形成"心的一致"，并最终达成"行的一致"，实现内与外的和谐。

集团文化建设的误区

集团是市场经济中的重要力量，拥有令人羡慕的市场地位，可以对市场施加自己的影响，获得规模经济、协同效应等优势。一个国家的经济在世界市场的竞争力，很大程度上表现为该国家的集团在国际上的地位，取决于该国家的集团在国际市场的竞争力。我们对于一个国家经济实力最真实、最真切的感觉，就是该国家的集团。我们可以随口说出一大串跨国集团，如中粮、华为、国家电网、微软、谷歌等，即使对于芬兰这样国土面积狭小的国家，因为诺基亚的存在，在我们的印象中也占据了重要的地位。

正是因为集团在经济中的地位和作用，我国国有资产管理部门一直特别重视集团的建设，尤其是集团文化的建设。然而，一些集团在建设集团文化的过程中存在一些误区。总结一下，大概有以下七大误区。

误区一：将集团文化建设当作集团公司（总部）文化建设

这种误区表现为，在集团文化建设的过程中，集团公司（总部）往往将集团文化建设当作集团公司（总部）文化建设。在这种倾向下，一般会有两种表现：要么是完全忽略集团文化建设对集团所属各成员机构的要求，在各成员机构的文化建设中不做统一性的规定；要么是将成员机构当作集团公司（总部）的内在组织机构，像对待内部的部门一样对待各成员机构，像要求内部的部门一样要求各成员机构。

集团文化建设的主体不仅包括集团公司（总部），还包括集团所属的各成员机构。集团文化建设虽然一般来说由集团公司（总部）发动和推进，但不等同于集团公司（总部）文化建设。否则，会产生一系列的问题。

如果完全忽视集团文化建设对集团所属各成员机构的要求，在各成员机构的文化建设中不做统一性的规定，则各成员机构就会完全按照自己的意愿进行企业文化建设，不考虑集团有一个统一的"魂"，那么，集团的统一形象可能就要受到影响，很可能出现所谓的"集"而不"团"的情况，对集团的整体利益大有损害。

如果将集团各成员机构当作集团公司（总部）的内在组织机构，像对待内部的部门一样对待各成员机构，对它们的个性和特质视而不见，忽视它们的内在要求，很容易在集团内部出现僵化的情形，无法充分发挥各成员机构作为一个独立的主体所应具有的能动性和积极性。集团表面上是团结在一起，但内在缺少和谐，很难长久共存于一个集体之内。其结果必然是各成员机构要么是出现反弹，为创造一个新的环境而开拓道路，要么是继续受到压制，集团也不能真正获得协同效益。

误区二：有统一的要求却没有具体的内容

这种误区表现为，在集团文化建设中，集团公司（总部）作为集团文化建设的推动者，从集团的形象和战略出发，希望集团所属各成员机构能够与集团公司（总部）在企业文化上保持统一。但是，集团公司（总部）虽然提出了统一的要求，却没有提出所要统一的内容，对应该统一什么和如何统一毫无概念，不知道从何着手，仅仅盲目地要求集团各成员机构与集团公司（总部）保持一致，要各成员机构自己去把握该与集团公司（总部）在什么方面保持一致以及如何保持一致。

在建设集团文化时，要求集团所属各成员机构之间在一定程度上达成统一是完全必要的，因为这不但体现出集团是一个整体，也有利于集团各成员机构形成合力，共同实现集团的战略。可以说，统一是集团文化建设的内在要求，如果不能在一些方面做到统一，集团的各成员机构都各自遵从自己的意愿，那与单个企业的企业文化建设毫无差别，也就不能得到形成集团可以获得的规模效益与协同效益。

但是，如果只是强调要统一，却不能给出要统一的具体事项，不知道该统一什么和采取何种手段措施进行统一，这种统一最后往往会成为一种美好的愿望，无法实现。因为既然集团公司（总部）有统一的要求却没有提供统一的内容，各成员机构只能根据自己对集团文化的认识，选择自认为是与集团公司（总部）保持一致的方面，采取自认为是与集团公司（总部）保持一致的行动，开展自己的企业文化建设。这样的保持一致必然带有每个成员机构认识上的主观色彩，不可避免地会出现偏差，展现出各成员机构不同的特色。于是，名义上各成员机构都认为自己与集团公司（总部）保持了一致，但从实际表现上看，集团文化没有形成一致，仍然是一盘散沙。

误区三：文化统一有内容却无法实施

这种误区表现为，在集团文化建设的过程中，集团公司（总部）规定了企业文化要统一的内容，但是，这些内容在集团的各成员机构中却无法实施和推进。

只关注集团文化内容的统一而不关注集团文化的实施，只关注集团文化的统一而不关注文化对经营的作用，这是典型的为企业文化而建设企业文化，是纯粹型企业文化的思路。它无法对企业的经营管理产生作用，因为它本来就没有将企业的经营管理作为考虑的对象。在要求集团各成员机构文化与集团公司（总部）保持统一时，集团公司（总部）不但要关注统一的内容是不是已经明确，而且要关注统一的内容不能只是"好听，好看，好传播"，还应该对集团各成员机构的经营管理有所助益。

误区四：统一企业文化的做法而不是本质

这种误区表现为，在集团文化建设的过程中，集团公司（总部）在要求集团各成员机构与自己在企业文化方面保持统一时，更多的是要求各成员机构在做法上与自己保持一致，而不是要求各成员机构在企业文化的本质上与自己保持一致。比如，要求在集团层面评选企业文化先进个人，要求各公司在重要的节假日举办活动，要求各公司将企业文化的宣言印刷成精美的文本，要求有名言警句上墙，要求有企业文化衫。总之，在企业文化的具体做法上提出了一系列的要求。

统一企业文化的做法而不是统一企业文化的本质，这对集团公司（总部）来说，在操作上更加容易，在考核上更加精准，在形式上更加丰富多样，在表现上更加具体。于是，在集团文化建设的过程中，就变得更加具有"可行性"。这或许就是为什么在建设集团文化的过程中，很多集团公司（总部）喜欢统一企业文化的做法，而不是统一企业文化的本质的真正原因所在。

企业文化的本质是价值观，价值观是企业文化的核心所在，企业文化建设应该按照推进系统的要求由内而外，从价值观出发，一步步到达形象层，而不是相反。统一企业文化的做法而不是企业文化的本质，关注表象而不是关注内在，集团文化建设注定会失败。

误区五：硬性要求大一统的企业文化理念

这种误区表现为，硬性地在集团所属成员机构中推行大一统的企业文化理念，要求各成员机构照抄照搬集团公司（总部）的文化理念。这样的集团可谓遍地都是。很多集团公司（总部）借助自己的行政权威或者是控股地位，不考虑各成员机构的个体差异和特点，硬性地在全集团推进统一的企业文化理念。在这样的集团公司（总部）看来，好像只有这样做，才体现了集团公司（总部）的权威，体现了自己在集团中的领导地位，体现了自己对集团的控制。其实，由于集团包括多个具有独立法人资格的企业，文化建设不但要考虑集团的一致性，而且要考虑所属企业的独特性和差异性。

一般来说，分子公司与集团公司（总部）之间，分子公司与分子公司之间，会有很多差异性和独特性。比如，它们的业务可能不一致；在行业中的位置可能不一致，有的在上游，有的在下游，有的甚至根本就是不同的行业；所在的地区可能不一致，有的在东北，有的在华南，甚至有的在国外；经营的方式可能不一致，有的是战略导向，有的是市场导向，有的是绩效导向；面对的竞争激烈程度可能不一致，有的处在蓝海，利润率高，要求扩大规模，占有市场份额，有的身处红海，必须奋力拼杀；企业规模也会有很大的差异，从几十人到几百人不等；员工的素质可能相差很大，有的企业员工都是本科以上学历，有的企业大部分员工学历在中专以下。在有这么多差异的情况下，忽视分子公司的个性特点，硬性地在集团推行大一统的企业文化理念，无疑会遇到很多阻力，造成很多问题，企业文化建设的效果会大打折扣。

集团文化建设不宜硬性地要求形成大一统的企业文化理念，而是应该在几个关键的方面要求统一，其他方面由各成员机构根据企业实际情况自主决定内容，然后根据这种综合的企业文化理念进行集团文化建设。

误区六：只统一企业标识

这种误区表现为，在集团文化建设的过程中，集团公司（总部）在推进集团文化建设时，只规定集团各成员机构在进行企业文化建设时，应该与集团公司（总部）在企业标识上保持一致，而没有提出更多要求统一的内容。

企业标识是企业文化的重要内容，是企业文化的重要表现形式，是企业文化形象层中最容易被人们关注到的物质形态。一个好的标识，可以反映出企业的精神和内在要求，看到企业标识，自然就会联想到企业。因此，很多企业在建设企业文化时，在企业标识上都会花精力，精雕细琢，力求创造出一个独特的能表现企业内在要求的标识。

但是，如果只是盯住企业标识，只要求统一标识，并不能达成集团文化建设的统一。在企业文化结构模型中，形象层是企业文化的外显层，属于企业文化的最浅层表现，企业标识属于形象层的内容。而企业文化建设，必须经由推进系统由内而外地进行，也就是由价值观到形象，而不是相反。想通过统一企业标识而统一集团文化，就是从外而内建设集团文化，自然难以奏效。

统一企业标识也就是统一视觉识别系统中的视觉识别，给了集团各成员机构一个统一的外壳，使得集团可以向外界展示一个共同的标志，但是，集团进行集团文化建设并不就是为了有一个集团文化而已，集团文化建设是为了能够统一集团成员的思维，促进集团经营绩效的改进。如果忘记了集团文化建设的这个初衷和目的，那么，集团文化建设对集团将毫无价值，而且还是一种成本巨大的活动，给集团所属各成员机构造成巨大的成本压力。要想企业文化建设能对企业的经营管理产生影响，必须从管理的角度考虑企业文化建设，将企业文化当作企业提升竞争力的重要手段。这需要集团所属各成员机构在使命、愿景、企业精神和价值观等内在方面做出努力，并形成统一。

误区七：把统一当作同一

这种误区表现为，在集团文化建设的过程中，集团公司（总部）要求集团各成员机构与自己保持统一。但是，在实际的具体操作中，统一往往变成了同一，变成了集团公司（总部）要求集团各成员机构在企业文化上与自己一模一样。

统一与同一是两个完全不同的词语,首先,统一是动词,同一是形容词;其次,统一是一个动作,同一是一种状态;最后,统一是一个动态的过程,同一是一种静止的状态。统一和同一具有完全不同的内涵:统一反映的是一种动态的、内在的和谐共存状态,相互之间既保持独立又互相共存,是一个立体的系统;同一反映的是一种表面的同质,相互之间缺少个性,是一个平面的系统。

在集团文化建设的过程中,集团公司(总部)应该追求的是统一而不应该是同一。集团各成员机构与集团公司(总部)在使命、愿景、精神、核心价值观和视觉识别等方面应该统一起来,在达成了这些方面的统一之后,集团各成员机构可以根据自身具体的实际,采取适合自身的做法来建设企业文化。

我们在前面列出的"误区五:硬性要求大一统的企业文化理念",除了是因为硬性规定、体现集团权势,还有一个就是这种硬性规定很容易将集团文化的统一性要求,变成对集团各成员机构的同一性规定,抹杀各成员机构的个性和特质,不能适合各成员机构发展的内在要求,无法对各成员机构的经营管理实践提供助益。

集团文化与品牌管理体系

当今新时代,集团企业越来越注重并自觉进行企业文化管理。与此同时,对集团文化的凝结物——集团品牌管理日益成为集团企业文化管理的重要环节,并赖以创造价值,实现企业价值增值。

互联网背景下，集团文化管理和品牌管理被赋予了浓重的互联网特色，管理手段和传播手段尤其突出。随着新生代在职场比重的快速提升，这种互联网、新生代文化管理特色还会越来越明显。

以并购企业文化融合为例，互联网改变了社会生态，世界进一步走向融合，文化与文化之间的隔阂与差异在变小，特别是跨文化之间的鸿沟有被弥合和填平之势。

集团文化是企业文化在集团企业中的表现，具有企业文化的一般结构和特质，企业文化具有的一般作用，集团文化依旧具有。所不同的是，集团文化的主体既包括集团总部，也包括集团企业所属成员单位。

影响集团文化建设的 14 个因素主要涵盖两个方面：一方面是人的因素，一方面是组织的因素。其中，集团文化建设应该考虑的人的因素包括：员工心声、直接利益、沟通、培训、行为规范、领导人、礼仪、职业机会、安置与配置等；集团文化建设应该考虑的组织因素包括：责权体系、组织结构、业务流程、集团企业战略、人力资源政策等。

集团管控下集团品牌管理体系

品牌是企业的一种特殊的无形资产，只有与有形的产品结合起来才有生命力，完全离开产品的品牌是不存在的。但品牌又不是产品本身，当集团品牌成为名牌后，就有了相对独立的生命力，既可以依附于原来的实体产品，也可以依附于新的实体而存在。

按照与业务品牌的协同程度，集团品牌管理分为四种模式：A型（统一品牌模式）、A＋B型（联合品牌模式）、B源于A型（背书品牌模式）、B型（独立品牌模式），如图5-3所示。

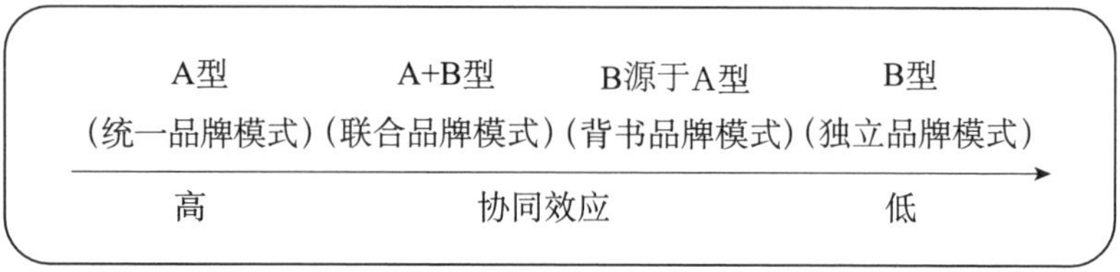

```
    A型           A＋B型         B源于A型         B型
(统一品牌模式)(联合品牌模式)(背书品牌模式)(独立品牌模式)
————————————————————————————————————————————→
   高                      协同效应                      低
```

图5-3　四种集团品牌模式

其中，A型（统一品牌模式）是指集团与业务单元（如子公司、控股公司或参股公司等）采取统一品牌，每个业务单元都有集团品牌的标识。如通用电气在能源、医疗、金融、发动机等业务单元都采用集团通用标识GE。

A＋B型（联合品牌模式）是指集团品牌是业务单元品牌的组合体，业务单元共同分担了集团品牌营销的责任。如梅德赛斯-奔驰、雷诺日产集团等采用了A＋B型（联合品牌模式）。

B源于A型（背书品牌模式）是指集团品牌为业务单元品牌进行背书，给业务单元提供信誉保证，业务单元给集团品牌增值。如雀巢就是采用了背书品牌的经典案例，使用"雀巢"品牌的业务单元都与营养有关联。

B型（独立品牌模式）是指集团品牌几乎不用，只是提及业务单元品牌，业务单元品牌独立行使责任，与集团品牌只有很弱的相关性。该模式下，集团品牌与业务单元品牌分开运作，以达成更有效的品牌沟通结果。这四种品牌管理模式各有优缺点（见图5-4），可结合集团战略与实际情况加以选择。

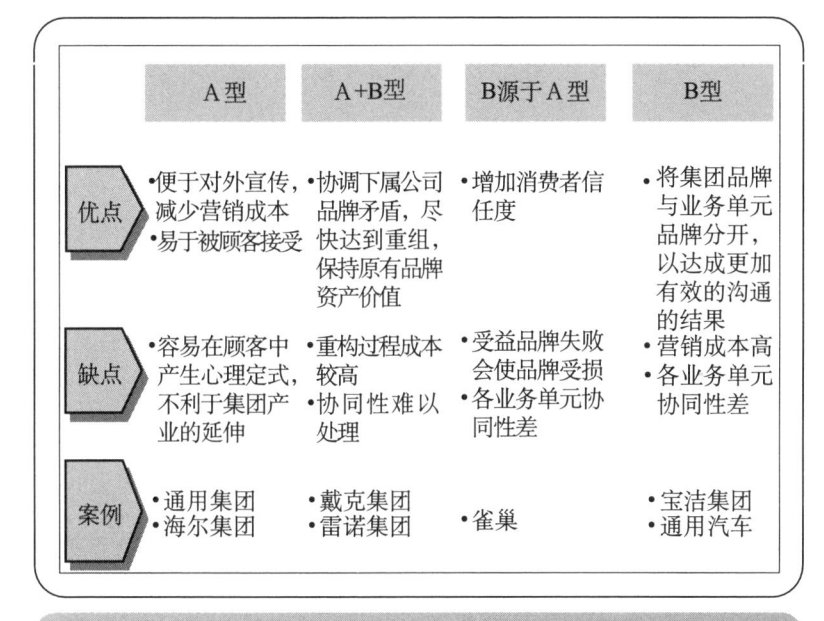

	A型	A+B型	B源于A型	B型
优点	・便于对外宣传，减少营销成本 ・易于被顾客接受	・协调下属公司品牌矛盾，尽快达到重组，保持原有品牌资产价值	・增加消费者信任度	・将集团品牌与业务单元品牌分开，以达成更加有效的沟通的结果
缺点	・容易在顾客中产生心理定式，不利于集团产业的延伸	・重构过程成本较高 ・协同性难以处理	・受益品牌失败会使品牌受损 ・各业务单元协同性差	・营销成本高 ・各业务单元协同性差
案例	・通用集团 ・海尔集团	・戴克集团 ・雷诺集团	・雀巢	・宝洁集团 ・通用汽车

图 5-4 集团管控下的四种品牌管理模式比较

集团文化建设需统一企业集团使命

"我们的企业是什么？我们的企业将是什么？我们的企业能是什么？"德鲁克的这三个经典发问，需要我们认真思考。这三个问题，其中就包含着使命与愿景。

企业使命从本质上回答了企业生存和发展的根本问题，要求企业自我审视"因何而存在""到底做什么"，进而明确"将去向何方""未来发展怎样""去向那里的理由""企业活动范围是什么"等根本性问题。

香格里拉的使命："为客人提供物有所值的特色服务和创新产品，令客人喜出望外。"使命的第一个层面明确了香格里拉存在的目的和它是做什么的，即它是为客人提供特色服务和创新产品的；使命的第二个层面回答了香格里拉如何体现出它存在的价值，即通过使客人喜出望外来实现企业存在的价值。这就清晰明确地回答了香格里拉存在的目的和价值。

企业集团使命，应该非常简洁地说明企业集团存在的价值和意义，集团所肩负的责任，它形式上简单、内涵上丰富。如中国电信的使命："共享与世界同步的信息文明"；中国移动的使命："创无限通信世界、做信息社会栋梁"；中国联通的使命："打破垄断，促进电信业的改革、繁荣、发展"。

在集团文化建设中，要求对使命进行统一，要求企业集团各成员机构坚守共同的使命，这应该是毫无疑义的。因为企业集团的组建，首先就是为了一定目的，这个目的很可能就是企业的使命。默克制药集团在全球各地都有分公司，但各分公司的使命始终是一致的，那就是："保护和改善人类生活"。如果企业集团内各成员机构使命不一致，价值取向、倡导的行为规范就会不一致，企业集团的使命能否真正实现就值得怀疑。

由此可见，统一的使命是统一的企业文化外显的基础，集团文化要能体现出企业集团的整体性，就必须对使命进行统一规定，要求企业集团各成员机构的使命必须与集团公司（总部）使命保持一致。

集团文化建设的差异性与文化管理的统一性

很多企业推进企业文化建设过程中，往往"重理念""轻深植"，只重视企业理念创新，忽视了理念背后的管理支撑，脱离了企业管理实际。企业文化管理无法与集团公司战略、人力资源、生产、经营、营销等管理活动相匹配。其解决之道就是从文化建设走向文化管理。

二者比较，企业文化建设突出在"建"字上，指企业相关经营管理理念的形成、认知、认同和传播等过程；企业文化管理实质是"用"，是企业文化理念、行为规范等体系与经营管理的结合与提升，是在企业文化引领下，匹配公司战略、人力资源、生产、营销等管理模块的管理活动。

企业文化管理就是让全体员工共同参与，促使企业上下对企业的使命、愿景、核心价值观达成共识，然后通过行为准则，贯彻于企业的战略、人力资源、品牌等各方面，系统解决企业的核心问题，实现企业管理本质跃升。

企业梳理价值观，建立行为规范，完善制度，树立形象，这种企业文化从觉醒到自发的过程，属于文化建设阶段；企业文化体系形成之后，进行自觉的应用就到了文化管理阶段。从内涵来说，文化建设与文化管理属于企业文化的两个阶段；从外延上讲，文化管理涵盖了文化建设，文化建设阶段就是文化管理阶段的一个组成部分。文化建设一定要走到文化管理阶段，才能把企业文化的效能真正发挥出来。从文化建设到文化管理是企业文化完成起飞与落地的一个完美过程，否则，只有文化建设没有文化管理，相当于企业文化只有起飞没有落地，企业文化始终是空中楼阁、雾里看花。

文化建设存在差异性

对于单个企业而言，企业文化建设、文化管理的对象就是它本身，对象具有唯一性，文化建设的形式、文化管理的手段也都是对该对象唯一适用的。集团企业则不然，由于集团企业是由多个企业形成的企业集群，企业文化构建所面临的对象是多元的，每个企业由于内外部环境不同、历史不同以及自身需求相异性，在企业文化建设的形式、手段等方面有不同的诉求。因此，集团企业文化建设存在差异性和个性特质。

具体而言，集团所属各分子公司文化建设存在如下差异性：

第一，文化建设的形式各有侧重。各分子公司宣传平台不同，在文化宣传形式上也不应追求统一。

第二，文化建设的重点各有侧重。各分子公司企业文化建设应结合当地特色和自身管理特点有所侧重，或着重强调价值观，或重点宣传企业精神等，充分发挥企业文化软实力。

第三，企业文化的执行层理念可根据企业属地文化、历史传统和经营环境不同而不同，在不违背集团总部精神前提下有所突破创新，提升企业文化的适应能力和应变能力。

文化管理的统一性

一个企业集群要区别于其他企业，需要具备一个统一的同时又能独树一帜甚至标新立异的东西存在，这就需要上升到文化管理层面来解决。文化管理首先要强调共性，要有统一性，即要实现使命、愿景、价值观、企业精神和视觉识别的五统一。但文化统一不是同一，统一性是指有共性和个性，在内涵、目标和方向上是保持一致的；同一是要求所有的东西一模一样，只有共性没有个性。如果完全实现同一，就很难发挥各分子公司在企业文化建设上的积极性，就会产生文化冲突。

文化管理的统一包含两个层面，一是用文化管理的方法和步骤统一；二是对企业文化活动管理的标准和制度统一。具体包括三个方面：

第一，统一文化管理的组织结构和组织制度。各分子公司应成立相关的对口部门，专门负责企业文化建设，接受集团总部相关部门的领导。同时，应该建立集团统一的文化管理组织制度，如奖惩考评制度、文化活动管理制度、档案管理制度等。此外，各分子公司应该重点加强制度的统一，尤其是制度执行标准的统一。

第二，统一使命、愿景、价值观及视觉识别等企业文化的核心内容。使命、愿景、价值观是企业文化影响内部管理的核心要素，只有这些核心要素统一了，集团企业才能作为一个整体来建设企业文化，否则就是形散且神散。视觉识别的统一是企业对外形象的统一，这也是品牌建设的重要部分。

第三，统一文化建设的步骤，如阶段性任务、目标和要求等。文化建设是一个长期的过程，需要分阶段进行，各阶段都应该有具体的目标和要求。只有保证目标和要求的一致，才能保证各分子公司"做正确的事"。如确定某段时间重点实施"落地工程"，要求在规定的时间内各分子公司应完成制度的梳理和价值观的讨论等。

如此看来，文化建设的差异性和文化管理的统一性，实质是一个矛盾统一体，需要具体问题具体分析。如果一个集团企业只有差异没有统一、只有个性没有共性，就缺乏内在联系，就会集而不团。

延伸阅读

多元型集团文化融合需要组织沟通

集团公司（总部）与分子公司之间有四种类型的文化关系，分别是一元型、紧密型、多元型和离散型。其中多元型是指母子公司文化仅保持基本一致，注重共同价值观的管理。这种类型的文化管理模式一般是多元化战略的集团，各子公司在业务上多元化，母公司期望通过文化输出的方式加强下属各成员企业的协调与一致性。

通过调研我们发现，沟通问题其实是很多企业都存在的问题，尤其是在一些集团企业中存在上下、左右沟通不足，信息不畅等现象。因此，如何提升组织沟通、激活企业文化、较为快速地突破困局成为文化落地的重要方面。

多层沟通为先导，释放文化整合信号

组织沟通是指在企业活动中围绕既定的目标，通过各种信号、媒介和途径有目的地交流信息、意见和情感的信息传递行为，是组织内外部沟通的有机整合。

企业文化建设工作可以视为沟通的组织化平台，让各成员单位在这个平台上畅所欲言，互相碰撞，求同存异，多元归一。

S集团是一家横跨深港两地，由多个不同业务类型和成长轨迹的成员企业组成的大型多元化、综合性集团。集团旗下的成员企业并入集团公司的时间不尽相同，而这些企业在划归S集团之前，大多有着二三十年的发展历程，历史文化积淀较为深厚，企业文化个性特征不一。近年来，由于集团公司忙于业务快速扩张和战略布局，一直未对集团企业文化进行系统整合。

2012年初，S集团顺利完成新老班子交替。新一届集团高管层提出了"转型、优化、整合、提升"的新战略思路，并要求企业文化建设工作全面跟进，紧密配合集团战略转型的顺利实施。

通过调研、对标、分析，企业文化工作人员一致认为，不能把注意力只集中在企业文化建设的某个成果——集团企业文化理念体系上，因为企业文化建设工作本身就是一个很好的抓手与载体，并且在前期调研中发现，S集团的一个关键问题就是集团上下、左右沟通不足，信息不畅。因此，工作的重心就落在如何开展有效的组织沟通来较为快速地突破困局、实现预期目标上。

S集团在构建企业文化理念体系时主要采取的方法，一是将各成员企业的优秀文化因子予以归集，开展企业文化梳理与诊断，寻找企业文化的特点；二是以集团整体发展战略为指引，寻找企业文化的结合点。

在沟通方面，该集团引导在内部讨论并逐步走向深入，共同探讨企业的价值观，集团上下多方沟通，从整个集团的高层、中层、基层抽选人员，分层分批参与理念体系研讨会，广泛听取意见。内部讨论逐渐由分散式的提意见集中到企业价值观与沟通状况上，经过几次讨论，最终凝练形成了一套完整、具有共性且具有高认可度的集团企业文化理念体系。

分类沟通为主导，强化文化整体感

促进沟通有效开展的行动原则既包括全局原则、合作原则，也包括换位思考原则、积极倾听原则。企业内部沟通，特别是跨部门沟通，最大的障碍通常来自"自扫门前雪"的部门本位主义和个人主义，导致只关注自身利益，让沟通难以有效开展，甚至无果而终。因此，建立有效沟通的企业文化，首先要强调全局意识，要从"根"上解决问题，确保集团整体利益与局部利益一致。

在 S 集团企业文化落地时，针对中高层管理者，通过培训互动的方式，引导管理者对该集团战略、管控和企业文化管理进行思考、讨论并达成共识。

在企业文化建设过程中，传播是整个企业文化建设的关键，也是企业内部沟通的一个重要手段。文化建设中单纯依靠某个部门或几个人的力量显然作用有限，必须有这样一支队伍多年坚持不懈地进行文化宣讲，才能收到一定的效果。通常，理念的导入阶段可以由管理者来引导，但是如果整个文化建设工作都由管理者主导，员工就会认为文化建设就是领导的洗脑运动，不容易接受。相反，选择普通员工却能收到意想不到的效果。这也是员工沟通、理解和接受企业文化的一个有效方式。

针对员工层面，S 集团在整个集团范围内选拔企业文化内训师，组建巡讲团到各成员企业宣讲集团战略、动向、企业文化理念体系和文化故事。

员工宣讲，不仅对自己是极大的精神鼓舞，对同事也是一种激励。员工因天然的亲切感而接受文化理念，同时能够吸引更多人积极参与进来，进而形成机制。

除了自上至下的下行沟通，该集团还设计了自下至上的上行沟通。比如，以 S 集团成立 30 周年为契机，举办了参与性极高的"青年员工梦想秀"和异地骨干员工参观总部等企业文化活动，得到了 S 集团上下的高度认可，极大提升了企业和员工对集团的归属感和荣誉感。

专向沟通为利导，固化文化归一感

企业文化的落地需要制度保障，同样，沟通机制的建成也需要制度保证，使企业内部建成的沟通渠道合理化、合法化、有依据、有保障。其中，专业性的文化建设评估是一个重要手段。因为通过专业评估除了可以查找文化建设中的不足和缺陷，也可以从外部专业的角度进行分析，这个过程其实是一个专业沟通的过程。评估形成制度后可以保证文化建设的规范性。

在年度阶段性评估S集团企业文化宣贯工作时，企业文化评估工作组深入该集团各成员企业进行再访谈交流，听取大家对该集团企业文化宣贯工作的意见与建议，总结集团企业文化建设工作经验，查找不足和问题，对集团企业文化建设现状做出基本评价，明确下一阶段集团企业文化建设的方向和任务。

从评估的结果可以看出，各成员企业对集团的归属感和认同感在增强，对集团战略和企业文化的认知度在提高，对集团工作的参与性、积极性也大幅提升，充分说明运用企业文化建设工作的契机，打造集团有效的组织沟通平台取得了成效，为集团整合转型的成功打下了文化基础。

案例

华侨城集团品牌三级管理模式

华侨城集团有限公司是国务院国资委直接管理的大型中央企业，旗下拥有康佳集团、华侨城地产以及锦绣中华、世界之窗、欢乐谷、威尼斯酒店，以及经济型连锁酒店 CITY INN 城市客栈等知名品牌，倡导"人本、创造、坚定、卓越"品牌理念，其核心业务涉及旅游、房地产、通信电子等领域。

华侨城集团旗下，除康佳电子外，几乎所有的产业品牌、子公司品牌均沿用"华侨城"的集团品牌。2006 年换标行动之后，华侨城集团力推集团品牌，并将集团品牌的影响力提到一个前所未有的战略高度。

力推集团品牌，设立三级管理

集团品牌管理，最大的难点在于如何协调集团品牌管理与产业品牌或产品品牌的关系，不仅仅是在各自强调的侧重点上，也包括组织结构的设置与工作任务的分工协作。如果处理得当，两者可以相互促进；否则，很可能造成冲突，浪费资源不说，还容易损害各自的品牌识别。

为配合集团品牌影响力的推广与提升，华侨城集团确立了集团品牌管理在组织上的三级管理模式：

品牌决策委员会——由集团的领导、各子公司集团一把手组成。

品牌管理执行委员会——由集团总部各部门的一把手、子集团分管品牌工作的副总裁组成。

执行委员会办公室——由各子公司专职人员组成。

设立三级管理机构的目的，就在于协调集团品牌与旗下子品牌的关系，以避免集团总部越俎代庖，也避免旗下公司喧宾夺主。

在华侨城集团总部统一管理下，集团组织统一、大规模推广活动，而下属企业则根据这个大的主题做一些相关推广。涉及集团品牌推广的活动,主要由集团来推广。单个品牌的推广则由旗下企业自己承担,费用也独立核算。比较重大的品牌推广计划,提交到执行委员会来讨论,更重要的事则提交决策委员会协商,而日常事务的处理,交由执行委员会办公室操作。比如酒店连锁这一块,它们的品牌运作有自己独立的部门,在这个领域有它们专业性的体现。日常的业务经营集团总部是不介入的,集团总部主要是控制大的活动。

整体趋同下的个性彰显

在不同阶段,华侨城集团品牌所诉求的重点也会体现出差异。通过差异化的诉求,华侨城期望达到的目的是:既要强调集团品牌的影响力,同时也可以彰显业务品牌、产品品牌的独特性。

华侨城的品牌结构分为三个层次:第一层是集团品牌,即华侨城;中间是业务品牌,即华侨城旅游、华侨城地产、华侨城酒店等;然后才是产品品牌,如欢乐谷、世界之窗、波托菲诺、威尼斯等。

从结构上来看,华侨城品牌结构是一种典型的背书品牌:华侨城旅游、华侨城地产、华侨城酒店等都是华侨城集团品牌的背书品牌。在这种品牌结构下,业务品牌视觉形象中,母品牌仍然是主视觉形象。因此,不论这些背书品牌做什么样的推广,其实都会对华侨城品牌产生作用。

多元集团品牌架构决策的核心原则是,确保各个层级品牌联想,尤其是核心价值之间的兼容性。这种形态下,当旗下品牌需要以一个独特个性单独推出的时候,也需要有其独特的品牌个性。而集团和业务品牌、产品品牌在驱动消费者认同中承担不同的功能，才能发挥最佳的品牌力。华侨城集团品牌定位是"提供优质生活的创想家"。不论是华侨城旅游、华侨城地产还是华侨城酒店，其核心价值都在致力于提升生活品质。因此，华侨城集团品牌架构中，各层级的品牌联想、核心价值的同一性要远远大于差异性。而其产品品牌如"用智慧创造欢乐"的欢乐谷主题公园，也正好趋同于集团品牌定位和核心价值。如果去参加旅游交易会，则强调旅游业务品牌；如果是在文博会，则彰显在文化产业的品牌；假如要去参加房地产会的话，就要强调房地产的专业性。

显然，华侨城作为企业集团，除集团品牌应该规划核心价值外，各事业品牌、各产品品牌仍然需要在集团核心价值的统领下形成各自的品牌核心价值，完成更明确的品牌定位，以符合每一个行业的特点，获取不同产品顾客对品牌的认同。

远近相关，各归其所

从华侨城集团未来发展战略来看，旅游和地产仍然是华侨城集团的核心业务。因此，华侨城集团品牌与这两大产业品牌有着最紧密的联系。但这并不意味着集团品牌需要对两大事业品牌起到同样的助推作用。

旅游和房地产两大产业虽然联系紧密，但由于其基本属性不同，市场和消费者有很大差别。对于旅游景点而言，对消费者决策产生主要作用的是旅游产品品牌价值本身，如类型、获得的旅游休闲体验、所在区域、口碑以及价格，至于景区谁来规划开发、建造、管理，并不是消费者关心的重点。基于这种考虑，华侨城与旅游产品品牌之间联系较为松散，以背书品牌形式出现在旅游品牌的推广活动中。

对于房地产市场而言，消费者对品牌关注度大大提高。房地产业进入品牌竞争时代，房地产品牌传递给消费者的是基于品质和服务的综合性体验与承诺。品牌美誉度、企业实力等都是影响消费者决策的关键因素。华侨城房地产与华侨城集团品牌实现高效嫁接，华侨城集团"优质生活创想家"品牌定位直接应用到房地产品牌上，赢得更多消费者对华侨城房地产品牌的认同与喜爱。华侨城房地产品牌知名度、美誉度的提升，反哺华侨城集团品牌，为华侨城集团品牌累积更多资产，并最终使华侨城在房地产业获得更高溢价。因此，华侨城品牌与房地产品牌紧密联系在一起，以双品牌形式出现。

酒店业是华侨城三大核心业务之一，也是集团未来发展的重点板块。华侨城已经形成从经济类酒店到超五星级酒店，由4个酒店品牌组成的全系列酒店品牌布局，并通过与英国洲际酒店集团合作获得成功。从酒店业态看，华侨城集团的酒店业务获得长足发展，需要树立更专业的品牌形象。在完成酒店定位布局基础上，对酒店品牌核心价值进行规划。换句话说，华侨城酒店品牌需要强调专业管理团队、经营理念、独特的风格和人性化的服务，给消费者带来更具联想性、更具可感知价值的品牌定位。

综上所述，在行业与产品单一格局下，营销传播活动都是围绕提升同一个品牌而进行的。随着行业与产品日益繁杂多样，对集团品牌与产业品牌、产品品牌之间的关系进行规划，就成了许多大型企业集团迫切需要解决的品牌问题。华侨城集团品牌管理模式，则提供了可圈可点的经验模式借鉴。

案例————————————————————————

高盛公司的十四条业务原则

高盛集团（Goldman Sachs）1869年创立，是一家历史悠久、国际领先的投资银行和证券公司，总部设在纽约，在东京、伦敦和香港设有分部，在23个国家和地区拥有41个办事处。主要为私营公司、金融企业、政府机构以及个人等各类客户提供投资、咨询和金融服务。

2019年高盛集团位列《财富》世界500强第204位，Interbrand全球品牌百强榜第53位。2020年，高盛集团位列《福布斯》2020全球品牌价值100强第85位，《福布斯》全球企业2000强榜单第47位，《财富》全球最受赞赏公司榜单第27位。

高盛集团拥有强大的国际资本运作能力，善于敏锐发现和捕捉全球各产业领域投资机会，其中，十四条业务原则是其克敌制胜的要诀，具体内容如下：

1. 客户利益永远至上。高盛经验表明，只要对客户尽心服务，成功就会随之而来。

2. 我们最重要的三大财富是员工、资本和声誉。三者之中任何一项遭到损害，最难重建的是声誉。我们不仅致力于从字面上，更从实质上完全遵循约束我们的法律、规章和职业道德准则。持续的成功有赖于坚定地遵守这一原则。

3. 我们的目标是为股东带来优越的回报，而盈利则是实现优越回报、充实资本、延揽和保留最优秀人才的关键。员工大量持股可以使员工与股东的利益协调一致。

4. 我们为自己的专业素质感到自豪。对于所从事的一切工作，我们都凭着最坚定的决心去追求卓越。尽管我们的业务活动量大且覆盖面广，但如果必须在质与量之间作取舍的话，我们首选做最优秀的公司，而非最庞大的公司。

对于单个的个体也是如此，如果精力有限，我们宁愿做更少的事情，将它做好。宁愿将有限的精力放在某个领域中，追求卓越，锻造自己的绝对优势。

5. 我们的一切工作都强调创意和想象力。虽然我们承认传统的办法也许仍然是最恰当的选择，但我们总是锲而不舍地为客户策划更有效的方案。许多由我们首创的做法和技术后来成为业界的标准，我们为此感到自豪。

经验有时候是鲜花，有时候却是枷锁。要勇于突破自我，打破经验，因势施为。

6. 我们不遗余力地为每个工作岗位物色和招聘最优秀的人才。虽然我们的业务额以十亿美元为单位，但我们对人才的选拔却是以个人为单位，精心地逐一挑选。我们明白在服务行业里，缺乏最拔尖的人才就难以成为最拔尖的公司。

7. 我们为员工提供的职业发展进程比大多数其他公司都要快。晋升的条件取决于能力和业绩，而我们最优秀的员工潜力无限，能担当的职责也没有定式。为了获得成功，我们的员工必须能够反映我们所经营的地区内社会及文化的多元性。这意味着公司必须吸引、保留和激励有不同背景和观点的员工。我们认为多元化不是一种选择，而是一条必行之路。

8. 我们一贯强调团队精神。在不断鼓励个人创意的同时，我们认为团队合作往往能带来最理想的效果。我们不会容忍那些置个人利益于公司和客户利益之上的人。

9. 我们的员工对公司的奉献以及对工作付出的努力和热忱超越了大多数其他机构。我们认为这是成功的一个重要因素。

10. 我们视公司的规模为一种资产，并对其加以维护。我们希望公司的规模大到足以经办客户想得到的最大项目，同时又能保持服务热情与团结精神，这些都是我们极为珍视，且对公司成功至关重要的因素。

11. 我们尽力不断预测快速变化的客户需求，并致力于开发新的服务去满足这些需求。我们深知金融业环境瞬息万变，也谙熟"满招损、谦受益"的道理。

12. 我们经常接触机密信息，这是我们正常客户关系的一部分。违反保密原则、不正当或轻率地使用机密信息都是不可原谅的。

13. 我们的行业竞争激烈，故此我们积极进取地寻求扩展与客户的关系。但我们坚决秉承公平竞争的原则，绝不会诋毁竞争对手。

14. 正直及诚信是我们业务的根本。我们期望员工无论在工作上还是在私人生活上都要保持较高的道德水准。

案例 ——————

华电宪章

中国华电集团有限公司简称"中国华电"，是由国务院国资委监管的特大型中央企业、国有独资发电企业。2019年位列《财富》世界500强第386位。

中国华电的标识是以公司英文名称的缩写"CHD"为基础演变而来的图形（见图 5-5）。标识的标准色为天蓝色和海蓝色，天蓝是晴空的颜色，寓意博大、宽广、高远、阳光；海蓝是大海的色彩，寓意睿智、理性、稳健、清洁。以蓝色为主体色彩，代表先进的科学技术和生产力，蕴含强烈的生态文明追求，洋溢可持续发展的生机活力，彰显以人为本、造福人类的宏伟志向。标识集中表达了中国华电团结、向上、高效、合作、环保的企业形象。

"华电宪章"是中国华电践行社会主义核心价值观的具体化，是中国华电的文化宣言、基本方略和行动总纲。"华电宪章"核心要点如下：

图 5-5 中国华电 LOGO

公司使命：创造更大的经济、社会、人文价值

立志图强报国，自觉服务党和国家工作大局，坚定履行国企责任，勇担促进经济发展、社会和谐、人文繁荣之重任，倡行价值思维理念，坚持走安全发展、集约发展、绿色发展、和谐发展之路，努力实现规模速度与质量效益相统一、企业发展与经济社会资源环境相适应、物质文明与精神文明相支撑、企业发展与员工发展相协调，不断创造更大的经济、社会、人文价值，为实现

中华民族伟大复兴的中国梦贡献力量。

公司愿景：打造"六个华电"

打造价值华电、绿色华电、创新华电、阳光华电、法治华电、幸福华电，建成现代化、市场化、国际化的世界一流能源集团。

运用现代企业管理理念、方式、技术，推动企业由传统央企向现代企业转型，实现公司治理体系、治理能力、技术装备现代化。融入全面深化改革浪潮，坚持以市场为导向，建立起符合市场规律、适应市场竞争、跟上市场变化、对接市场需求的经营运作模式。利用国内国际两个市场、两种资源，融入国家"一带一路"倡议，着力在全球范围内配置资源、参与竞争、推广品牌，增强国际化运营实力。通过不断提升现代化、市场化、国际化水平，建成世界一流能源集团。

核心价值：诚信、求真、和谐、创新

以诚信作为企业和员工言行的基本准则，真诚服务利益相关方及社会公众，言必行、诺必践。

以求真作为企业和员工知行的基本遵循，坚持实事求是，一切从实际出发，不断探求事物发展规律，按客观规律办事。

以和谐作为企业和员工修行的自觉意愿，坚持以人为本、致力科学发展、热情服务社会，努力营造企业与员工、社会、自然友好共融的和谐环境。

以创新作为企业和员工前行的不竭动力，倡导创新精神，健全创新机制，鼓励创新行为，始终保持创造活力。

工作原则：四个"有利于"

有利于推进科学发展、有利于提高经济效益、有利于维护和谐稳定、有利于树立良好形象。以"四个有利于"作为开展各项工作的依据、判断是非的标准和决定言行的标准。企业和员工谋划工作、议事决策、日常言行，都要自觉以集团公司事业全局、战略部署、整体利益统一思想和行动；都要自觉将"四个有利于"作为衡量工作可行性、言行正确性、结果有效性的基本准则，勇于创新当行则行，坚持原则逾矩则止。

发展理念：高效、清洁、共赢、持续

坚持以质量效益为发展的主要标准，在发展中调结构，在调结构中提效益，不断促进各产业发展结构科学、布局合理、资产优良、业绩优秀。

坚持运用先进技术保护生态环境、推进节能减排、集约利用资源，努力推动生态文明建设，实现低碳、循环、绿色发展，积极建设环境友好型、资源节约型企业。

坚持与各利益相关方和社会各界真诚协作、互助共赢，在合作中谋求共同发展，在发展中实现互利互惠，以合作意愿、共赢态度携手各方，共同推动经济社会协调发展。

坚持着眼长远利益，追求永续经营，稳健扎实前进，永葆发展活力，持续创造价值，实现企业与社会、员工可持续发展的协调统一。

经营理念：依法合规、精益高效

坚持依法治企、合规经营，落实资产经营责任，严格财经纪律，推行全面风险管理和内控机制建设，构建简明有序、运转顺畅的经营管控体系，不搞违法获利，不踩法律红线，不抱侥幸心理，确保依法合规覆盖全部经营活动，切实防范经营风险，努力实现国有资产保值增值。

坚持精益管理、提质增效，加强集中控制、全面预算、统筹运作、精打细算，注重向存量资产要效益，实施效益全过程贯穿，经营全要素管控，风险全方位防范，着力构建大经营、大财务、大成本的管理格局，走精益管理、集约高效之路，不断提高价值管理水平和价值创造能力。

安全理念：以人为本、全员尽责、防治并举

以保障生命安全、员工健康作为安全工作的出发点和落脚点，全面发动、充分依靠员工做好安全工作，确保做到不伤害自己、不伤害他人、不被他人伤害、保护他人不受伤害。

以全员明责、知责、尽责作为安全工作的行动指针，坚持依法治安，强化红线意识，建立党政同责、一岗双责、齐抓共管责任体系，确保安全责任、投入、培训、管理和应急救援到位，时时、处处、事事绷紧安全弦。

以抓预防、重治本作为安全工作的基本途径，突出预防为主，推动机制创新和技术革新，实施综合治理，努力实现零违章、零缺陷、零隐患、零伤亡、零事故，建设本质安全型企业。

廉洁理念：公私分明、清正廉洁

坚持严以修身、以德立身，时刻保持秉公用权、奉公守法之正气，正确处理公与私、个人与集体的关系，努力做到公私分明、先公后私、大公无私、公而忘私，全心全意为人民服务。

严守道德底线、法纪红线，时刻牢记立党为公、执政为民的理念，严格执行廉洁从业各项规定，努力做到胸怀坦荡、品行正直、正气在身、洁身自好，堂堂正正做人、干干净净做事。

员工守则：

爱国爱企，乐于奉献，共担华电责任；

团结友善，勇于超越，共建华电家园；

勤勉敬业，敢于创新，共兴华电伟业；

严以律己，敏于执行，共守华电规章；

诚实守信，善于合作，共铸华电品牌。

全体员工爱国爱企，乐于奉献，做到爱党爱国爱企、关爱社会、扶贫济困；树立崇高理想，不图安逸、不讲索取，以奉献为荣，同心同德履行责任、共建和谐。

全体员工团结友善，勇于超越，做到忠于职守，善于合作，与企业荣辱与共；解放思想，与时俱进，追求卓越，保持旺盛的创业激情，同舟共济建设家园、美化人生。

全体员工勤勉敬业，敢于创新，做到勤奋工作、兢兢业业、任劳任怨，尽心尽力做好每件事；终身学习、勤于思考、大胆探索、积极变革，齐心协力推进事业发展、基业长青。

全体员工严以律己，敏于执行，做到自重、自省、自警、自励，严格遵守国家法律法规、企业规章制度；令行禁止，全面、迅速、有效地把企业决策转化为自觉行动，勠力同心依法治企、干事创业。

全体员工诚实守信，善于合作，视形象为生命，视诚信为根基；坦诚做人、守信做事，团结协作、共赢互进，共建共享品牌美誉、形象美名。

文化引领发展、文化凝聚意志、文化塑造品牌。华电宪章是中国华电责任担当、理想追求、发展路径、管理思想的集中展示。中国华电及全体员工将华电宪章深植于心灵、融汇于战略、体现于制度、外化于行为，凝聚起实现永续发展的强大软实力。

案例

华为员工行为准则《十六条军规》

华为技术有限公司创立于1987年，是全球领先的信息与通信基础设施和智能终端提供商。华为拥有19.4万名员工，其应用市场（AppGallery）服务于全球170多个国家及地区的30多亿人口。2020年华为列《财富》世界500强榜（企业名单）第49位。

2016年8月，华为发布了《十六条军规（暂定）》。2017年初，华为创始人任正非正式签发了华为《十六条军规》，是对2016年暂定版的修订，是华为对员工管理的再度升级。修订后虽然有21条，但华为内部仍沿用"十六条军规"的提法。

华为的成功绝不是偶然的，主要得益于其"知识分子＋军人能量"聚合的成功，是任正非及其领导团队的成功。《十六条军规》已成为华为员工普遍认同和共同遵循的行为准则，具体内容如下：

1. 商业模式永远在变，唯一不变的是以真心换真金。
2. 如果你的声音没人重视，那是因为你离客户不够近。
3. 只要作战需要，造炮弹的也可以成为一个好炮手。
4. 永远不要低估比你努力的人，因为你很快就需要追赶他了。
5. 胶片文化让你浮在半空，深入现场才是脚踏实地。
6. 反对你的声音可能说出了成败的关键。
7. 如果你觉得主管错了，请告诉他。
8. 讨好领导的最好方式，就是把工作做好。

9. 逢迎上级1小时，不如服务客户1分钟。

10. 如果你想跟人站队，请站在客户那队。

11. 忙着站队的结果只能是掉队。

12. 不要因为小圈子，而失去了大家庭！

13. 简单粗暴就像一堵无形的墙把你和他人隔开，你永远看不到墙那边的真实情况。

14. 大喊大叫的人只适合当啦啦队，真正有本事的人都在场上呢。

15. 最简单的是讲真话，最难的也是。

16. 你越试图掩盖问题，就越暴露你是问题。

17. 造假比诚实更辛苦，你永远需要用新的造假来掩盖上一个造假。

18. 公司机密跟你的灵魂永远是打包出卖的。

19. 从事第二职业的，请加倍努力，因为它将很快成为你唯一的职业。

20. 在大数据时代，任何以权谋私、贪污腐败都会留下痕迹。

21. 所有想要一夜暴富的人，最终都一贫如洗。

案例————————————————————

强生公司信条

强生公司（Johnson & Johnson）成立于1886年，是世界上规模最大、产品种类繁多的医疗卫生保健品及消费者护理产品公司，业务涉及消费品、制药、医疗器材三大领域，在全球57个国家建立了230多家分公司，拥有十余万名员工。

强生公司在百年发展历程中，始终保持不变的是公司信条，该信条深入每个强生员工的心中。强生公司信条被译成近50种语言和方言，在世界各地传播。

强生公司信条的具体内容如下：

我们相信我们首先要对病人、医生和护士，对父母亲以及所有使用我们的产品和接受我们服务的人负责。为了满足他们的需要，我们所做的一切都必须是高质量的。我们必须不断地致力于提供价值、降低成本以及保持合理的价格。客户的订货必须迅速准确地供应。我们的业务合作伙伴应该有机会获得合理的利润。

我们要对世界各地和我们一起共事的同仁负责。我们必须提供包容性的工作环境，并将每一位同仁视为独立的个体。我们必须尊重他们的多样性、维护他们的尊严，并赞赏他们的优点。要使他们对工作有安全感、成就感和使命感。薪酬必须公平合理，工作环境必须清洁、整齐和安全。我们必须支持员工的健康和幸福生活，并帮助员工履行他们对家庭的责任和其他个人责任。必须让员工在提出建议和申诉时畅所欲言。对于合格的人必须给予平等的聘用、发展和升迁的机会。我们必须具备能力出众的领导者，他们的行为必须公正并符合道德。

我们要对我们所生活和工作的社会，对整个世界负责。我们必须在全球更多地方支持更完善的医疗保健服务，帮助人们拥有更健康的生活。我们必须做好公民——支持对社会有益的活动和慈善事业、改善医疗和教育，并缴纳我们应付的税款。我们必须很好地维护我们所使用的财产，保护环境和自然资源。

最后我们要对全体股东负责。企业经营必须获取可靠的利润。我们必须尝试新的构想。必须坚持研究工作，开发创新项目，对未来发展进行投资，承担错误的代价并加以改正。必须购置新设备，提供新设施并推出新产品。必须设立储备金，以备不时之需。如果我们依照这些原则经营，股东就会获得合理的回报。

资料来源：百度文库。

第六章 企业文化整合与融合

CORPORATE CULTURE CONSTRUCTION

在企业并购过程中，企业各成员单位原来各不相同的企业文化共处于一个新的环境之中，经过冲突与选择的互动过程，必然发生内容和形式的变化。一般来说，它会以原有的优势文化为基础，吸收异质文化中的某些优良成分，重塑企业文化。经过整合，新的文化既保留了原有好的特质，又从异质文化中吸收了一些新的特质，再经过一段时间的文化融合，最终形成一种新的企业文化体系。也可以说，企业并购后的文化整合与融合是以原有企业文化为基础，通过扬弃、创新、再造和重塑，最终形成符合企业变化和发展的新文化的过程。

企业文化冲突的根源

企业并购作为企业资本增长和社会资源有效配置的重要方式，具有使企业资本快速增长、降低市场进入和退出壁垒、提高资源配置效率等优势。然而，在过去企业兼并与收购的历史中，真正实现预期目的的案例却不多。可以说，过去 100 年来，兼并与收购的胃口向来很好，并且越来越大，然而大多却消化不良。

企业文化冲突是并购成功的重大障碍。并购后企业战略框架的制定、业务的整合、并购后整合的管理和对企业内外部的沟通都影响了企业并购的成功与否。而企业文化整合又是在并购后整合过程中最困难的任务，因为文化的整合涉及对人的思想和行为的改变。

从理论上讲，通过兼并与收购后的重组和整合，把组织系统、运行程序和操作步骤等有机结合起来，有助于集中资源、产生协同效应、提高效率和节约成本。但是，金融家和并购热情高涨的经理们却容易忘掉一点：企业目标的实现是由人来完成的。如何协调人与事之间的关系，如何发挥来自不同文化背景的员工的积极性和团队精神，是并购整合中的一个难题。

寻找企业文化冲突的根源，首先要寻找企业文化的本质含义。著名组织行为学家沙因提出，企业文化是在一定的社会经济条件下通过社会实践形成并为全体成员所遵循的共同意识、价值观念、职业道德、行为规范和准则的总和，是一个企业或组织在自身发展过程中形成的以价值观为核心的独特的文化管理模式。

大多数人在论及企业文化时首先想到的一般都是企业精神、价值观和行为规范等内容以及工作氛围等，然而企业文化的形成及发展具有其赖以存在的物质基础。回归到企业文化的物质基础，我们就会发现企业文化冲突的根源来自企业成员之间对战略目标、资源禀赋以及各自利益之间的矛盾和冲突。企业是以营利为目的的组织，它的存在有其使命和愿景目标，为达成使命和愿景目标，企业家带领追随者利用现有资源并不断开发新的资源，在这个庞大的组织中寻找各自利益的平衡点。

在组织中，导致企业文化冲突的首先是对战略目标的不认同。企业文化冲突可能发生在企业兼并与重组活动、企业间的合资或合作，乃至任何形式的商业交往中。这一系列冲突的焦点首先集中在对战略目标的不认同、不一致上。组织目标往往是组织的创始人及其领导者个人梦想和追求的体现，而组织成员由于各自文化背景、工作岗位、学历、性别等方面的不同，对目标的关注、理解和认知水平是不同的。有人无法理解，有人反对，有人采取消极盲从的态度，从而表现为人们对企业所倡导的价值观、规范等的抗拒和冲突。

企业文化冲突的另一个根源是组织成员各自资源禀赋的不同，这种文化冲突多出现在规模相当的两家或多家企业的合并重组、合资与合作中。大家走到一起来，必然是要寻求一种价值增值，整合双方的资源，实现整体利益的最大化。然而，人性的弱点往往在这个时候就会显露出来，合作参与者是否真诚地贡献出自己所拥有的特殊的资源禀赋，决定了合作会成功还是会破裂。

另外，各自对不同利益的追逐也会导致文化上的冲突。组织成员一旦加入某一组织，那么，总体来说，他们对组织目标及其行为准则就是接受的，有时虽然是不理解，但屈服于该组织所能带来的种种好处和利益，也会遵守组织的价值准则。然而，人性的贪婪很少有人能够克服。研究企业史会发现，少数克服了人性贪婪的企业家都是极为成功的。由于人性的贪婪而导致的合作者之间利益的冲突往往表现为文化的冲突。

企业需要在战略目标、资源禀赋和利益之间寻找平衡。战略目标是一致的，资源禀赋是平衡的，但各自的利益不一致，也会发生冲突；战略目标一致，利益相同，但在各自所拥有的资源禀赋上无法取得平衡，冲突仍然会发生；利益相同，资源禀赋取得平衡，但对战略目标的认识不同，也无法实现合作。

文化整合是并购成功的关键

> 从长远的角度，我可以指出：是不相容的企业文化而不

是别的什么东西使得好的企业战略遭到了破坏。如果说我从过去三年多的时间里能学到点什么的话，那就是改变战略要比改变文化容易得多。

——罗伯特·鲍威尔

在中国公司的跨国并购中，所有公司都会遇到所谓文化磨合的问题，就是中国人和外国人如何相处。

——柳传志

企业文化整合是手段，融合是目标。

——王吉鹏

文化整合是企业并购整合的核心和关键

企业并购实质上是将不同的企业联合在一起，运用各方的优势资源，实现并购后企业的优化整合、提高生产效益。企业必须认识到，并购行为的结束并不代表并购活动的成功。很多原因都会导致并购失败，其中一个十分重要的原因就是并购后双方企业文化整合的问题。

企业文化作为一种潜在的意识形态，通过影响员工的心理和行为来间接地影响有形资产的利用和整体协作，最终影响企业并购预期目标的实现。不同的企业必然会存在不同的管理风格和文化理念，并购后如果不能使并购双方融合为一个具有共同目标、相同价值观和利益共同感的组织，企业就会变得缺乏凝聚力、内部冲突不断，最终导致并购活动的失败。因此，与其他整合相比，企业文化整合更具深层意义，是企业并购整合的核心和关键。

企业文化整合是企业在并购后整合过程中最困难的任务,因为文化的整合涉及对人的行为、行为规则乃至价值观的改变。许多企业在并购前一般只重视战略和财务因素,而忽略两家企业并购后的文化兼容性。实际上,两家企业并购后的整合,最难的莫过于企业文化的整合。

多项研究表明,企业并购的失败大多出在并购后的整合阶段。真正成功的并购整合,其实是通过各种手段做到让双方员工接受这次并购,并能相互了解、彼此信任,形成对未来目标的共识。这就要求企业将文化整合置于首位,特别是要使双方经理人能够接受不同的思维方式,使双方能在未来企业的价值观、管理模式、制度等方面达成共识。从某种程度上说,并购企业与被并购企业在文化整合中的地位应该是平等的,如果一方一定要争取"强权",有可能为将来留下隐患。

并购过程中,在完成了双方企业文化审慎调查、国家文化比较、并购实施后,并购文化整合小组就需要考虑运用什么样的文化策略才有利于并购后的新企业实现价值。文化是辅助新组织实现愿景、创造价值的重要工具,运用恰当的文化策略对并购后的整合至关重要。

企业文化整合是并购企业持续发展的重要因素

企业的可持续竞争优势来源于有价值、稀缺和不可模仿的资源,它们可以是物质的,也可以是精神的。企业文化是企业在长期发展过程中与外部环境交互作用形成的,这种特殊的交互作用形成了企业组织内独特的经营理念和价值观,以及一套独特的经营惯例和行为规范。[1] 即便其他企业的管理者认识到这种独特的企业文化的价值,也无法简单复制这些惯例和行为规范,因为没有相同的历史背景,或者没有相同的制度环境。因此,优秀的企业文化可以为企业带来可持续发展优势,是企业可持续发展的基本驱动力。

在并购中,双方企业文化的差异本身就是一种资源、一种管理财富,不同的文化观点与视角都能增加解决问题独特的思路与方案。所以,在整合过程中,并购企业要通过分析识别并购双方企业文化的差异和特质,来进行有效的文化整合,取其精华,去其糟粕,选择自己所需的文化要素,获取稀缺的文化资源,打造全新的资源优势,使企业持续快速地发展。

企业并购后的文化整合模式

兼并收购是企业做强做大的重要途径,然而太多的事实表明,企业并购后并不一定就能达到发展预期,甚至很多并购案例以失败告终,其中一个很重要的原因就是企业并购后文化的整合与融合不力。

企业并购后的文化应如何整合?有哪些模式?

仁达方略认为,应该根据兼并重组双方的历史背景、地方文化、发展历程、兼并重组后的战略和双方文化差异的程度等具体情况进行选择。目前主要有四种文化整合模式:覆盖型模式、并

---

[1] 赵惠清.浅谈企业文化在现代企业的作用.湖北成人教育学院学报,2005,11 (2).

存型模式、融合型模式、新设型模式。

覆盖型模式

覆盖型模式是指被并购方完全放弃原有的价值理念和行为方式，全盘接受并购方的企业文化，并购方获得完全的企业控制权。在覆盖型模式下，被并购企业将放弃自己的文化和组织实践，成为并购企业的一部分。此种模式适用于被并购方的企业文化较弱且比较落后，并购方的企业文化强大且非常优秀，这样，被并购企业的员工就会较容易接受或欢迎并购方的企业文化，冲突较少。

并存型模式

在并存型模式中，被并购方的原有文化基本无改动，在文化上保持相对独立。运用这种模式的前提是交易双方均具有较强的优质企业文化，企业员工都不愿文化有所改变；同时，兼并重组后双方接触机会不多，不会因文化差异而产生大的矛盾冲突，两家公司在兼并重组后仍可以比较独立地运作，目的是维持已有的子公司的自治与独立。这种模式在鼓励其业务经营单位发展多元化经营时尤为典型。或者由于双方文化背景和企业文化风格迥然不同，甚至互相排斥对立，在文化整合的难度和代价较大的情况下，如果能够保持彼此的文化独立，避免文化冲突，反而更有利于企业的发展。全球著名的"食品帝国"雀巢集团在全球的并购案中就是如此，努力保持当地企业的管理人员、组织、品牌等，让其独立发展。

融合型模式

融合型模式是指企业兼并重组后两种文化双向渗透，相互融合并发展创新，形成一种包容双方优秀文化特质，且得到双方认可的新文化的文化整合模式。这种模式适合兼并重组双方企业文化都很优秀，文化优势势均力敌，且有共同之处的情况。也就是说，虽然双方文化有所差异但战略性文化差异程度并不太大，在一些关键文化维度上可以形成共识。融合型模式虽然要求被并购企业在法律和财务上成为母公司的一部分，但也允许被并购企业保持一定的自主权和独立性，以保持后者的文化个性。这种模式的一个重要特征就是双方组织间会出现某些文化要素的相互渗透和共享，也就是兼并重组双方都将改变自己的部分文化，同时又从对方吸取一定的文化要素。在这种模式下，双方必须在共同接受的文化基础上，充分理解和让步，并为建立能够跨越文化差异的新企业文化而努力。吉利并购沃尔沃的过程中，在对瑞典公司的文化重构中充分实现了两家企业的文化融合，构建了适合新公司的企业文化，使并购得以平稳实施。

新设型模式

新设型模式是指兼并重组后的企业引入其他优秀企业文化，形成一种全新的企业文化，使双方原有的企业文化完全消失的一种文化整合模式。这种模式适合兼并重组双方企业文化较弱且文化上均存在很大缺陷，同时双方都想放弃原有企业文化，但又不愿接受对方文化的情况。由于双方都不愿接受对方的文化，在进行文化融合时必然面临较大的文化冲突，及时选择引入优秀的企业文化极为迫切。但是新文化能否被员工接受，是否适应企业的发展，仍需要进行评估和预测。在实际的并购案中，由于此种文化重构模式难度和风险较大，采用的很少。

文化的整合与重构是并购重组企业面临的一场文化革命，重视文化重塑，选择合适的文化重构模式，才能形成适合并购后新企业的文化体系，助力企业打造更强的竞争力。

文化整合的模式及选择

并购中文化整合要审慎

克雷夫廷和弗罗斯特（Krefting and Frost，1985）说："我们相信，通过管理文化来改变一个组织的努力会产生积极的而不是强加的结果，这样的努力产生的结果同样是决定性的。由于文化管理的某些后果是无法预料的，因此组织文化的管理过程含有风险。在单一的组织环境中出现多重次文化时，面临的挑战会变得更大。因此，对文化的管理应作仔细考虑，实施应谨慎。"企业文化深深根植于组织的历史之中，并受到企业员工的信赖，因而很难被改变。企业文化作为企业行为的指导力量，可以从日常事件和员工行为中明显观察到。当进行公司并购整合时，两种不同的文化突然发生碰撞，就容易引起矛盾。所以，并购中的文化整合一定要采用审慎法。

文化审慎法概括地介绍了减少并购风险、实现有效整合的一些基本理念和方法。文化审慎法包括五个步骤：收购前筛选；宣布收购后的综合性文化测评；确定冲突、风险、机会和成本；设计并实施合并后的行动计划；合并后对所发现事实的监控和证实。

收购前筛选

在这个阶段，收购企业的视线中已经有了一两个目标，财务分析小组在埋头苦干，律师在整理文件，收购企业也做完了自我评价，但还没有准备好要跟目标企业接触。针对每个目标，要组建一个文化审慎小组，其任务就是确定冲突、风险、机会和成本。每个小组将承担一项细致的数据收集任务，包括收集可以提供目标组织文化信息的公开文件，这项工作的时长不能超过三周。小组成员将收集目标企业的文化物件、价值观和假定方面的信息，他们将寻找诸如此类问题的答案：事情是怎么做成的？决定是如何做出的？什么样的人员和行为可以得到奖励？每一个潜在的信息来源都要加以进一步挖掘，包括年度报告、商业媒介的文章、猎头公司、商学院教授、为目标企业工作过的员工。最后，由高层经理把文化审慎小组收集的综合信息和律师及财务分析小组的结论放在一起，进行整体的权衡，决定是否要接触目标企业。

宣布收购后的综合性文化测评

如果文化审慎的结果显示，并购方和目标企业差距很大，甚至全然相异，并不一定就说明应该放弃交易。这意味着，合并双方必须仔细调整两家企业合并后的关系，更明智的决定可能是让它们完全独立，而不是企图完全融合两种冲突的文化。

综合性文化测评的实施是在宣布进行合并或者收购的计划之后。第1步中收集的信息将提供一套工作假设，并在第2步中加以检验实施。双方可以一起指定两个小组，每个小组都由来自双方的人员组成，一个小组负责核查并购方，另一个小组负责核查目标企业。小组中应该有将来要为交易成功负责的人员，以及对交易持怀疑态度的人员。小组领导应该给每个小组找出 4～6 名公认的聪明睿智、条理清晰、深思熟虑的高素质人员。小组成员的年龄和性别应该有所不同，且拥有在企业分部、职能部门任职的广泛经验。

在进行测评时，小组成员应该注意到，由于现实中合并双方很少有势均力敌的情况，因此目标企业或劣势企业的员工可能会对较为强大的企业的动机产生怀疑和恐惧。还应该注意到，企业往往有多种文化，事实上，在一家全球性企业中，还存在国别文化差异。在这种情况下，小组成员应该关注受合并直接影响最大的企业的主导文化。

基于这一方面，小组的所有成员都将接受关于文化审慎的基本概念、数据收集和阐释、有效访谈以及技术等各方面的培训。第 1 步中所做的简略文化调查必须加以扩展，包括和两家企业思想领袖和中高层经理的会谈。

确定冲突、风险、机会和成本

根据第 2 步所收集的综合信息，小组成员必须努力发现它们所代表的潜在冲突和风险，特别是那些最有可能削弱企业合并价值的冲突。

有一些冲突很可能带来即刻的威胁，一些则会在以后慢慢显现出来。例如，如果薪资和奖励计划造成的巨大差异不能得到迅速有效的协调，合并后的企业将很可能面临有价值的经理和员工的叛离。在戴姆勒-奔驰与克莱斯勒合并的早期,这个问题尤其妨碍了企业整合的努力。

合并/收购决策的最终问题是,实现交易的期望价值将需要花费多长时间。因此,文化差异最终会归结到时间和金钱上:文化差异越大,两家企业实施整合所需的时间越长,最终实现的价值相应地就会越小。在这些假设的基础上就可估计出文化差异的成本。实际上,这是文化审慎发挥作用的时刻:文化差异的风险和成本是否太高,以至于交易不可完成?

设计并实施合并后的行动计划

如果决定继续进行交易,小组成员就必须跟其他同事一起制定行动计划,并组建合并整合小组。他们的结论可用来构建联合企业间的关系。高层经理会在如下几种可能性中做出选择:完全整合两种文化以创造新文化;让目标企业的文化作为收购者的下属文化而存在;消灭目标企业的文化;让两者保留完全独立的文化。这个阶段的目标是确定缩小两家企业的差距所花的时间、资金和管理层注意力的成本是否合理,或者其他方案(如企业分立经营)是否更有意义。

合并后对所发现事实的监控和证实

在传统的合并和收购审慎中,发现欺诈或者潜在法律责任的专家,或揭示会计异常的财务分析人员,只需写出发现的结果,就万事大吉了。与之相比,文化审慎小组的成员则需要在这个阶段成为整个企业的组织见证人。因此,小组成员继续排解企业文化问题、监控整个过程的有效进行,就显得至关重要。这将有助于建立一种文化信息仓库,据此进一步优化并检验文化审慎的方法论，以便在日后的交易中加以运用。

企业文化整合基本模型

仁达方略在多年实证研究和咨询实践的基础上，创建了一套成熟的企业文化整合模型，如图 6-1 所示。该模型基于仁达方略企业文化咨询总模型中的企业文化结构图，从核心理念（主体为使命、愿景与核心价值观）、行为规范、企业制度、文化建设四个方面寻求合并后公司的企业文化融合路径，最终形成既独立又统一、和谐共生的企业文化生态体系。

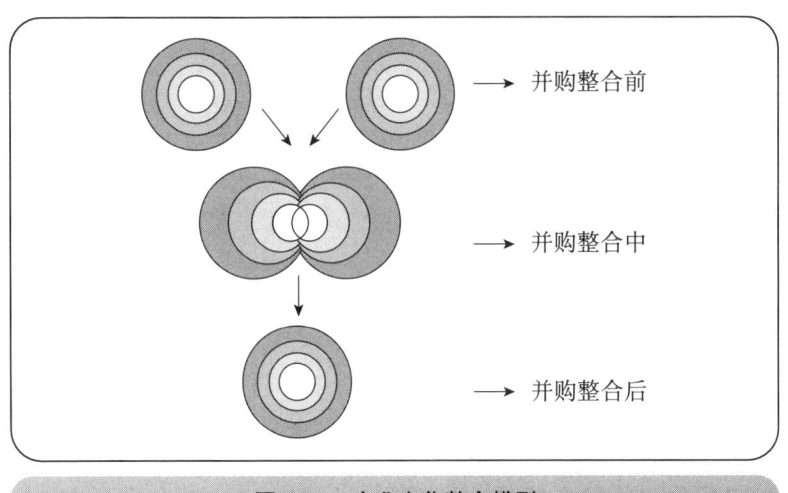

图 6-1 企业文化整合模型

在并购整合初期，被整合的文化在核心价值观层面必须与并购方统一，但是在执行层面，各种经营理念和各公司具体实行的员工行为规范等方面可以具有相对独立性。随着文化的进一步融合，当整个并购整合完成后（可能需要经历一个较长的时期），完美的整合结果是最后回到一个同心圆上。但是，更多的时候，企业文化都是保持在图中第二个层次上，特别是在集团化的企业中，企业文化整合与集团文化、企业文化生态和跨文化沟通等理论需要结合在一起讨论。

对于区域性集团公司、全国性集团公司、实施"走出去"战略的跨国公司来说，在不同的地区，不同的产业，不同的所属成员机构，不同的职能部门，或者不同年龄段、不同学历的员工之间，都会有不同的子文化。

从过去 20 年跨国公司实际发生的情况来看，自 20 世纪 90 年代中期以来，大型跨国公司一直都希望产生一种把公司作为一个整体来看待的全球文化，它们寻求统一的价值观、信仰、规则、制度、行动和行为，甚至着装。然而，实践证明，文化上的完全一体化是不现实的。跨国公司于是提出了"全球思考，本土行动"的经营理念，这与我们提出的企业文化生态体系中"一主多元，尊重个性"是一致的。

企业文化整合的方法

企业文化整合的基本原则

从管理实践的角度说，管理的范围包括事与人两个因子。事的因子主要是指企业的发展战略、业务流程、组织结构等，而人的因子即人和人之间的关系，主要是企业文化层面的东西。但企业文化并不完全就是人和人之间的关系，还包括人对事的态度、人做事的方式等。把管理和文化有机地结合起来，要处理的就是人与事之间的关系，如图6-2管理和文化动因模型所示。

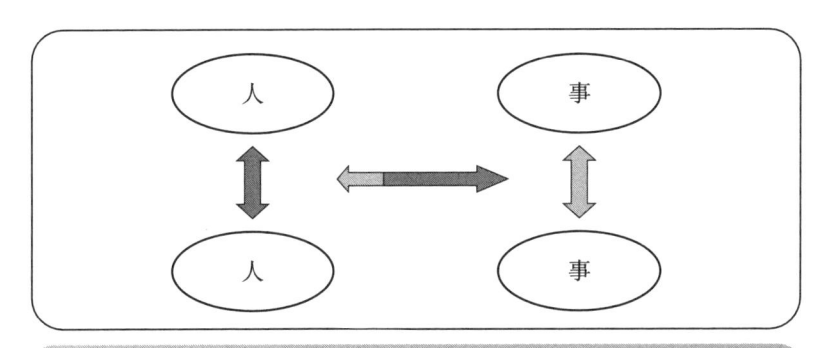

图6-2　管理和文化动因模型

在企业文化整合中，成功的企业一般都坚持求大同、存小异的原则，在使命、愿景与价值观方面建立彼此之间的相互信任，特别是合并企业的领导者要通过实际行动来取得公司核心团队的信任。这需要领导者在主观上重视企业文化因素，并想办法了解各自原有团队的企业文化，并在组织结构、制度和流程方面进行适度的变革。下面是企业文化整合中的一些基本原则：

（1）强加一种不需要的文化并不是一个很好的解决办法，要建立一套和谐的企业文化更加困难，但是，从长远来看，它会取得更佳的效果。

（2）在合并初期就制定文化融合的策略。决定是想维持原有任何一方的文化，还是愿意建立一种融合的文化。

（3）诊断、评估、分析并描述现有的文化。比较双方文化的异同点，这样就可以识别出沟通中发生的文化障碍、文化差异及其他问题。

（4）判断新的文化在合并中所扮演的角色。确定为何需要一种特定的文化,以及从这种文化上将得到什么。

(5) 在双方之间建立"桥梁"。为了增进相互之间的了解,互相协作是最佳的方式。

(6) 为新的文化建立一套基本的体制,包括奖励、认可和考核体系。

(7) 要有耐心。人们需要时间来接受新的企业文化。

企业文化整合的主要内容

如果说企业文化是一棵大树,那么精神文化是大树的根,行为文化是大树的躯干,物质文化则相当于这棵大树的枝叶。三者相辅相成,缺一不可。基于企业文化的层次性,并购后企业文化的整合主要包括三方面内容。

企业精神文化的整合

以树根来比喻,足以说明精神文化在企业文化体系中的重要性。精神文化就是企业价值观、企业精神等意识形态的综合,它反映企业主体的主意识和心理状态,是企业文化的核心。精神文化一方面主导和决定着其他文化的变革与发展,另一方面又是其他文化的结晶和升华。正是由于精神文化的重要影响力以及员工对本企业精神文化的认同感,当企业并购后,原有主体意识可能受到冲击甚至否定,精神支柱发生了动摇,员工必然会产生不安与疑惑,对新企业文化产生抵触、排斥情绪,这种情绪会阻碍文化的整合进程。为确保企业文化整合的顺利进行,首先必须对企业的精神文化进行整合。

(1) 重构企业愿景。愿景概括了企业未来发展的目标和蓝图,是企业哲学中最核心的内容,是企业最终希望实现的图景。[1] 并购后的企业重新构成了一个利益共同体,所有的员工都需要有一个共同的奋斗目标,这个目标既是企业对员工的一种利益吸引,也是企业对员工行为方向的一种界定。因此,并购后的企业尤其需要为员工确立一个清晰可见的愿景,让愿景像灯塔一样为员工指明方向、鼓舞人心,并善于利用愿景的力量,推动文化整合的顺利进行。当员工因共同的愿景而自愿组合在一起、拥护一个共同的文化时,最有可能产生强大的凝聚力。

(2) 明确企业使命。企业使命是对企业基本任务和宗旨的规定,是企业存在意义的高度概括,是企业开展经营活动的依据。明确企业使命,就是要明确企业在实现愿景目标上必须承担的责任和义务。[2] 而企业并购后,双方原有的企业使命既不适合并购后的发展战略,也易引起双方员工的矛盾、冲突。所以,在进行精神文化整合时,要明确企业使命,确定企业核心业务和发展方向,协调内外部各方面的使命追求,统一企业对顾客和社会的责任。

(3) 统一新的价值观。企业价值观是企业内部群体对企业使命、企业经营观念、企业行为准则等问题的基本看法。[3] 如不尽快确定统一的新价值观,员工就不能了解到企业在主张什么、应该朝着哪个方向努力,这样必然会导致企业生产经营活动混乱。因此,企业并购后,首先要进行企业价值观的整合,要以双方原

---

[1] 李家烨. 二十二条军规——公司宪法:企业成功的二十二条职场军规. 北京:中国时代经济出版社,2005.
[2] 斯图尔特·弗格森. 并购整合绩效分析. 北京:清华大学出版社,2005.
[3] 王成荣. 企业文化. 北京:中央广播电视大学出版社,2000.

有价值观为基础,以适应并购企业发展战略为目的,以吸收双方原有精华、摒弃双方原有糟粕为手段,最终形成既适应企业发展又能被企业员工共同认同、共同奉行的具有旺盛生命力的价值观。

(4) 整合企业精神。企业精神是企业在生产经营活动中形成的、能反映员工意愿并激发其干劲的一种意识和活力。企业精神整合就是要借助双方企业精神的力量形成一种文化优势。所谓优势,就是群体内各种力量通过最佳组合而形成的一种优于他人的主体性力量。[1] 如此一来,在企业并购后,这种优势也相应地需要重新进行排列组合。企业领导者要在整合过程中起到主导作用,在对原企业文化进行分析的基础上,吸取总结双方企业精神的优秀部分,并加以升华和扩展,提出新的企业精神。应以典型人物和典型事例引导和启迪员工,加强舆论导向力量,扩展沟通渠道,加大沟通力度,使企业精神不断完善和深化。

企业行为文化的整合

企业行为文化是企业文化之树的躯干,是企业精神文化在企业行为上的体现,是企业的行为准则与规范。行为文化强调的重点是:在员工认同企业精神文化的前提下,从内在性上约束员工的行为,从而成为规范企业行为的内在约束力。[2] 企业并购后,必然会对原有的组织结构、管理制度和行为规范进行重组,在这个过程中,员工常有一种怀旧心理、惯性思维,难以适应这个转变,以至于对新制度产生抵触。因此,在进行企业行为文化整合

---

[1] 王早安.培育企业先进文化 促进企业和谐发展.科技资讯,2006 (23).
[2] 张云红.完美执行之最佳企业文化.北京:中国时代经济出版社,2005.

时，应当在硬性管理制度的基础上发挥人本管理的作用，尽可能提升员工的自我管理和自我约束，激发和调动员工的积极性、主动性和创造性。同时，为了使企业和员工的行为有明确的方向，也要制定一套新的行为规范与规章制度。

企业物质文化的整合

企业物质文化是企业精神文化和行为文化的显现与外在结晶。并购后，企业为了从综合实力方面赢得竞争优势，往往会对物质文化进行整合，以便给社会公众带来全新的印象。企业物质文化整合包括企业产品、企业名称与标识、企业环境、企业广告等方面，对物质文化进行整合，可达到对内、对外两种效用。[①]首先，并购后不同的企业融为一体，势必要重新定义企业的标识与名称，它们是企业个性的凸显、企业身份的表征、企业内涵的彰显。对外向社会公众展示企业的独特与统一，对内强化员工的协同感和对企业文化深层次的理解，有利于稳定员工的情绪，发挥员工的积极性和创造性。其次，企业统一的服装、办公用品等可以使员工产生纪律感和归属感。最后，并购企业培育的新品牌声誉，是向社会公众传达自身文化的重要载体。企业可以通过重新塑造产品魅力以及围绕产品健全一系列服务体系，加快社会公众对企业新形象的接受过程。

企业文化整合的三大阶段、七大步骤

如果以整合为基准，可以将并购的整个过程分为整合前、整

---

① 李艳华、凌文辁. 从新制度经济学看企业文化的性质和功能. 兰州学刊，2006（6）.

合中和整合后三个阶段。整合前是开始寻找并购对象到签订并购协议这一时段；整合中是从并购协议签订之后开始整合到整合完成这一时段；整合后则从整合工作完成之后算起。企业并购中的文化整合问题在整合前、整合中和整合后的整个过程中都要细致地管理。

为此，我们总结了并购企业文化整合管理中三大阶段的七个关键步骤：

第一步：领导高度重视和积极推动；

第二步：评估并购双方企业文化的历史与现状；

第三步：着眼未来，规划企业文化整合和建设战略；

第四步：进行企业文化现状与预期的差距分析；

第五步：实施组织变革；

第六步：对企业文化进行适时监控；

第七步：持续就价值观等问题进行沟通。

其中前四步都是企业文化整合前要做的工作；第五步是企业文化整合中要花大力气做的工作，第五步中各方案的合理性与可操作性很大程度上关系到企业文化整合工作最终的成败；第六步和第七步是在整合后必须持续进行的工作。

三大阶段、七大步骤，环环相扣，每一步都十分重要，操作起来需要庞杂的知识、经验和技巧，以及作为积极并购者本身的直觉。

第一阶段：整合前

第一步：领导高度重视和积极推动。公司领导者对合并后企业文化生态的认知、理解和倡导是一系列整合工作的先导，如果没有最高领导者的积极参与和明确的方向性指导，整合工作往往会陷入泥潭。

纵观不同的企业文化，有其个性的同时也有一种共通的东西：企业文化的核心都是要培育和创造一种符合企业实际、催人向上、开拓创新、永争一流的企业精神。企业文化的魅力在于，利用荣誉感和其他精神动力，使员工自觉、自愿地为企业奉献。所以，企业一把手的自身素质及言行举止与企业文化一脉相承。

企业文化整合工作的推进实施，领导者的积极倡导和模范带头作用同样重要。领导者要首先积极行动起来，率先垂范，加强企业文化的学习与贯彻，从自身做起，要求员工做到的自己先做到，要求员工不做的自己坚决不做，自觉接受群众监督，用良好的形象带动广大员工进一步做好企业文化创新、变革与建设工作。

第二步：评估并购双方企业文化的历史与现状。并购能够很好地表现像企业文化这样无形的因素如何左右几十亿美元及成千上万份工作。并购方与被并购方的企业文化冲突并不是在并购之后才产生的，而是在收购意向传达到被收购公司时就已经产生了，并且伴随着整个兼并交易过程和交易完成的整合时期。因此，有效的文化整合必须建立在对整个并购活动始末（并购前、并购中、并购后）并购方与被并购方文化的诊断、评估、分析和描述基础之上，即做好企业文化尽职调查。

那么，我们在文化调查中评估什么？首先要确定是哪些文化因素影响着并购活动，包括积极、健康的因素和消极的因素。而所有这些文化因素的主体都是企业和企业人，因此我们要从企业和企业人的思想和行为中寻找突破，包括价值观、对企业文化的理解和认知、行为方式、管理制度、制度的执行、组织结构、组织流程等，都可能对并购的成败、并购后文化的整合和集团公司的健康发展造成影响。

第三步：着眼未来，规划企业文化整合和建设战略。规划未来的愿景，既包括新公司的未来愿景和战略，也包括企业文化建设的目标。

企业管理成功的关键在于如何发挥组织能量从而获得成功，这需要从试图说服那些参与人员接纳新的战略开始，也取决于企业成员能否在企业的前景问题上达成一致，最好的方式就是规划共同愿景。明确的愿景给员工以目标和希望，告诉大家未来将是什么样子，同时也给了员工方向，告诉大家应该朝着什么方向努力。在愿景规划中最重要的就是了解员工的动机，只有员工的动机与企业愿景达成一致，才能为企业发展带来无尽的动力。这种规划包括个人动机和工作、事业或使命。

第四步：进行企业文化现状与预期的差距分析。进行企业文化现状与预期的差距分析有助于我们按照正确的方向设计组织变革方案。通过调查问卷设计，可以从六个方面评估领导者的企业文化倾向：管理特征、组织领导、员工管理、组织凝聚、战略目标以及成功标准。问卷共有六个维度24个测试条目，每个维度下有四个陈述句，分别对应着四种类型的企业文化。对于某一特定企业来说，它在某一时点上的企业文化是四种类型文化——宗族型、活力型、层级型和市场型——的混合体（见图6-3）。领导者企业文化倾向评估问卷（L-PCAI）评估结果为企业文化建设者和人力资源工作者提供了了解公司企业文化态势、制定培训计划的方向性指导，使高层管理人员更加清晰地了解自己公司的文化现状和对预期文化的期望，从而有助于制定合适的企业文化建设发展规划。

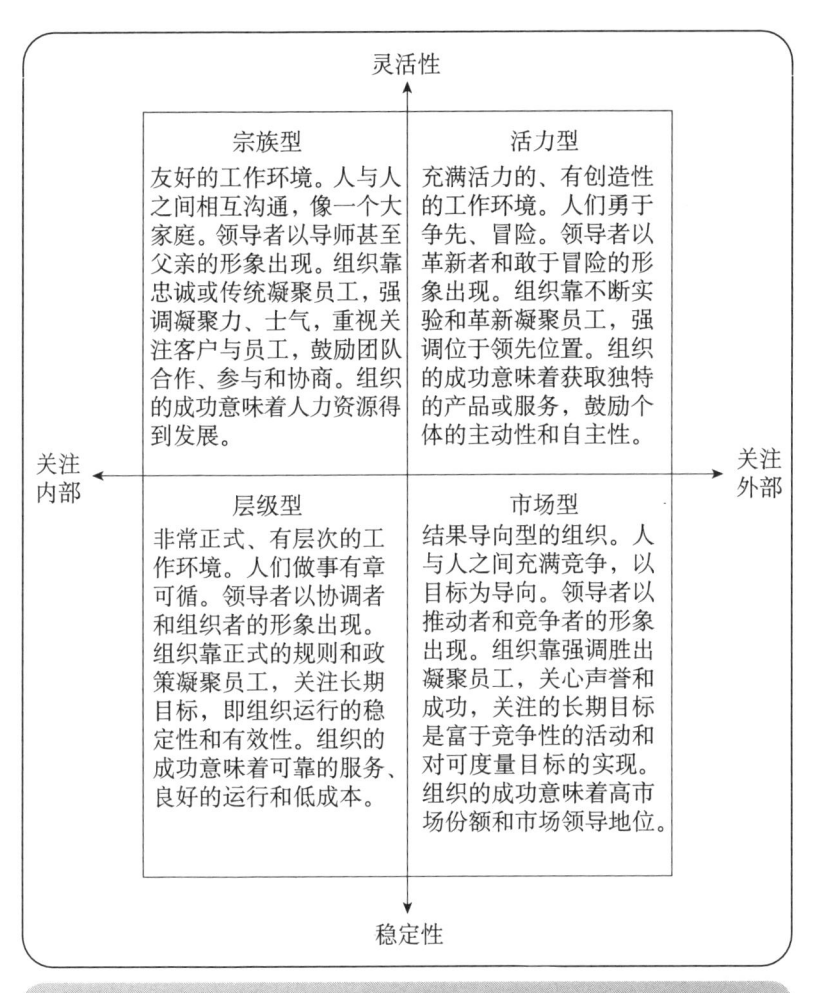

```
                        灵活性
                          ↑
    ┌─────────────────────┼─────────────────────┐
    │    宗族型           │    活力型           │
    │  友好的工作环境。人  │  充满活力的、有创造性│
    │  与人之间相互沟通，  │  的工作环境。人们勇于│
    │  像一个大家庭。领导  │  争先、冒险。领导者以│
    │  者以导师甚至父亲的  │  革新者和敢于冒险的形│
    │  形象出现。组织靠忠  │  象出现。组织靠不断实│
    │  诚或传统凝聚员工，  │  验和革新凝聚员工，强│
    │  强调凝聚力、士气，  │  调位于领先位置。组织│
    │  重视关注客户与员工， │  的成功意味着获取独特│
    │  鼓励团队合作、参与  │  的产品或服务，鼓励个│
    │  和协商。组织的成功  │  体的主动性和自主性。│
    │  意味着人力资源得到  │                     │
关注│  发展。             │                     │关注
内部├─────────────────────┼─────────────────────┤外部
 ←  │    层级型           │    市场型           │  →
    │  非常正式、有层次的  │  结果导向型的组织。人│
    │  工作环境。人们做事  │  与人之间充满竞争，以│
    │  有章可循。领导者以  │  目标为导向。领导者以│
    │  协调者和组织者的形  │  推动者和竞争者的形象│
    │  象出现。组织靠正式  │  出现。组织靠强调胜出│
    │  的规则和政策凝聚员  │  凝聚员工，关心声誉和│
    │  工，关注长期目标，  │  成功，关注的长期目标│
    │  即组织运行的稳定性  │  是富于竞争性的活动和│
    │  和有效性。组织的成  │  对可度量目标的实现。│
    │  功意味着可靠的服务、 │  组织的成功意味着高市│
    │  良好的运行和低成本。 │  场份额和市场领导地位。│
    └─────────────────────┼─────────────────────┘
                          ↓
                        稳定性
```

图6-3　领导者企业文化倾向评估问卷企业文化特征矩阵示意图

第二阶段：整合中

第五步：实施组织变革。在明确了企业文化整合和建设战略规划，并且对企业文化的历史、现状和预期进行了充分评估的基础上，整合工作就进入了实施阶段，也就是要着手设计组织变革

方案并进行推进实施。这里所讲的组织变革并不仅仅是组织结构和部分制度的调整,所有的变革层面都基于重新审视过的公司使命、愿景、战略与核心价值观。

在并购整合过程的一系列整合活动中,组织结构变革的实施是阻力最大、实施起来最为艰难的。由于改革的阻力通常会以多种形式出现,因此在管理变革过程中,必须能够及时地发现它们。研究表明,组织成员抵制变革也是组织变革实施困难的一个重要原因,有时组织成员甚至会对变革产生强烈或者一致的反抗。其实,出现这些阻力也不难理解,因为组织变革必然会带来利益的调整,许多成员的利益将会在变革中受到侵害,因此,他们表现出不愿意承担责任、对改革小组施加压力等。

第三阶段:整合后

第六步:对企业文化进行适时监控。企业文化整合工作完成后,企业文化管理的工作还远没有结束。这时,企业文化从项目工作方式转向企业文化的日常管理,一些公司会专门设立首席文化官或企业文化处来专门处理企业文化的日常管理工作。在企业文化整合的工作完成、企业文化处于稳定阶段后,仍然需要对现有的企业文化状况进行适时的观察、监控和考核。

考核与激励是一种很好的方式,在高管人员和各部门负责人的年度考核中加入企业文化管理的指标,设以一定的权重,这样有助于激发各层级领导者重视和推动企业文化管理工作。

第七步:持续就价值观等问题进行沟通。并购文化整合中最核心的问题,就是在企业核心价值观上取得统一,逐步让全体员工认知、理解、接受和认同,并自觉转化为行动。这就需要持续就价值观等问题与各层级员工进行广泛深入的沟通，必要时通过加强考核来推动。

价值观在企业中的沟通渠道有两种方式：正式的和非正式的。正式的沟通渠道一般是自上而下的遵循权力系统的垂直型网络。非正式的沟通渠道常常称为小道消息，它可以自由地朝任何方向运动，不受权力等级的限制。

正式沟通是指在组织系统内，依据一定的组织原则所进行的信息传递与交流。例如组织与组织之间的公函来往，组织内部的文件传达、会议，上下级之间定期的情报交换等。另外，团体所组织的参观访问、技术交流、市场调查等也在此列。正式沟通的优点是沟通效果好，比较严肃，约束力强，易于保密，可以使信息沟通保持权威性。重要的信息和文件的传达、组织的决策等，一般都采取这种方式。其缺点是依靠组织系统层层传递，较刻板，沟通速度慢。

非正式沟通指的是正式沟通渠道以外的信息交流和传递，它不受组织监督，自由选择沟通渠道。例如团体成员私下交换看法、朋友聚会、传播谣言和小道消息等都属于非正式沟通。非正式沟通是正式沟通的有机补充。在许多组织中，决策时所利用的情报大部分是由非正式信息系统传递的。非正式沟通的优点是，沟通形式不拘，直接明了，速度很快，容易及时了解到正式沟通难以提供的"内幕新闻"。非正式沟通能够发挥作用的基础，是团体中有良好的人际关系。其缺点表现在，非正式沟通难以控制，传递的信息不确切，易于失真、曲解，而且可能导致小集团、小圈子，影响人心稳定和团体的凝聚力。

随着互联网和移动互联技术的发展，人们对于传统正式沟通渠道越来越不屑一顾，员工往往对正式的、强势的价值观灌输方式持反感的态度。而非正式的、水平的公司员工个人之间的沟通网络对于价值观信息的传递显得尤为重要。将正式的与非正式的沟通渠道相结合，为员工提供良好的企业价值观信息来源与有效的反馈，对于加强企业文化十分重要。

延伸阅读

并购企业文化整合：谁牵着谁的鼻子走

近年来，我国境内企业并购后，文化整合方面出现了一些非常有趣的现象。

很多国企实施跨国并购战略后，不知不觉企业文化跟着境外公司的文化走，越来越像外企，说不清楚是为什么，公司领导者也很困惑。

中国企业在并购后的文化整合中，认不清文化管理的本质，盲目跟风，迷失了自己。

通常来讲，国企实施并购战略，除了资本本身的吸引力，更多是想引进外资企业的先进管理、经营模式和文化理念来提升自己。因此，借并购之契机，文化整合唯恐改得不彻底：劳工关系一律聘用制；待遇要公开化，取消各种隐性福利待遇；要"以岗定薪"，体现不同岗位之间的待遇差别；"工龄""资历"不适合再提了，要取而代之以"能力""绩效"，将员工和企业的关系界定为市场化的劳资关系；原先的企业内部培训机构——党校、政校、职校职能弱化甚至被取缔，老"三会"（党委会、职代会、工会）退位，代之以新"三会"（董事会、监事会、股东会）。文化整合有全盘西化趋势，出现了"不知不觉企业文化跟着被并购外方公司的文化走"的现象。

究其缘由，境内企业实施跨国并购、文化整合，学的都是管理的表象，而非本质。

文化管理的目的是提高效益和效率。中国国情、民情和文化特殊，以前在文化管理上做得不够好，不一定是手段错了，也许是更为综合的原因造成的。外企文化管理的做法是建立在外国的文化土壤之上的，我们应先分辨清楚，再拿来所用。

此外，在企业并购以后，必然带来不同文化的交汇、冲突和融合，企业文化发生变异是再正常不过的事情。且合资方有文化强势方和文化弱势方之分，决定强弱势的因素包括哪种文化在社会中占据主流、合资双方的股权比例、谈判地位、管理变革的话语权属于谁、人员构成比例如何等。在文化融合中，强势方的文化因子会更多被保留下来，而弱势方的文化则往往要进行大幅变革。当然，管理层经营意图及对文化有意识的引导对文化整合变革趋势起着重要作用。无论如何，并购过程中如果不对文化进行有意识的整合引导，就会出现强势压倒弱势的情况。

调查发现，本土企业实施并购、文化整合的过程中，普遍存在对自身文化"一竿子打死、全盘否定"的现象。文化的流失让人心疼。实际上，国企在长期发展中也积淀了丰厚、优秀的文化要素，如家庭式关怀氛围、忠诚、奉献、吃苦精神等，激励着一代又一代人创造出辉煌业绩。然而，这些文化要素都是零碎的，没有经过系统的提炼整合。这样的文化形式与外企形成鲜明对比，两相比较之下，强弱立现，导致并购国企在文化整合中迷失了自己，只好跟着别人走，被人牵着鼻子走。

值得注意的是，强势文化未必就是"好的"，弱势文化未必就是"坏的"。仁达方略认为，能够提升员工行为、推动企业发展的企业文化才是好的。

由此可见，并购国企该"找自己"了！就算现在没有并购，也要找自己；跨国并购引入外资，更要找自己！并购企业的文化整合从来就不是简单地"一刀切"就能解决的问题。并购前，国企必须对自身文化做一个全面提炼：我的传统是什么？哪些因素对我现在的发展是不利的？哪些因素是要更加发扬提倡的？运营管理上存在什么问题？管理和文化如何互相反映、互相促进？对诸如此类重大问题必须有全面的认识，这样才能在与被并购方的谈判中、并购后的文化整合中真正发出自己的声音。只要经过系统的准备、积极应对，并购国企完全可能在新的产权结构下对自身文化进行扬弃、提升。

可见，在实施跨国并购战略与外资文化融合的过程中，不必盲目学习任何一方的表象管理做法，应认真分析双方的文化，解析文化管理的难点，融汇被并购企业的先进管理理念，明确本企业文化建设与文化管理的方向，制定适合的文化整合管理方法，才能从根本上解决上述难题。

综上所述，并购国企的文化整合中，对于自身文化的提炼总结必须是反映客观现实的，而非表面文章。绝不能再走以前企业文化建设的老路，既不能妄尊自大，也不要妄自菲薄，而要相互借鉴、兼容并蓄。总之，就是不要再被人牵着鼻子走了。

案例

盈天医药并购同济堂：中药文化整合

盈天医药在 2013 年下半年对贵州同济堂进行并购，并开始进行企业文化整合。到 2013 年 10 月文化整合完成第一阶段，整合过程中整个公司人员基本稳定，业绩平稳增长，整合效果良好，成为 2013 年国内医药企业整合的成功案例。

盈天医药概况及其企业文化

盈天医药集团是在香港联合交易所主板红筹上市的大型综合性现代医药企业，是集医药研发、生产、流通为一体的医药产业集团，由国资委下属中国医药集团控股。下辖企业包括广东环球制药有限公司、佛山德众药业有限公司、佛山冯了性药业有限公司、佛山冯了性药材饮片有限公司、山东鲁亚制药有限公司等。集团产品鼻炎康片深受消费者喜爱，冯了性风湿跌打药酒历经 380 余年长盛不衰，深受一代又一代病患的欢迎。

要么被竞争对手淘汰，要么被"大鱼"吃掉。盈天医药作为中国医药集团打造百亿中药板块的重要平台，处在这样一个并购浪潮中，通过并购进行公司的扩张是必选之路。

盈天医药 2005 年完成第一次企业文化提炼，2011 年并购德众后进行了优化，形成以下内容。

公司使命：服务人类健康、提升生命质量、创造快乐人生。

公司愿景：光大历史品牌，传承四百年南药精髓；优化传统资源，缔造跨时代医药传奇。

公司精神：和谐、奋进、快乐。

公司核心价值观：诚信做人，用心做事，乐于感恩，勇于担当。

公司管理理念：实事求是，数据说话；优化流程，效率为准。

公司质量精神：精益求精钻工艺，一丝不苟做好药。

同济堂概况及其企业文化

贵州同济堂制药有限公司是一家历史悠久的企业，是贵州中药行业闻名遐迩的老字号。同济堂始创于清光绪十四年（公元1888年）。多年来，同济堂一直把"同心协力，济世活人"作为企业的精神，始终坚持传统中药特色，弘扬中华医药文化，以药品疗效好闻名省内外。在贵州省众多医药企业中，是唯一获得国家授予"中华老字号"殊荣的医药企业。2008年，贵州同济堂的中药文化成功入选"第二批国家级非物质文化遗产"名录，成为国家重点保护的非物质文化遗产。

同济堂在2011年完成企业文化提炼，提出了以下内容。

企业理念：同心、同德、同济堂。

企业精神：锲而不舍、追求卓越！

同济堂核心价值观：任人唯贤，以人才为中心；遵从任务，完美执行，奋力拼搏，创造奇迹。

同济堂司训：不停地奔跑、不停地演讲、不停地学习！特别能吃苦、特别能战斗、特别能学习！

同济堂使命：让中医药走向世界，造福人类。

同济堂愿景：让同济堂成为中国中医药企业的领导者，让员工过上富裕、健康、有尊严的幸福生活！

同济堂"六荣六耻"：以热爱公司为荣，以损害公司为耻；

以真实业绩为荣，以虚假业绩为耻；以艰苦奋斗为荣，以好逸恶劳为耻；以遵章守纪为荣，以违规触线为耻；以团结合作为荣，以损人利己为耻；以诚实守信为荣，以见利忘义为耻。

并购过程介绍

2013年5月，中国医药集团下属公司盈天医药集团与上海复星集团、同济堂董事会主席王晓春达成一致，盈天医药集团将斥资26.4亿港元全资收购同济堂。同济堂原股东上海复星集团同意转让其持有的同济堂32.1%的股权，作价8.47亿港元，王晓春控制的Hanmax Investment Limited则转让同济堂剩余67.9%的股权，作价17.93亿港元。2013年7月，经董事会研究决定，由原盈天医药总裁杨斌担任并购后公司总裁，原同济堂董事会主席王晓春担任常务副总裁兼任公司营销中心总经理。从2013年7月开始，正式对两家公司进行全面的整合。首先由王晓春主抓拥有4 000多名营销人员的营销中心整合。2013年11月，营销整合的第一阶段基本完成，2013年11月底开始对生产中心、财务中心、研发中心等其他中心进行整合。

并购过程中的主要内容包括：

（1）2013年7月，盈天医药正式并购同济堂之前，公司首先将双方的总监级及以上人员汇集到云南腾冲，召开了腾冲会议。这次会议让双方的高层初步相互认识，并对接下来整合的整体思路进行商讨和确定，其中特别对整合后公司的愿景进行了明确，提出打造百亿中药平台的新愿景。

（2）在正式整合的大幕拉开之前，公司给每个员工发了一封名为《同一个家、同一个梦》的信，内容摘要如下。

同一个家、同一个梦

致同济堂药业、盈天医药全体员工：

由中国医药集团控股的盈天医药与同济堂药业的重组合作已经拉开大幕，2013年5月24日，香港红筹上市公司盈天医药发布公告：收购同济堂中药全部股权，同时公司名称将由盈天医药更名为中国中药。在不远的将来，在这次重组合作胜利完成的那一天，我们将有一个共同的家：中国中药。

(3) 根据之前在腾冲会议上确定的整合思路，公司高层确定将公司核心价值观内容的整合放在所有整合的最前面，要求人力资源中心尽快完成新企业文化的提炼。人力资源中心通过沟通商讨，确定融合后的企业文化主要包括：

公司理念：关怀生命、呵护健康。

公司使命：承中药之精髓，扬国药之精髓，铸人类之健康。

公司愿景：打造百亿中药平台，成为中药行业的领导者；让员工过上富裕、健康、有尊严的幸福生活。

公司精神：和谐、奋进、快乐。

公司核心价值观：诚信做人，用心做事，锲而不舍，追求卓越。

公司管理理念：实事求是，数据说话；优化流程，效率为准。

(4) 确定新的组织结构。

(5) 确定各级管理人员。

(6) 确定各项工作流程。

(7) 召开所有新任命经理级的全体会议。

(8) 建立沟通平台。

(9) 整合薪酬体系。

(10) 公司高层组成工作组全国调研、现场办公。

借鉴与启示

并购过程中有很多问题要处理，文化的整合是其中最为关键的环节之一，盈天医药从2013年7月整合到2014年2月，员工离职率保持在30%左右，这样的离职率和过往两家公司的离职率基本相当。同时公司2013年完成了全年确定的销售任务，销量保持了增长。应该说，短短几个月的整合过程、4 000多名销售人员的整合工作，目前来看交出的答卷比较令人满意，无论是医药行业同行还是中国医药集团，都对这次并购给予了高度的评价，而文化的整合在这个过程中发挥了极为重要的作用。希望以下总结出来的盈天医药并购同济堂的成功之处能够为身处高速并购浪潮中的中国企业，特别是医药企业的并购提供宝贵的经验。

第一，并购前对并购对象文化的了解和评估。

所有并购之前，一般都会安排相关会计师事务所进行尽职调查，实际中尽职调查大部分集中在财务、法律和运营方面。加之调查的深度有限，对于文化的了解和评估很多时候都比较缺乏。在并购前了解对方的文化内涵其实是比较难的，但在并购中，对于对方文化的了解和评估对后期的文化整合是非常重要的。盈天医药在文化的了解方面没有进行系统的评估，也没有像某些外企那样通过第三方来评估，盈天医药总裁杨斌从并购之初就关注这一方面的内容，因此在谈判之初，就非常关注对同济堂文化的了解，在确定双方有很多共同点之后，才最终确定进行并购。当然，个人获取的信息有时难免片面，但对于文化的关注和了解在接下来的文化融合中起到了预判的作用，也为很多问题的出现提前做好了方案。

第二，文化整合的模式和具体方案。

文化整合之初，首先要根据并购的情况和原有企业文化的情况确定文化的整合模式。因为模式的选择将决定接下来的具体方案。模式选定之后，就应该做好详细的方案，包括文化整合涉及的部门、整合的节奏、人员分工、汇报体系、出现问题的解决预案等。整合一旦开始，将发生各种情况，因此应该在整合方案中对于突发情况有所预判，准备相应的方案。如果之前没有做好预案，遇到问题再去逐个解决将影响整合的进程。盈天医药这次并购是强强联合，两家公司过往企业文化的强度都较高。因此在并购之始就明确了文化整合的模式是融合型，要在过程中吸收双方原来好的文化内容，形成新的文化要求。

第三，高层重视，行动迅速。

文化整合过程中高层的支持非常重要，高层要为整合提供资金和其他资源。更为重要的是，高层要参与，为整合的执行提供指导和意见。很多公司的文化整合仅仅由人力资源部门牵头来做，结果到最后没有足够的支持，不了了之。对于盈天医药与同济堂的文化整合公司高层从整合之初就非常重视，在整合过程中给了非常大的支持，这些支持正是文化整合能够高效落地的原因。

第四，建立良好沟通的平台。

在并购过程中，沟通是非常必要的。在整合之初，特别是很多基层员工，面临心理上的震惊。新形势的不确定性让他们焦虑、没有安全感，他们迫切地需要得到关于公司、他们自己岗位未来的信息。同时，如果公司和他们的信息沟通不通畅，他们没有得到正面的公司信息，很多人便会惴惴不安地猜测，到处打听消息。为了避免员工不信任从而造成谣言纷飞的局面，公司应该尽快明确告知企业的实际情况、将会实施的方案，以及日后的工作。

在整合开始之后，随着公司新的架构、任命、政策的下发和执行，到底这些新的东西能否结合公司实际，真正发挥作用，公司需要有一个信息反馈的渠道。同时由于整合，在人员分工、市场划分过程中，是否存在不公的情况等问题，公司都需要有一个健全的沟通渠道去获取信息。这些信息的获取一方面便于对接下来的计划进行修改和调整，另一方面通过帮助员工解决他们提出的问题，有利于建立员工对于新公司的信心和认可。

第五，持续传递正能量。

文化的整合对于所有人来说都意味着改变，无论是思维，还是行为模式。在这个过程中有被动改变的，也有主动调整的。但整合中，负面的情绪、焦虑难免积累和弥漫，影响整体士气。哪怕是第一个阶段完成后，公司的整体士气也会大不如前。因此，在文化整合中持续传递正能量，有利于新文化的落地。

盈天医药在第一阶段的整合完成后，出台了员工内部提拔原则，开始进行管理干部内部竞聘。这些工作都是在向全体员工表明，在新的形势下，只要是人才都能得到公司的重用。同时公司出台"木棉花荣誉体系"，通过奖励优秀员工，让整个公司为之一振，让正能量在整个公司中不断传递。

资料来源：谭辉. 盈天医药并购同济堂企业文化整合案例分析. 广州：华南理工大学，2014.

第七章

跨文化管理

CORPORATE
CULTURE
CONSTRUCTION

经济全球化趋势愈演愈烈，中国企业走出去的过程中，企业的高层领导和相关工作人员如果缺乏跨文化交流和沟通的知识和技巧，各地区之间、各民族之间的文化差异就会产生误会和不必要的摩擦，影响工作效率，增大内耗。驾驭文化差异将成为企业国际化面临的巨大挑战。

异地文化不仅会对跨国经营产生阻碍，还具有排他性，通过跨文化管理，才能达到相互间的沟通和互融，消除文化障碍。跨文化管理是时代发展的产物，全球化经济的到来使得来自不同文化的人们在一起工作，进行各种商务活动。简要地说，跨文化管理就是企业进行跨国经营时对企业中来自不同文化背景的人员进行管理，跨文化管理的关键是解决文化冲突。

跨文化企业文化冲突的诱因

造成文化差异的五个维度

文化差异与文化冲突是经济全球化下企业发展中不可避免的一个问题。文化差异是指不同国家、民族间文化的差别，包括价值观、传统文化、宗教信仰、语言、思维方式、行为准则、习惯等方面；文化冲突是指不同形态的文化或者文化要素之间相互对立、相互排斥的过程。它既指企业在跨国经营时与东道国的文化观念不同而产生的冲突，又包含在一个企业内部由于员工分属不同文化背景而产生的冲突。实际上，跨国企业在文化整合上面临的不仅是企业层面的文化差异及冲突，还包括国家文化的差异及冲突。

在跨文化企业中，不同民族文化背景的员工不可避免地会产生文化误解与冲突。为了解决民族文化差异带来的问题，许多学者研究了这项课题，其中最引人关注的是荷兰学者霍夫斯泰德。他通过大量的数据分析和研究发现，造成文化差异的深层因素包括五个方面：(1) 个人主义与集体主义；(2) 权力距离；(3) 不确定性规避；(4) 价值观的男性维度与女性维度；(5) 短期目标与长期目标。

个人主义与集体主义

个人主义社会指人与人之间的关系较为淡薄的社会，人们只顾及自己及其直系家属。而在集体主义社会，人们一出生就结合在强大紧密的集团之中，这种集团为他们提供终生的保护，而他们反过来也毫无疑问地忠诚于自己的集团。个人主义和集体主义这一范畴与下列各项"工作目标"的重要程度密切相关。

归入个人主义选择标准的有：

(1) 个人时间——选择一份能给你留出足够时间去安排个人或家庭生活的工作；

(2) 自由——有相当多的自由，可按自己的意愿寻找工作；

(3) 竞争——选择富有挑战性的、可以在工作中获得个人成就感的工作。

归入集体主义选择标准的有：

(1) 培训——有培训机会（提高技术或学习新技术的机会）；

(2) 物质条件——有较好的、有益身心健康的工作条件（通风、光线充足、工作空间宽敞等）；

(3) 学以致用——在工作中充分利用和发挥所学技能。

处于个人主义文化中的员工往往希望按照自己的兴趣行事，工作应该按照员工意愿与雇主利益相一致的方法加以组织。员工被看作"经济人"，或经济与心理需求相结合的人。在集体主义文化中，雇主绝不会把员工作为单独的个人，而是把他作为从属于某一集团的人，员工将会按照这个集团的利益行事。个人主义社会的管理是管理个人，平常下属可以单独调动。如果发放奖金或给予鼓励，应该根据每个人的工作表现。集体主义社会的管理是管理一个个集体，人们所处的情况不同，在实际感情上同工作集体保持一致的程度也会有所不同。

个人主义文化中无一例外地建立了管理技术和训练计划，培训第一线管理者的标准内容是如何进行工作评价谈话，即定期对下属的表现进行总结回顾，这可以作为目标管理的一部分。在集体主义社会中，公开地同下属讨论其个人表现，可能同团队和睦的准则相抵触，下属会感到有失面子，难以接受，往往会通过比较微妙而又间接的方式交换个人意见。

权力距离

权力距离是一个国家的组织和机构中，权力较小的人期望和接受权力分布不平等的程度。在企业管理中，通过权力距离可以分析组织成员对权威的态度和感觉，相应地可以判断组织结构是倾向于集权还是倾向于分权、管理风格如何、组织结构是否扁平化等。

以企业为例，在权力距离大的情况下，上下级认为彼此之间天生就不平等。在组织结构设计中，尽可能地把权力集中到少数人的手里，下属应该按上级的要求办事。还有很多监督人员被安排在高层，他们互相报告。从工资制度可以看出，上下级的收入差距很大；工人的教育水平相对较低，干体力活的不如坐办公室的地位高；上级能享受特权，上下级的联系应该只是上对下的。

在权力距离小的情况下，上下级认为彼此天生是平等的，所谓的等级只不过是大家的职务不同而已，组织结构设计是为了工作方便。大家的职务可以变换，今天还是我的下属的人，说不定明天就成了我的顶头上司。上下级的工资差别也相对较小；工人都训练有素，高技术的体力活比低技术的文职工作地位高；上级人物享受特权基本上是不受欢迎的；上级经常与下属联系，上级在做一项与下属工作有关的决定时会和下属商量，最终决策也往往易于接受。

不确定性规避

所有人都必须面对这个事实：我们并不知道明天会发生什么事情。未来是不确定的，而现实中的我们又不得不和不确定的未来联系在一起。极端不确定的事物会产生不能忍受的焦虑和紧张。不确定性的感受不仅是个人的事情，而且是与一个社会中的其他成员共同体验到的。对不确定性的感受和处置方式是一种社会的文化遗产，这种文化遗产是通过社会中的基本机构不断加以强化的。在企业中，它们反映了企业成员集体持有的共同价值观。

规章制度在工作场所中的作用是非常显著的，这些规章制度有些是成文的，有些是不成文的，但都是为了规范工作场所中人们的行为，让他们明确自己的责任、义务和权力。为了保证正常开展工作，各个组织中还有许多内部规则和制度，这些都与权力距离有关系。如果一种文化的权力距离很大，那么组织内部的规则和制度就起到保障各级领导层行使权力的作用，对法律和规章制度的需要并不是一种基于纯粹逻辑上的考虑，而是一种基于心理—逻辑的考虑。

根据程度的不同，不确定性规避可以分为强不确定性规避和弱不确定性规避两种情况。在强不确定性规避文化中，对规章制度的需要更多是情感方面的考虑，人们觉得在结构化的环境中工作更舒适、更顺畅，任何事情都要有组织地系统化，尽可能少出意外。强不确定性规避文化对法律、规章制度的需要是以情感为基础的，这将导致一些规章制度或由规章制度约束的行为发生变异。在弱不确定性规避文化中，人们对于成文法规在感情上是接受不了的，在实践中却普遍尊重。在强不确定性规避工作环境中，人们工作很努力，起码是一天到晚忙个不停，生活节奏非常快；在弱不确定性规避工作环境中，如果需要的话，人们工作起来也很努力，但并不是由内在的力量驱动终日忙碌，人们希望能有充裕的时间放松，时间只不过是个参照标准，没有必要总是看表，和时间赛跑。

欧洲工商管理学院通过问卷调查，发现下列问题都与不确定性规避指标有强相关关系：

（1）若能永远消除冲突，则大多数单位会变得更好。

（2）领导者应该能够准确回答下属提出的问题，这样下属才能提高绩效。

（3）如果想让一个有能力的人去做适当的工作，你应该给他非常详尽的工作指示。

（4）当一个部门中的工作人员职责不清时，你最好给每个人都下达一份详细的职位说明书。

（5）无论在何种情况下，一个人只能有一位上级。

所有这些问题都反映了人们处身于模糊不清的情境时会表现出的一种忐忑不安的心情，反映了强不确定性规避文化对精细规划与组织管理正规化的迫切要求。弱不确定性规避文化中的人尽管努力解决战略计划的问题，但这不一定必然保证他的公司能获得成功。

弱不确定性规避文化能容忍各种各样的思想、形形色色的主意，这种文化有利于产生一些根本性的革新想法，但又不善于把这些革新想法付诸实践，使之在现实生活中生效。因为把一种革新想法转变为现实，需要精巧的技艺、精确的工艺，而弱不确定性规避文化在这方面恰恰不如强不确定性规避文化。

价值观的男性维度与女性维度

男性维度下，社会中两性的社会性别角色差别清楚，男性应表现得自信、恃强，注重物质成就；女性应表现得谦逊、温柔，关注生活质量。

女性维度下，社会中两性的社会性别角色互相重叠，男性与女性都表现得谦逊、恭顺，关注生活质量。

表现男性维度的项目有：

（1）收入：有机会获取高额收入。

（2）认可：当自己做出成绩时，能得到认可。

(3) 进取：有机会从事更高级的工作。

(4) 挑战：愿意从事有挑战性的工作——个人通过工作有一种成就感。

表现女性维度的项目有：

(1) 领导：与直接上级有良好的工作关系。

(2) 合作：愿意在同事们合作很好的集体中工作。

(3) 生活地区：愿意在自己和家庭理想的地区生活。

(4) 职业安全感：有就业安全感，不必为解雇而担心。

在一个企业里，不同年龄、不同学历、不同背景的人可能会有的偏于男性维度，有的偏于女性维度，因此，在管理、沟通、合作乃至激励时都应该具体情况具体分析。

短期目标与长期目标

尽管霍夫斯泰德在跨文化管理研究领域做出了开创性的工作，对后来学者从事跨文化管理的研究方法产生了非常深远的影响，但他的研究仍然是不全面的。后来他接受了其他学者用中国人的价值观（儒家文化的价值观）进行跨文化研究后对其理论提出的质疑，从中归结出文化价值观的第五个维度：短期目标与长期目标。

长期目标观念表现为一种积极的创业精神。创业精神中最主要的特征是坚忍、不屈不挠地追求目标，而不管这些目标是什么，实现目标会有多大困难；同时，讲究层级观念，角色间鲜明的等级观念有助于维系社会的稳定与和谐。在这种环境中，创业者易于发挥他的作用。此外，强调每一个人在社会活动中都要有献身精神。

短期目标观念下，人们的行为要守常，不能太变幻莫测。但在市场环境瞬息万变的情况下，不能过分强调这种价值观，否则企业家就很难提出新的想法，实现新的策略，承担更大的风险。

跨文化企业中文化冲突的成因分析

在一个具体的国际企业组织中，文化冲突的产生原因主要有种族优越感、不恰当地运用管理习惯、不同的感性认识、沟通误会、文化态度等。如果一位国际企业中的经理认为自己的文化价值体系优越，坚持用以自我为中心的管理观对待与自己不同文化价值体系的员工，必然会导致管理失败，甚至遭到抵制，这类例子在中国的外资企业中并不鲜见。不同的文化背景、语言习俗，会形成不同的文化态度和感性认识，还会造成沟通上的误会。对于跨文化背景下的企业来说，细究起来，导致文化冲突的诱因除了霍夫斯泰德所说的几个方面，还包括以下内容。

价值观的不同

价值观是指人们对事物的看法、评价，是人们信仰、心态系统中可以评价的方面。价值观具有相对稳定性和连续性，既不会每时每刻都发生变化，也不会完全僵化和一成不变。价值观的形成深受个人所处社会的影响。跨文化企业员工一般都具有多样化的价值观和复杂的信念结构，在跨文化企业成立之初这种特点尤其明显。来自不同文化背景的员工各自具有不同的价值观和信念，由此决定了他们具有不同的需要和期望，以及不同的行为规范和表现。这不仅增加了企业管理的难度，而且使得统一的新企业文化的建立困难重重。

文化交融性

来自不同文化背景的人们无论是在观念还是在行为方式上都

存在显著的差异，只有这些差异逐步被人们相互理解和认识，进而产生关心、同情和认同心理，才能逐渐取得共识，并建立起共同的全新企业文化。跨文化企业内部要建立自己特有的企业文化是一个漫长、曲折的过程，一般要经历以下过程：文化接触—文化选择—文化冲突—文化沟通—文化认同—全新的企业文化。

思维方式的差异

东西方人成长中接受的文化不同，造成思维方式存在巨大差异。不同文化价值观的人对同一事物有着不同的认知，采取不同的管理行为，因此容易产生内部冲突。

定型观念

主要表现在对于来自不同国家、不同民族的员工用同一种文化先入为主的印象来看待，忽视个性差异，缺乏沟通与交流。定型观念使得员工不能客观地观察另一种文化，阻碍了不同文化背景员工的相处，造成了跨文化企业的文化冲突。

经营环境的复杂性

跨文化企业所面临的经营环境错综复杂，主要表现在不同社会制度、不同企业文化模式下的企业员工，在管理目标的期望、经营观念、管理协调的原则、管理风格上均存在明显的差异性，这些差异无形中会导致企业管理的混乱和冲突，使决策活动更加困难。

管理方式的不同

在一种文化中成功运用的管理方式，在另一种文化中不一定适用。管理者在对跨国企业进行管理时，习惯将在原来市场上取得成功的方法照搬使用，没有意识到由于文化环境的不同可能使这种管理方式在新的市场上无效甚至产生负效应。文化差异越大，企业的管理方式差别也越大。在不同文化环境中使用同样的管理方式，会使新环境中的企业员工无法理解认同，从而产生冲突。

种族优越感

它是指认定一种族优越于其他种族，认为自己的文化价值体系较其他优越。种族优越感、民族歧视和隔阂是跨文化管理风险存在的普遍根源。如果一位跨国公司的管理者以此种观点对待东道国的人，他的行为将可能被当地人记恨，也可能遭到抵制，引发冲突，造成管理失败。

沟通障碍

跨国经营和管理是以跨文化沟通为基础的。沟通是人际或群体之间交流和传递信息的过程，但是由于许多沟通障碍，如人们对时间、空间、事物、友谊、风俗习惯、价值观等的不同认识，会造成沟通困难，导致沟通误会，甚至演变成文化冲突。由于外界环境的干扰以及沟通双方的主观原因，信息在沟通过程中会产生误差。即使在同一文化背景下，稍有不慎，这种情况也会发生。来自不同文化背景的企业员工，要想准确地进行沟通，难度更大。跨文化企业几乎都是跨国企业，组织层级数目繁多，增加了沟通的难度。企业横向沟通由于地域空间的距离加大而变得更加困难，纵向沟通也由于层级较多增加了信息在传递过程中被过滤的可能性，因此跨文化沟通会遇到重重困难，从而影响管理决策的制定和执行效果。

判断效果的标准不同

西方企业往往注重结果而不注重动机和过程，功利性比较强；而中国企业则会从动机的角度用一套道德或意识形态的标准来判断效果，强调"处世有道"，注重过程的得体性。

此外，宗教信仰、商务禁忌、风俗习惯等也是导致文化冲突的重要原因。跨文化管理的中心任务是解决文化冲突，并把这一点看作公司的目标之一。公司在经营管理中要使来自不同文化背景的员工形成一个共同的行为准则和价值观，并维系它。寻找超越文化冲突的公司目标，是跨国公司从事国际化经营所必须解决的问题。

跨文化企业的文化差异与冲突

跨文化管理也叫交叉文化管理，指对不同文化背景的人、物、事进行管理。它是一个全新的管理理念，是企业在全球范围内活动的产物。跨国公司拥有在不同国度、不同地区的所属成员机构，包含许多不同的企业文化，需要面临来自不同国家和地区，或来自同一国家和地区的企业之间的企业文化差异。

从表7-1我们可以看到，即使是同一国家，不同地区之间人们的价值观也存在差异。

表7-1 香港、广州和北京的价值观比较

价值观与文化习惯	香港 赞同比例（%）	广州 赞同比例（%）	北京 赞同比例（%）
如果有机会我会走后门	21.2	50.4	47.5
拜访好友不需要预约	19.4	28.6	26.7
邻居吵架时不应该干涉	46.1	38.3	40.9
我肯定不会送自己的父母去养老院	51.2	58.9	50.0

无论是正在进行跨区域并购的企业还是成熟的跨文化企业，都有可能存在文化冲突。比如，中西方文化本身属于截然不同的文化体系，这造成了很大的障碍，使中国企业在并购西方企业时遇到了强大的文化阻力。中西方企业在并购后遇到的冲突大多是文化差异引起的，这种冲突具体表现在以下几个方面。

企业物质文化差异与冲突

企业物质文化也叫企业文化的物质层，是指由员工创造的产品和各种物质设施等构成的器物文化，它是一种以物质为形态的表层企业文化，是企业行为文化和企业精神文化的显现和外化结晶。

企业物质文化是组织文化的表层部分，是形成企业文化精神层和制度层的条件。优秀的企业文化是通过重视产品的开发、服务的质量、产品的信誉和组织生产环境、生活环境、文化设施等物质现象来体现的。企业物质文化主要包括两个方面的内容：(1) 企业生产的产品和提供的服务。企业生产的产品和提供的服务是企业生产经营的成果，它是企业物质文化的首要内容。(2) 企业的工作环境和生活环境。企业创造的生产环境、企业建筑、企业广告、产品包装与产品设计等，都是企业物质文化的主要内容。

企业行为文化差异与冲突

企业和企业人在生产经营、教育宣传、人际关系、文娱体育等各种活动中，受到企业显性的或潜在的价值观念的影响，从而表现出种种不同的行为，这是企业精神文化的动态体现，我们称之为企业行为文化。

这一层实则是距离企业文化的核心和本质最近的一层，它紧紧围绕企业文化的核心，通过企业和企业人的行为动态地表现出来。

企业行为文化冲突是普遍存在的，这与影响企业行为的因素不无关系。仁达方略根据长期的企业文化实证研究和咨询实践认为，影响企业这些行为的因素主要取决于企业的治理结构、外部环境和企业家等，具体包括市场环境、政府的政策导向、科学技术发展水平、投资环境和资金使用状况、企业内部的利益分配方法、企业领导的素质水平等。

（1）企业治理结构对企业行为的影响。企业是不同利益主体的组合：所有者、经营者、生产者。不同的利益和权力主体，都要求企业目标和本身利益一致。不同的利益主体产生不同的企业目标，不同的企业追求产生不同的企业行为。在社会主义市场经济条件下，企业要想兼顾多方利益，实现企业目标，最好的途径是建立现代企业制度，明晰产权关系，并建立与之相应的组织结构。合理的治理结构，可以使所有者、经营者、生产者三者之间权责分明、互相制衡，可以充分调动三方的积极性，促使企业行为合理化，避免短期行为和唯利是图的倾向。

（2）企业外部环境的变化对企业行为的影响。外部环境的变化往往是企业行为的直接诱因。这些外部环境包括政治、经济、社会、技术等多方面内容，会对企业的决策、战略制定和执行、经营活动等有直接切实的影响。例如，对中国奶制品行业影响深远的三聚氰胺事件，使得所有食品企业把安全和责任放在了首要位置；受全球金融危机影响，中国的制造行业尤其是外贸依赖性的企业经营模式开始发生一系列显著的变化；至于企业的裁员、降薪等行为，也是外部环境作用的直接结果。

（3）企业家对企业行为的影响。企业家作为企业的灵魂人物，他们的知识能力和个性品质等是企业文化生成的重要基因，往往主导着企业文化的特质和风格，并制约和引导着企业文化的个性和发展，尤其在企业初创和企业文化形成阶段起着决定性作用。但是，一些企业家往往经常忽视个人与企业的密切关系，在不合适的时机和不合适的场合展开一些不合适的行为活动，其对企业的不良影响往往是深重甚至是毁灭性的。

企业制度文化差异与冲突

制度是一种行为规范，是任何一个社会及组织团体正常运转必不可少的因素之一。它是为了达到某种目的、维护某种秩序而人为制定的程序化、标准化的行为模式和运行方式。企业制度的基本功能如下：

（1）企业制度具有企业价值观导向的功能。

（2）企业制度是实现企业目标的保障。

（3）企业制度是调节企业内人际关系的基本准则。

（4）企业制度是组织企业生产经营、规范企业行为的基本程序和方法。

（5）企业制度是企业基本存在和功能发挥的实际根据。

制度是一种文化，制度文化体现于企业经营的外部宏观制度环境与内部组织制度之中。不同的国家或民族对制度有不同的看法和做法，这就使得企业制度文化冲突成为必然。

刘志迎在《试论企业制度文化的国际差异》一文中曾经对跨文化的企业制度文化作过如下表述：

（1）决策制度文化差异。美国管理者的决策行为是在资本主义的自由、平等精神之下发展起来的，体现在其决策风格上，则是管理上注重授权。他们信奉最接近过程的人最了解过程和问题，对问题最有发言权。美国人注重个人决策，从不依赖他人，也不太考虑下属的意见，只根据自己的意志行事，认为征求别人的意见是一种软弱的表现，雇员与企业管理者之间的关系较为冷淡。由于是个人决策，因此决策过程快，但执行过程慢。日本企业的决策方式是一种集体决策制度。日本企业的集体决策，决策过程慢，反复讨论，但是执行起来比较顺利。中国企业家协会的调查报告表明，中国企业实行"环链式决策"方式的占绝大多数。但是，在市场化程度越来越明显的情况下，现代企业制度不断完善，企业决策模式逐步向美国模式发展，或者说具有国际化的特点。

（2）薪酬与晋升制度文化差异。美国公司制企业具有灵活自主的分配制度，各有各的特色，其主导性的薪酬制度是以岗位工资为主，奖金、津贴为辅的模式，部分公司还实行员工持股计划。通过考评决定晋升，体现能力主义原则，把能力的高低作为员工是否晋升的依据。日本企业实行年功序列工资制，员工晋升和工资主要以工龄长短作依据，福利待遇也相同，这种制度实质上体现了企业与员工之间的一种借贷关系，这种制度以终身雇用制为基础。20世纪80年代后期，日本企业界开始关心能力主义人事管理制度的引入。欧洲企业的模式与美国相似，薪酬分配上也信奉能力主义。德国企业在管理中坚持责、权、利相统一的原则，担任什么样的职务，从事什么样的工作，就按雇佣契约领取什么样的报酬。企业应建立有效的激励制度让优秀人才的价值得到体现。

综观中国企业，在晋升制度方面，我国过去在计划经济条件下，国有企业和集体企业有一套比较完善的制度体系，直至现在许多国有控股企业和还没有改制的国有企业与集体企业仍然在继续使用。至于新型企业，大多数信奉能力主义。

(3) 用人育人制度文化差异。美国企业在过去的很长时间里，在聘任制和合同制方面，聘用员工先由企业提供明确的用人条件，规定员工享受的权利和应负的责任，之后应聘人员与企业签订合同，合同之外，双方既不承担相互的责任，也没有相互干涉的权利。日本企业的用人机制强调对人的尊重。终身雇佣制是其典型特点，反对跳槽是一种文化规范。近年来，终身雇佣制受到现代用工制度的强烈冲击，日本企业也不得不在一定程度上适应时代潮流，即除了保留一部分终身雇佣工，大量雇用临时工，以弥补人才短缺。欧洲各国企业一般都很注重培养和提升员工的综合素质，强调建立员工的工作责任感和职业道德感，在实践中有一种将企业建立成学习型组织的愿望和倾向。

中国大多数私营企业的管理还处在企业主个人管理和以血缘为纽带的家族式管理阶段，缺乏系统性和稳定性。在用人体制上，从国有或集体企业转型的企业，仍然沿用传统的用人模式，高层用人权仍然控制在政府部门。

此外，公司的规章制度差异和冲突也较为普遍。比如日企的规定相当严格，见了上级要鞠躬、不许打私人电话、统一穿制服、上班时间不准喧哗等。而形成鲜明对比的是某些美国企业，上班时间分成几批，按照实际需要设计；可以边工作边"抬杠"；可以吃东西；可以接私人电话；着装自由等。

企业精神文化差异与冲突

企业精神文化是企业在生产经营中形成的一种企业意识和文化观念。它是一种意识形态的深层企业文化,包括:(1)企业哲学。企业哲学的根本问题是企业中人与物、人与经济规律的关系问题。(2)企业价值观。指导我们有意识、有目的地选择某种行为,去实现物质产品和精神产品的思想体系,构成了企业的价值观。(3)企业精神。企业精神是现代意识与企业个性结合的一种群体意识。现代意识是现代社会意识、市场意识、质量意识、信念意识、效益意识、文明意识、道德意识等汇集而成的一种综合意识。企业个性包括企业的价值观念、发展目标、服务方针和经营特色等基本性质。(4)企业道德。企业道德是调整企业之间、员工之间关系的行为规范总和。企业道德的一般本质是一种企业意识,而它的特殊本质则表现在它区别于其他企业意识的内在特质上。

由于世界贸易组织和地区经济一体化联盟,交通运输与信息技术的飞速发展与进步,国际商务交往范围变大,文化模式由一元转向多元。这就要求跨国企业在异域文化中把具有不同文化背景的各国员工用具有自己特色的企业文化,共同的价值标准、道德规范和行为模式凝聚起来,最大限度地发掘和利用企业的潜力和价值,解决好企业精神文化的差异。之所以会产生企业精神文化差异与冲突,与民族文化的影响有莫大的关系。由于各国价值观、人生观以及经营管理哲学存在差异,企业精神文化差异与冲突在所难免。

跨文化企业文化冲突的其他表现

跨文化企业的文化冲突还体现在其他方面。根据德国学者帕特里希亚·派尔-舍勒（Paticia Peill-Schoeller）的研究归纳，跨文化管理问题还有：

(1) 组织管理中的跨文化问题：非正式等级和团队组成；合作愿望受到抑制；革新愿望缺乏引导；没有充分的冒险准备；团队生产力降低，团队凝聚力欠缺；工作岗位设计问题；人力资源管理鲜为人知。

(2) 监督管理中的跨文化问题：中国人习惯受到严格监督，因此对监督的需要程度不同；凭感情采取的惩罚手段无用；对质量的要求较低。

(3) 人事管理方面的跨文化问题：难以挑选出合适的外籍雇员；中方员工提升机制中的枪打出头鸟问题；对职位基础的错误理解；因裙带关系引起跨文化冲突；培训和进修体制中的机会主义问题；与中国相异的西方领导风格不适用；欧洲的共同管理原则引致的跨文化问题；领导中的压抑效应导致自立机制。

(4) 交际管理中的跨文化问题：存在语言障碍；存在交际障碍，交际低效率；内部语言规则不为人知；合作中各行其是，不协调；各部门间存在协调障碍；会谈结果难以令人满意；信息交流中存在各种问题；用文字还是用图形布置工作。

(5) 积极性管理中的跨文化问题：调动积极性的各种手段提不起人的兴趣；个人创造性难以调动；对中国人的强烈集体归属需求估计不足；人际关系先于劳动与工作质量；工资体制和福利待遇中存在跨文化问题；因不同的教育体制产生各种问题；与外

国人合作不踏实。

跨文化冲突处理与文化建设

跨文化冲突处理模式

跨文化企业的经营管理过程,既表现为不同文化间的冲突或离散,又表现为不同文化间的交汇或融合。

文化冲突和文化融合作为文化交汇的两个方面,有着不可分割的关系,在两种文化交汇的过程中总是共存其中、相伴而行。因为异质工作团队的现实,文化冲突和离散不可避免,而现实利益与目标的同向选择又使文化融合成为可能。通过有效的跨文化管理,降低企业跨国经营中的文化冲突,实现跨国公司对东道国的经济环境和文化环境的双重适应,使文化适应走向经济融合,已成为跨国公司健康发展的重要保证。

到目前为止,国内外大多数学者赞同加拿大著名的跨文化组织管理学者南希·爱德勒(Nancy Adler)的观点,并用它来解决跨文化企业中的文化冲突。他的观点包括以下三种方案。

凌越

凌越是指组织内的一种文化凌驾于其他文化而成为统治文化,组织内的决策及行为均受这种文化支配,而持另一种文化的员工影响力则微乎其微。这种方式的好处是能够在短期内形成一种统一的组织文化,但缺点是不利于取长补短、去粗取精,而且其他文化因遭到压抑极易使员工产生反感,最终加剧冲突。

折中

折中法也叫妥协法，指两种文化的折中与妥协。这种情况多半发生在相似的文化间，多采取妥协与退让的方式，有意忽略、回避文化差异，从而做到求同存异，以实现企业组织内的和谐与稳定。但这种和谐与稳定的背后往往潜伏着危机，只有当彼此之间文化差异不大时，采用此法才有一定的可取性。

融合

所谓融合，是指不同文化间在承认、重视彼此间差异的基础上，相互尊重、相互补充、相互协调，从而形成一种新的融合性极强的组织文化。这种方案认识到构成组织的两个或多个文化群体的异同点，而不是忽视和压制这些文化差异。它与妥协的不同在于对待这些差异的态度不同，并能够把不同点统一纳入组织文化，具有较强的稳定性。因此，对于大多数跨国企业而言，通过融合的方式吸收异质文化中的精华，形成自身特有的企业文化和管理方式，是适应跨国文化环境、降低文化障碍成本、提高企业经济效益的最佳选择。

重视跨文化沟通

企业并购中的文化整合实践，需要跨文化沟通理论和技巧的支撑，因为并购可能是跨企业、跨行业的，还可能是跨地域、跨国家的。行业文化、地域文化各不相同，只有通过跨文化沟通，才能获得文化的融合效果。

这种跨文化沟通的要求，在跨国企业中表现得尤其明显。例如，华为印度分公司开始创建的时候，由于没有考虑到印度的宗教习惯，很多华为的文化在印度分公司无法得到体现，华为派过去的员工与印度本地的员工矛盾重重，削弱了华为在印度市场的竞争力。

进行跨文化沟通时，可能会出现三种情况：完全陌生；有一定了解，但过于简化或不准确；有比较全面的理解。在这三种情况下，文化差异影响沟通的方式是不同的，分别表现为文化迁移、文化定式和逆文化迁移。

文化迁移

文化迁移，指跨文化沟通中人们下意识地用本民族的文化标准和价值观念来指导自己的言行和思想，并以此为标准来评判他人的言行和思想。下面的例子就比较典型地体现了文化迁移：一位美国人在秘鲁子公司担任生产经理，他坚信美国式的民主管理方法能够提高秘鲁工人的生产积极性。于是，他从公司总部请来专家对子公司各车间的负责人进行培训，教他们如何征求工人的意见，并把合理的部分加以采用。可是这种民主管理方法推行不久，秘鲁工人就纷纷要求辞职。原因是，在秘鲁以及整个拉美文化中，人们敬重权威，下属服从上级，把上级看作权威，希望上级对自己的生活负责。工人们认为，征求工人意见代表上级自己不知道该做什么，反过来问他们。既然上级无能，公司就没有希望，不如提前离职，及时找到新的工作。但是生产经理对此不甚了解（或出于文化中心主义），以美国人崇尚个人主义、参与意识较强的观念去揣度秘鲁的员工，导致双方沟通的失败。

人们（有意或无意地）用自身的价值尺度去衡量他人的心理倾向是比较普遍的。一个人从孩提时起，就开始学习本文化群体的行为和思维方式，直到内在化和习惯化。从一种文化的角度看，假定另一种文化能选择"更好的方式"去行事似乎是不合理的。因此，对各民族来讲，常会把自己的文化置于被尊重的地位，用自己的标准去解释和判断其他文化的一切，极端时还会表现出"己优他劣"的倾向，僵化地接受文化上的同类，排斥文化上的异己。

发生文化迁移的主要原因在于对文化差异不了解，在这种情况下，文化迁移是一种无意识的行为。文化迁移也可能是有意识的，这主要是由于文化中心主义。了解不同文化、价值取向的差异是消除文化迁移的必要前提。只有了解不同民族的文化习俗、信仰、价值观及它们的内涵，才能真正完成思想情感的交流。

文化定式

文化定式，即断言群体中的每一成员都具有整个群体的文化特征，它可能是由于忽视文化具有动态性和变迁性而引起的。由于人处理信息的能力有限，为了帮助不同文化的人们相互了解，就必须概括文化差异，建立某种文化定式。从这个意义上说，一定程度的文化定式也是不可避免的，然而这些定式对于差异的"过分概括"或"标签化"，又可能人为地制造屏障，妨碍文化间的交流和理解。这并不是说文化定式总是错误的，文化定式中通常蕴涵着许多准确的文化观察，但是文化定式很容易以期待文化的形式影响我们对文化现象的理解。"人们看到他们所希望看到的。"人们不但更容易被符合期望的东西吸引，而且往往会对事物做出符合期望的解释。

文化定式可能将我们的认识局限于一个或两个凸显的维度，

妨碍我们对其他同等重要方面的观察，使我们对客观存在的差异浑然不觉，从而导致跨文化沟通的失败。

逆文化迁移

文化差异是导致跨文化沟通出现障碍的主要因素，因此，尽可能全面地了解文化差异是人们关注的重点。但是，了解了对方的文化特征，也不一定就会避免障碍的产生。

显然，完美的沟通是实现思想 A 和思想 B 的完全一致，但是思想本身是不能传递的，它必须借助符号。这样，只有沟通双方对同一符号做同样的理解，即 A 的编码规则＝B 的解码规则时，思想 A＝思想 B 的情况才可能出现。

文化差异从沟通的角度来讲，也就是对符号编码或解码规则的不一致。静态地看，在一次具体的沟通过程中：如果双方对对方的文化都一无所知，显然会出现以己度人的情况，"误把他乡做故乡"，发生文化迁移，即在未证实 A 的编码规则＝B 的解码规则一致时，假定了思想 A＝思想 B。但是如果双方都对对方的文化很了解，并在假定对方编码或解码方式不变的前提下，去适应对方，即发送者 A 将自己的编码规则调整为 B，同时接收者 B 也将自己的解码规则调整为 A，编码和解码规则不一致问题只是换了一种方式存在。只有当其中的一方编码或解码方式不变，另一方主动适应采用 A 或 B，或者双方共同商定采用新的规则 C 时，沟通才可能顺利进行。

有这样一个故事。一位中国教授到外教家里做客，外教问教授是否要喝点什么，教授并不渴，回答说不用了。外教又一次问教授喝点什么，教授又一次谢绝了。外教说："我知道你们中国人的习惯,你们说'不'的时候是希望对方能够再一次提出来。没关系,喝吧!"教授回答说:"我也知道你们美国人的习惯,当你们说'不'的时候,就代表直接拒绝了。我是按照你们的方式回答的。"

显然,在上面的情形中,沟通的障碍并不在于对文化差异的忽视,而在于沟通双方同时放弃了自己的立场,采取了对方的立场,使编码与解码方式出现了新的不一致。这与文化迁移很相似,但是以反向的形式出现,因此称为逆文化迁移。

在实际沟通中,上面几种问题常常会同时出现。比如,在具体实施跨文化管理之前,管理人员通常会接受相应的异文化培训。经过这种文化培训,他们对异文化有了一定程度的了解,在头脑中建立起一种在培训基础上形成的他们所认为的文化,即期待文化。由于这种了解通常是比较简括的,因而在沟通中就可能出现文化定式;同样这种了解也不可能是面面俱到的,因而在差异意识的空白处,管理人员还是会有意无意地受到原文化的影响,产生文化迁移;随着管理人员与员工互相了解的深入,出于真诚沟通的愿望,他们很可能会互相体恤,但是如果不能就彼此的参与结构达成一致,就可能出现逆文化迁移。

应该指出的是,单独了解文化差异的作用机制,并不会对跨文化沟通产生帮助。只有在了解文化差异三种作用机制的前提下,一方面在实际过程中不断加深对文化差异的了解,另一方面在沟通过程中保持问题意识,综合运用各种沟通技巧,不断地化解差异,才会不断推动跨文化沟通的顺利进行。

跨文化建设要略

随着企业国际化进程的加快,跨文化研究在企业国际化过程中起着举足轻重的作用。把握跨文化管理艺术与技巧,实施行之有效的跨文化治理策略,是企业能从容驰骋于国际舞台、实现成功经营、实现预期目标的有力保证。跨文化管理中的企业文化建设对策主要包括以下几个方面。

实施本土化策略

本土化策略就是本着"思维全球化,行动本土化"的原则来进行跨文化管理。本土化的实质是跨国公司将生产、营销、管理、人事等全方位融入东道国经济中的过程,它有利于跨国公司降低海外派遣人员和跨国经营的高昂费用,与当地社会文化融合,减少当地社会对外来资本的危机情绪,有利于东道国的经济安全,增加就业机会,加速与国际接轨。

在摩托罗拉的跨文化管理战略中,本土化就是其核心战略。摩托罗拉在华投资取得成功的一个重要原因就是向中国转让世界领先技术,并且积极推进技术研究和开发的本土化和当地化。摩托罗拉在中国开展了一系列技术合作项目,在这一系列合作中,跨文化交流与融合对企业的发展起到了巨大的推动作用,跨国合作不断深化和发展。

识别不同文化间的差异

由于文化冲突是文化差异造成的,因此必须对文化差异进行分析识别。按美国人类学家小爱德华·霍尔(Edward Twitchell Hall, Jr.)的观点,文化差异可以分为三个范畴:正式规范差异、非正式规范差异和技术规范差异。正式规范差异主要指来自不同文化背景的企业员工之间在有关企业经营活动方面的价值观念上的差异，由此引起的冲突往往不易解决。非正式规范差异是指在企业运作中的生活习惯和风俗等方面的差异，由此引起的文化冲突可以通过较长时间的文化交流来克服。技术规范差异主要指各种管理制度上的差异，它可以通过技术知识的学习而获得，很容易改变。可见，上述差异所造成的冲突程度和类型是不同的，跨国公司管理者首先要识别和区分文化差异，才能采取针对性的措施。

进行共同价值观管理

通过在企业内部建立共同的价值观和企业文化，通过文化差异的识别和敏感性训练，企业可以提高员工对文化的鉴别和适应能力。在文化共性认识的基础上，根据环境的要求和企业战略的需求，建立起企业的共同经营观和强有力的企业文化。这一点至关重要，它有利于减少文化冲突，每个员工能够把自己的思想与行为同公司的经营业务和宗旨结合起来，也使集团公司（总部）与下属企业的结合更为紧密，同时能在国际市场上建立起良好的声誉，增强跨国公司的文化变迁能力。

进行跨文化培训

进行跨文化培训是为了加强人们对不同文化传统的反应和适应能力，促进不同文化背景的人之间的沟通和理解。

跨文化培训的主要方法就是对全体员工，特别是集团公司（总部）外派员工进行文化敏感性训练。这种训练的目的是加强人们对不同文化环境的反应和适应能力。具体做法是：具有不同文化背景的员工集中在一起进行专门的文化培训、实地考察、情景对话、角色扮演,以打破员工心中的文化障碍和角色束缚,增强每个人对不同文化环境的适应性,加强不同文化之间的合作意识和联系。这样可减少驻外管理人员可能遇到的文化冲突,使之迅速适应当地环境,维持企业内良好的人际关系,保障有效沟通,实现当地员工对企业经营理念的理解与认同等,造就一批高质量的跨文化管理人员。

跨文化培训的主要内容包括:(1)对对方民族文化及原公司文化的认识和了解;(2)文化的敏感性、适应性的培训;(3)语言培训;(4)跨文化沟通及冲突处理能力的培训。

总之,跨文化管理是企业经营全球化、高效化和多元化的基础,也是避免文化冲突的重要手段。跨文化企业必须利用跨文化管理,了解东道国的诸多言语与非言语沟通的差异,并建立起各种正式或非正式的、有形或无形的跨文化沟通组织与渠道;针对既存的文化差异和文化障碍,建立起良好的相互理解与信任的协调机制和沟通机制,以便及时有效地化解文化障碍,有效规避跨文化差异带来的经营风险,促进自身的健康发展和全球战略的实现。

延伸阅读

希丁克的故事

2002年世界杯足球赛,韩国队打入四强,震惊世界,可谓一鸣惊人。韩国队的球员成了国家英雄,荷兰籍主教练古斯·希丁克（Guus Hiddink）成为韩国人的偶像。韩国总统金大中向希丁克授予蓝龙奖章，这是韩国为体育界人士颁发的最高级别的奖章。其他教练组成员以及23名韩国队球员也被授予了奖章。随后金大中又向希丁克颁发了荣誉公民证书，希丁克成为韩国有史以来第一位被授予荣誉公民奖励的外籍人士。无疑，希丁克成为韩国历史上最受欢迎的外国人。

但是，开始时希丁克的教练方法一直受到韩国媒体的抨击。各种媒体充斥着对希丁克用人、排兵布阵、训练方法甚至私生活的不满。事实证明，希丁克不仅是世界一流的足球教练，也是世界一流的跨文化领导者。希丁克在韩国执教9个月后发现，在最关键的射门前，即使年轻的球员站在比较好的射门位置，也会把球传给年长的球员去射门。希丁克找出以前比赛的录像，发现了同样的问题。大家知道，足球进球率很低，一场比赛往往一个球就会决定胜负。如果在最好的时机错失机会，是非常令人痛心的。

韩国和中国一样是崇尚儒家文化的国家，上下尊卑在儒家文化里根深蒂固。在儒家文化里，年轻者尊敬年长者是美德，也是社会推崇的行为规范和价值观。但是，在希丁克看来，这种文化美德成为其足球团队在世界竞争中的障碍。如果你是跨文化管理顾问，会给希丁克提出什么建议？

希丁克是这样做的：（1）把队中5名27岁以上的队员找来，让他们"授权"给年轻的队友，年长的5名队员一致同意在射门前，年轻的队员"有权"把球传给其他处于比较有利位置的年轻队员；（2）让队员带上帽子和头巾，增加辨别难度，从而提高传球效率；（3）让年轻的队员直呼老队员的名字，增强队员之间的"平等"。

结果众所周知，成绩一鸣惊人。年轻的中场球员李天秀在向球迷讲述希丁克执教韩国队以来为球队带来的战术和思维上的重大变化时说："希丁克鼓励我们在球场上直呼老队员的名字，而且允许我们年轻球员与老队员同桌就餐。"老将洪明甫也表示："这种做法对球队有好处，不过在球场之外，年轻球员仍然非常尊重老队员。"

故事的启示

希丁克是位有经验的跨文化管理者，到了其他国家会了解本地文化的特点，结合自己的优势，制定一套可执行的计划和战略。要在其他文化里建立有效的组织，并不是一味适应本地文化和妥协，也不是刻意去改变本地人的文化和行为。他的成功在于平衡多种文化的能力，这种能力不是与生俱来的，而是不断学习和锻炼出来的。

一个企业跨出国界经营，要实现商业目标必须融合三种文化——自己国家的文化、目标市场国家的文化、企业的文化，执行这项任务的当然是企业的国际经理人。

国际经理人必须建立更大的文化核心，这个文化核心要像一个工具箱，把更多的文化工具放进去，需要用的时候马上能调用。建立工具箱的方法是了解自己的文化、目标市场的文化和自己企业的文化。能自如使用这些工具，就是国际经理人跨文化管理能力的体现。对国际经理人来说，既要掌握公司的原则性文化，又要根据不同的情境做出判断以适应本土具体情况，最难的就是有机地平衡普遍性和灵活性。要做到这一点不是一件容易的事，是管理者一生追求、不断提高的过程。中国企业要成功跨国经营，就要不断打造自己的企业经理人的文化工具箱。

资料来源：黄伟东．两个韩国故事的跨文化启示．企业研究，2003（11）．

> 延伸阅读

在华德企跨文化管理之道

近年来,德国对华投资呈现明显的数量大及增长快的特点。中国已成为德国在亚洲最大的贸易伙伴。在华德资企业不仅是中国利用德国资金的基本形式,也是中国引进先进技术和设备,学习德国先进管理经验的重要渠道。但是,由于中德合作双方来自不同的国家和地区,社会政治法律制度不同,文化背景不同,由此形成的经营理念、管理决策思维、企业行为方式等也有很大的差异,因此在合作过程中出现文化冲突是不可避免的。正确认识中德双方的文化差异,努力搞好不同文化的融合,消除文化冲突,对促进在华德资企业的发展有着极为重要的意义。

中国与德国的文化差异比较

中国与德国都有悠久的文明史,在长期的社会演变过程中发展和形成了各自的文化,两个民族间存在文化上的差异。

1. 逻辑路线差异

德国人在交往和合作中讲求直接、坦率和求实,他们喜欢直截了当地阐明自己的观点,开诚布公地发表意见。中国人在交谈时则习惯于循序渐进地提出自己所要表达的观点。因此,在传递主要信息之前,双方需要先交换一些背景信息,以建立一个共同的谈话框架,创造一个良好的谈话气氛。德方的逻辑路线是:先提出核心问题,再具体分析;而中方的逻辑路线是:从诸多的其他观点和看法中逐步导出核心观点。当德方按照自己的思路去理解中方的话语和意图时，常常主次颠倒，摸不清中方的原则是什么、核心观点是什么。

2. 思想意识与行为方式的差异

中国人在思想意识、思维模式以及语言观方面讲求整体、笼统和综合并且重视直觉，德国人则讲求严格的逻辑思维，尊重科学和客观事实。中德双方在这方面的文化差异，在经济交往中具体表现为：德方注重细节与数字，以及谈判的详细计划和周密组织等；中方则从整体入手，不拘泥于具体条款。

3. 人际关系处理上的差异

中国人强调"天时、地利、人和"，其中"人和"即人际关系是最关键的一条。中国人在商务合作中往往把个人感情和生意关系联系起来，德国人则认为生意和人情关系是分开的，他们喜欢和谈判对手保持一定的距离，显得有些冷漠和不近人情。对德国人来说，良好的人际关系建立在成功的商业结果的基础上；对中国人来说，要成功地实现一次商务合作，良好的人际关系是必要的前提条件。

4. 对待法律契约关系的差异

德国人习惯于受法律的约束，他们在商务谈判中的目标通常是达成一个法律合同，因而主要关心的是确定合同的细节，并使之有明确的含义。他们的谈判队伍中通常有一个法律顾问，以减少合同签订后的误解和冲突。在德国人眼里，合同代表了一系列谈判的终点，制定好的合同条款是不能随意变动和修改的。而对中国人而言，契约意识还有待进一步加强，中国人常常将合同看作一个起点，在签订合同后，还可根据情况变化变更合同的具体细节。当这种情况发生时，德国人往往开始怀疑谈判对手的诚信，他们认为签订合同就意味着应履行合同所规定的一切条款，只有在双方都同意的情况下才可以协商更改。

基本策略

1. 本土化策略

在华德资企业应本着"思维全球化，行动本土化"的原则进行跨文化管理。本土化有利于在华德资企业降低海外派遣人员和跨国经营的高昂费用，实现与中国文化的融合和减少中国社会对外来资本的抵触情绪。在任用管理人员方面，应主要考虑员工的工作能力及与岗位的匹配度，选用最适合该岗位的员工。经济全球化、产品的快速创新和多样化以及各国和各民族之间的空前交往和融合，使本土化策略成为全世界大多数跨国公司采用的人事管理政策。

2. 文化相容策略

根据不同文化相容的程度，文化相容策略又可以细分为两个不同层次。

（1）平行相容策略。一般称为文化互补，是指在华德资企业并不以德国的文化或是中国的文化作为主体文化，两种文化互为补充，同时在企业中运行，充分发挥跨文化的优势。

（2）和平相容策略。中德文化差异很容易在企业的日常运作中产生文化摩擦，管理者在经营活动中应刻意模糊这种文化差异，规避两种文化中最容易导致冲突的内容，保存两种文化中相容的部分，使得不同文化背景的人可以在同一企业中和睦共处，即使发生意见分歧，也可通过双方的沟通得到协调和解决。

3. 文化创新策略

它是指将德国母公司的企业文化与中国子公司当地的文化进

行有效的整合，通过各种渠道促进不同的文化相互了解、适应、融合，从而构建一种新型的企业文化，以这种新型文化作为在华德资企业的管理基础。这种新型文化既保留了母公司的企业文化特点，又与当地的文化环境相适应，既不同于母公司企业文化，又不同于当地企业文化，是两种文化的有机整合。只有将两种文化有机地融合在一起，才能既包含德国母公司的企业文化内涵，又适应中国文化环境，从而体现企业的文化竞争优势。

4. 文化规避策略

它是指德方管理人员的德国文化虽然在整个公司的运作中占据重要地位，但并不忽视中国文化的存在。由母公司派到子公司的管理人员，应特别注意在双方文化的重大不同之处采取规避措施，不要造成彼此文化的冲突。

5. 文化渗透策略

文化渗透是个需要长时间培育的过程。德国母公司派往中国子公司工作的德方管理人员，不应试图在短时间内迫使中国员工服从德国的管理模式，而应采取员工可接受的方式让员工逐步了解和适应德国文化，成为企业各项规章制度和管理文化的执行者和维护者。

在华德企跨文化管理之道

在华德资企业存在中国与德国两种文化的撞击、冲突和融合。对于管理者来说，关键在于如何跨越文化差异的障碍，在两种文化的结合点上，寻求和创立一种双方都能认同和接纳、发挥两种文化优势的管理模式。

1. 树立正确的跨文化管理观念

首先，承认并理解文化差异的客观存在，重视对中国语言、文化、经济、法律等方面的学习和了解。德方管理人员到中国工作时，往往会遇到很多困难，其本国文化的语言、价值观念、思维形式等因素在跨文化管理中会形成障碍、产生矛盾，从而影响跨国经营战略的实施。理解文化差异是发展跨文化管理能力的必要条件。

其次，把文化的差异看成一种优势而不只是一种劣势，恰当、充分地利用不同文化所表现的差异，为企业发展创造契机。正确地对待和处理文化矛盾和冲突，不仅不会形成障碍，反而会成为企业发展的动力和创新的源泉。

最后，跨文化管理的关键是人的管理，应实行全员跨文化管理。由于跨文化管理的主体和客体都涉及人，因此在华德资企业要强调对人的管理，既要让中方经营管理人员深刻理解德国母公司的企业文化，又要让具有文化整合能力的经营管理人员担任跨文化管理的重要职责，通过加强对公司所有成员的跨文化管理，让新型文化在管理中真正发挥作用。

2. 选择适当的跨文化管理策略

在华德资企业在中国的经营管理过程中既受到来自母公司的德国文化根深蒂固的影响，同时也不可避免会受到中国文化的影响。在华德资企业在进行跨文化管理时，应在充分了解本企业文化和中国文化的基础上，识别文化差异，针对不同的文化差异采取不同的跨文化管理策略，从而使两种文化达到最佳的结合，形成自己的核心竞争力。

3. 开展跨文化培训

对所有管理者和员工进行跨文化培训是防范和解决文化冲突的有效途径。解决文化差异、搞好跨文化管理需要一批高素质的跨文化管理人员。因此，德国母公司在选派管理人员时，除了要注重良好的敬业精神、技术知识和管理能力，还必须要求思想灵活，不守成规，有较强的应变能力；尊重、平等意识强，能够容忍不同意见，善于同各种不同文化背景的人友好合作。在可能的情况下，尽量选择那些在多文化环境中经受过锻炼且懂汉语和了解中国文化的人。跨文化培训的主要内容包括对文化的认识、语言学习、跨文化沟通及冲突处理等。通过培训可减少德方管理人员可能遇到的文化冲突，使之迅速适应当地环境并发挥作用；维持良好的人际关系，保障有效沟通；实现中方员工对企业经营理念的理解与认同。

4. 建立统一的价值观和企业文化

作为企业文化重要组成部分的价值观，是一种持久的信念，它可以规范员工的行为模式、交往准则，以及判断是非、好坏、爱憎等。不同的文化具有不同的价值观，人们总是对自己国家的文化充满自豪，而对外国的一些文化不能理解。

因此，在华德资企业应特别关注对中德双方文化的尊重和理解，以平等的态度，通过相互交流找到两种文化的结合点，发挥两种文化的优势，在企业内部逐步建立起统一的价值观。

在统一价值观的基础上，根据环境的要求和公司的战略建立企业文化，这样可以不断减少文化摩擦，使每个员工能够把自己的思想和行为同公司的经营业务和宗旨结合起来，在国内外市场上建立起良好的声誉，增强企业的文化适应能力。

5. 立足长远发展，实现互惠互利

在华德资企业应有长期办好企业的目标，短期行为势必会影响企业的发展。企业在立足长远发展的基础上，还要实现互惠互利。企业兴旺，各方都会受益；企业衰落，大家都没有好处。因此在经营活动中，中德双方应该从整体利益出发，兼顾双方的需求，精诚合作，实现双赢。

资料来源：焦量，周献中. 在华德资企业跨文化管理研究，现代管理科学，2009 (6).

第八章

当前企业文化建设的几个新命题

CORPORATE
CULTURE
CONSTRUCTION

社会环境变化对于企业文化建设的冲击悄然而又深刻。混合所有制改革带来的国企民企文化碰撞，互联网和移动互联技术对于信息传播进而对社会各个层面造成的影响还在蔓延，新生代成为职场主体对文化建设带来的冲击，以及财富积累过程中企业对于人文精神的渴求……这些都为当前企业文化建设催生出新的命题和思考。

混合所有制改革下国企民企文化冲突

时下，民营经济参与国有资产重组的政策障碍基本消除，并得到积极鼓励，跨地区的联合重组高潮迭起，民营企业、合资企业（包括外资企业）和混合所有制企业正在构成中国微观经济领域的三驾马车。混合所有制企业不再是单一国有经济的利益载体，而是各种不同经济利益的代表，不同经济利益主体之间相互制衡，在企业的发展问题上相互协商。然而，国企与民企有着不同的创业背景和历程，有着不同的管理机制和经营机制，文化冲突无从回避。

混合所有制企业能否克敌制胜，不只在于不同经济利益主体之间的经济进行融合，还在于是否能有效地融合国企民企不同的企业文化。

当"等食"文化遭遇"刨食"文化

国企与民企的企业文化是在不同背景、不同环境之下形成的，有着明显差异。民营企业的文化建设一般由它的企业家群体来主导；而国有企业的企业文化建设则由行业主管机构加上企业家群体来主导。

国有企业对经营者的选拔大多采用行政任命形式，这在某种程度上影响了企业家的成长和发展，导致大多数国有企业经营者过分重视主管部门的意图和导向，而未必关注企业自身的成长和发展，更不能为国有企业的长远发展形成深厚、稳定的积淀和积累，从而造成国有企业的文化不能延续和稳定。

民营企业在我国经历了复杂的发展历程，在特定的经济发展环境中，民营企业家白手起家、艰苦创业，为民营企业的快速发展注入了文化基因，深深烙上了创始者的印迹。

当混合所有制企业产生，问题就会表现出来：一个是双方的思维模式不同；另一个是在队伍上要把两股人往一块合会有很大的阻力。

比如，国有企业的职工就可能不愿意接受这种改革与变化，"我是一个国有企业，卖给个体户了，不一定什么时候他就把我给卖了、抵押贷款了，到时候怎么办"？这是一个观念更新的问题。再有，有些人在国有企业里吃大锅饭，在民营企业里肯定不能继续混日子。而长期混日子的人愿意糊涂着，不愿意接受现代管理。这就是两种文化的差别：一种是"刨食"文化，在民营企业里，后脑勺要长眼睛，要去挣钱；另一种是"等食"文化，开不开"源"无所谓，"流"要大一点。

如何有效推进混合所有制改革下的企业文化建设

多元资本构成的混合所有制下，企业文化建设并不仅仅是几种所有制形式所体现的文化特征的归纳和拼接，还必须是一种具有战略性思考、前瞻性认识的共性文化，而这种共性文化的形成必须解决三个普遍问题。

文化传承与文化创新

公有制经济与非公有制经济长时间独立运作，在经营决策、激励政策、资源配置等方面都有不同的机制，各自相对形成独立的系统，这也直接导致文化基因的差异。并不能简单地说传统的一定就是制约，完全市场化的一定就是促进，混合所有制下肯定会形成统一的相融合的机制，在这个机制下必然也会产生统一的相融合的文化。传承的是文化的根，创新的是文化的内涵。文化传承与文化创新并不矛盾，只有以发展的、开放的眼光看问题，才能在旧与新之间找到平衡。

普适文化与特殊文化

特殊文化一讲出来有些人就觉得有点不自在，因为好像特殊文化代表的群体和意识是与主流不一样的，首先会担心这个文化到底是什么，会不会对主流产生不好的影响，这个意识形成了，接下来就是各种排斥和看不惯，就好像人们见到一个长得很奇怪的陌生人，第一反应总是抗拒。对于企业来讲是一样的，长期的行为方式和做事风格在文化传承的过程中不断加深，逐渐形成一种普适文化，体现在企业经营管理的各个方面，而特殊文化或者说混合所有制下的外来文化，在自身体系中已经传承多年，在不是完全重新构建的公司内，必然涉及主流文化与非主流文化之分的问题，涉及普适文化与特殊文化的融合问题。我们不能讲谁一定更好，而是需要认识到现在不是一元文化的时代，而是多元文化的时代，既保持普适文化的普遍指导意义，又兼容特殊文化的可取之处，才能焕发出新的活力。

文化口号与文化体系

要做好混合所有制下的企业文化建设，必须在实际工作中落实，而不仅仅是提炼几句口号，总结一些理念，大家喊喊口号，那样的结果只能是嘴上一套、心里一套，阳奉阴违。企业文化建设必须落到实处，从企业愿景、使命、核心价值观等到文化理念，再到文化制度、行为规范、体系化建设，在思想和行为上达到企业文化的统一。

混合所有制改革开展得越彻底、推进的速度越快，不同文化之间的冲突就会越激烈。不能因为冲突而故步自封，也不能因为冲突而极端冒进，混合所有制下的企业文化建设是一个系统工程，也是一个长期的过程，需要解决好传承与发展之间的矛盾、普适文化与特殊文化之间的矛盾以及文化的体系化建设问题，有计划、分步骤稳步推进，将企业文化切实作为推进企业战略发展的要素考虑。

互联网时代企业文化变革

互联网时代，经济全球化、多元化交织融合，中国正面临一场由社会变革、经济转型引发的管理变革创新。

"互联网＋"、智能制造等代表的新业态，促进了云计算、物联网、大数据等新一代信息技术与传统制造、服务业之间的融合。移动互联网的出现改变了人们的行为方式、文化价值观念。

互联网渗透到社会经济的各个方面，彻底颠覆了整个社会的生产方式和经济形态，甚至改变了作为社会亚文化、意识形态的企业文化管理思维。

80后和90后新生代知识型员工，普遍拥有较高的学历层次，个性突出，棱角分明，自主意识强，追求自我实现。

一切迹象表明：参与企业文化创造与传播的主体，文化的载体，文化的生成、积累、传播方式等都已发生根本性变化。因此，企业文化建设与管理亟待变革创新。

互联网时代对企业文化的影响

互联网时代，以互联网思维为代表的新生经济力量改变了传统产业结构、经营模式、营销战略，全面渗透进入微观经济领域企业管理的各个方面。

影响一

互联网突破了产业或行业边界，带来了文化多元、思想多元和互联网思维，而"互联网＋企业文化"将社会公众对互联网的认识从一种新技术形态或工具提升为管理创新思维方式。

互联网思维是指充分利用互联网精神、价值、技术、方法、规则、机会，指导、处理、创新生活和工作的一种思维方式。该模式下，企业文化出现了一些新特征：以人为本、尊重员工，以用户为中心，注重企业创新；与培育新经济、转换新动能大环境相适应，形成自己的特色等。

90后、00后被认为是自我意识觉醒、具有互联网思维的一代，他们对金钱的需求退居其次，与父辈比，更加关注自己与所从事职业、所供职企业之间的精神契合。也就是说，在互联网时代成长起来的一代，对自己与企业价值观、思维模式、行为模式的要求更多了。

基于此，文化管理必须适应社会发展变化，反映新生代知识型员工群体"寻求一种新的工作方式"等需求，用更多的软性激励留住员工，以无形感染力和渗透力推动企业文化管理形成强大凝聚力。脸书、推特、谷歌、领英以及很多新创公司，都非常重视研究 90 后、00 后新生代群体的思维模式，"以人为中心"构建人性化文化体系，淡化等级制度，不看出勤率只看结果，给员工更多自由时间，激发员工的自觉行为，真正吸引留住知识型员工或高端人才。

影响二

互联网虚拟空间打破了国界或疆界，优化了企业信息对称与共享。大家地位平等、没有级别，这种平等诉求直接冲击组织，淡化了员工的层级观念和服从意识，削弱了忠诚度，但增强了员工的民主意识和参与意识。

互联网信息社会没有国界，也打破了思想疆界。互联网虚拟世界带来的海量信息让人打开了眼界，员工思想更开放、价值追求更趋多样化、物质要求更高，企业激励难度更大；员工工作选择余地大，忠诚度、敬业精神和奉献精神受到较大冲击，流动率上升。

影响三

"互联网＋企业文化"强化"我献人人、人人助我"的互联网思维，国际并购、混合所有制改革后，形成双向、内外的网状传播和互动传播方式，企业文化冲突日趋常态化，文化冲突范围更广，冲突激烈程度不断升级，表现形式更加多样化。

互联网打破了文化传播媒介垄断，员工成为媒介信息的生产者、传播者和受益者。

文化冲突是企业文化发展过程中，不同特质文化相互接触、交流时产生的撞击、对抗和竞争，是由不同特质文化构成的基本价值观之间的悬殊造成的。互联网时代，企业文化加速传播，冲突不可避免，且处于一种常态。而常态的文化冲突又带来了文化整合、创新和变革，推动文化进步。

总之，互联网时代，企业只有主动适应环境变化，用互联网思维变革企业文化建设与文化管理，既利用传统文化传播渠道，又注重互联网条件下企业文化的民主性、互动性、共享性和社会性，发挥新媒体、自媒体的作用，才能把企业文化建设好、管理好。

互联网时代企业文化管理新思维

互联网时代，"互联网＋企业文化"管理方式需要一场脱胎换骨的变革。

首先，文化建设与文化管理应顺应互联网思维潮流，在变与不变中寻找平衡。核心价值观必须建立在"深刻理解人性、为用户创造价值"的基础上，文化精神内核的外化形式可以多样化，且能与时俱进。

历史上的每一次技术革命都会带来管理思想、理论、手段、方法的根本变革。互联网也会引发一场深刻的管理革命和企业文化变革。

互联网时代，社会物质财富呈现井喷式增长，知识信息也呈爆炸式增加，企业文化更多吸收了新技术带来的新思想、新思维，形成了文化新特质，文化积累的速度逐步加快。新生代员工作为文化载体、客户文化等，参与文化建设与管理的作用增强。

其次，加强必要引导，把控企业文化积累的方向和速度，避免负向积累或拔苗助长式的泡沫文化积累。通过文化交流，吸收社会异质文化中适合企业自身需要的成分，筑牢根基，加深传统，实现文化创新提升。

互联网时代，开放的社会环境中，互联网和移动互联技术普及，以其系统的开放性、内容的共享性、成本的低廉性、传播的交互性、竞争的公平性、沟通的有效性和速度的快捷性等优势，大大推动了企业的社会化和民主化进程，改变了企业文化生态，对推动管理变革、文化创新影响之大之深远前所未有。

最后，强化互联网思维、创新"互联网＋企业文化"模式，不断融合吸收优质外来文化，丰富本企业文化。此外，还要输出本企业优质文化、积极奉献社会。

互联网思维本质上是一种基于用户至上、去中心化、互动、开放、共享的工业化思维。"互联网＋企业文化"对文化建设与管理实践变革具有重大价值。互联网、自媒体使文化传播网络化，每一个人都成为企业文化传播主体。

我们应改变把文化管理单纯作为管理员工的手段、提高企业效益的工具的片面的企业利益观，摒弃企业整体价值至高无上、压抑个性、限制自我价值的文化，唤醒员工参与管理的民主意识，构建去中心化，平等、互动、互利、共赢，以人为中心，崇尚自由、张扬个性、实现自我的文化；实施跨界战略，改变文化封闭管理状态，强化企业社会责任感与员工社会责任感，加速外加文化向内生文化演变，改变企业文化管理的单一工具属性，建设精神家园式的体验型文化，建设以员工价值共同体为基础的企业价值体系，建立适应知识型员工参与的扁平化组织、柔性生产方式和管理模式，重塑企业核心价值观。改变传统层级管理和制度管理等刚性封闭式管理模式，将文化建设延伸至供应链、价值链各环节，吸收用户、供应商与社会参与企业文化建设，直接分享企业文化成果。

总之，运用互联网思维不断创新"互联网＋企业文化"模式，是需要企业界和咨询界、学界共同探讨的全新课题，它颠覆了传统文化管理理论、理念与方法，将企业管理和企业文化推向一个全新境界。

新生代晋升企业文化建设主体[①]

当新生代成为职场主体，企业文化管理主体自然也相应产生了变化，这对企业文化的认同、建设，甚至重构都产生了巨大冲击。

新生代员工有哪些不同

新生代员工是中国改革开放的"完整产儿"，是中国计划生育政策下催生的新一代。这个群体多为独生子女，一出生便搭上了现代化的高速列车，他们享受到物质文明的成果，对企业和商

---

① 仁达方略. 新生代行为研究报告.

业社会较早就有了认识。互联网快速普及让这一代接触到了大量来自不同社会的文化和知识。同时,他们也遇到了许多父辈年轻时不曾遇到的新问题,譬如社会流动加剧、结构转型、分化明显、多元文化冲突……这种特殊的时代背景造就了他们与其他时代的人在性格特点、价值观、人生观方面存在诸多不同特点。

新生代员工文化水平高,竞争意识强,价值观多元化,能适应挑战性工作,企业应充分把握以下这些"好"的方面:

(1) 文化水平较高。新生代员工从小就有一个稳定和良好的学习环境,他们大多经历了15年以上的正规和系统学习,在学习的过程中,他们更注重计算机和英语的学习,这也使得新生代员工更容易获得新资讯和新知识,因此,新生代员工的文化知识水平普遍较高。

(2) 学习能力和竞争意识都较强。由于知识更新速度和信息传播速度加快,新生代员工已经迫切认识到持续学习的重要性,很多时候新生代员工要在工作中学习,做到即学即用,这就要求新生代员工要具有较强的学习能力。此外,新生代员工进入社会后,发现所接受的高等教育与实际工作联系并不紧密,应聘人数远远多于招聘人数,这些现实情况使得他们的竞争意识较为强烈。

(3) 价值观多元化。伴随着中国民主政治和市场经济的不断推进,加上电子信息技术的突飞猛进,电信、网络快速发展,信息量飞速增加,因此,新生代员工更容易了解世界发生的变化,他们乐于接受来自世界各地的新文化、新思想,他们张扬个性,思维开阔,头脑灵活,拥有多元化价值观。

(4) 喜欢具有挑战性的工作。他们讨厌重复性的工作,希望从事具有挑战性、趣味性的工作。如果管理人员希望年轻员工严格按照职务说明书履行职责，通常是不切实际的，因为这些年轻员工可能每隔一段时间就希望改写自己的职务说明书。在很大程度上，他们是任务导向的，但前提是他们认同企业所分配的任务，并认为这些任务是重要、有价值的。

然而，新生代员工也不乏破坏性因素，需要企业管理者和文化建设者适当引导：

(1) 强调现实需要。他们的价值观由理想型向现实型转变，他们热爱物质生活，希望少付出多得到，他们强调提前消费，大多数新生代喜欢贷款消费。他们更加注重功利，讲求实惠，看重眼前利益，而对于企业给他们描绘的未来并不感兴趣。

(2) 自我意识高涨。新生代员工多为独生子女，从小就缺乏合作意识的培养。他们常常以自我为中心，自尊心及获得他人认可意识强。面对问题时，传统的员工可能会同领导者或者管理层对峙、争吵，希望通过激烈或者温和的方式同领导者取得沟通；而新生代员工由于自我意识高涨，通常采取"懒得理你""你根本不懂"等无所谓的态度。

(3) 心理缺乏弹性。他们的心理容易波动，情绪变化大，抗压能力差，心理问题突出。在管理实务中，新生代员工通常心理素质差，经不起批评。批评新生代员工，通常会有两种后果：一种是新生代员工从此情绪低落，没有工作热情，工作绩效越来越差；另一种是新生代员工直接离职。无论是消极怠工还是直接离职，都会增加企业的管理成本。

新生代员工管理和文化管理中存在的问题

大量的企业管理人员似乎还没有意识到这一重大变化：新生

代晋升职场主体。如果没有及时把握这种变化和趋势，管理中不可避免会产生诸多问题。

对新生代员工存在偏见

社会上，人们对新生代往往存在偏见，比如有人把新生代形容为"垮掉的一代""最叛逆的一代"。在企业中，管理者对新生代员工也存在一些偏见，他们虽然认可新生代员工创造能力和学习能力强、精力充沛、非常自信等优点，但是也普遍认为新生代员工存在不能吃苦、团队合作能力差、眼高手低、抗挫折能力弱、容易消极抵抗、缺乏责任心等问题。

管理模式传统化

目前，新生代员工已成为企业的主力军，但多数企业管理者在管理活动中并没有重视对新生代的管理，他们往往忽视了新生代员工的个人需求及心理感受，而是简单地依靠传统的程序化的管理手段来管理员工。诸如富士康的"半军事化管理"等在面对新生代员工时都出现了前所未有的管理问题，一个很大的原因就是这些企业的管理模式过多地强调对组织规则的遵守，而忽略了员工的个性化需求。

企业文化建设滞后

企业文化建设仍存在一些问题，管理者对企业文化缺乏了解。有些企业领导者认为，企业文化就是企业的外在表现形象，把精力突出放在企业的宣传上。例如，有些企业从办公楼到施工现场，到处都张贴或悬挂着诸如"开拓创新""拼搏进取"之类的标语口号，却没有采取有力的措施把企业文化的核心体现在企业的经营活动中，也没有把企业精神渗透到企业员工的思维方式、工作和行为习惯中。

激励手段单一、僵化

随着时代的发展，企业原有的以物质激励为主的方式已无法满足新生代员工追求自我价值的需求。但目前，大多数企业仍认为只有物质激励才能激励人才、留住人才。多数企业仅以工资、奖金和福利等物质激励为主要手段，过分突出金钱的激励作用，激励手段过于单一、僵化。有些企业仍采用平均分配的方式，没有与能力、业绩相挂钩。而新生代员工讲求劳有所得，他们更加注重自己的付出与回报。

如何应对新生代员工带来的企业文化管理课题

很多企业都按照原有的既定管理方式管理新生代员工，并没有针对这些新生代员工的新特点去管理他们，导致出现了一系列的问题。如何应对这些挑战？具体说来可以从以下几方面着手。

了解新生代员工的特点和需求

如果要更好地争取新生代，发挥其主力军作用与价值，就必须了解他们的行为动机，了解他们的真实需求。当你明白了他们的真实需求后，就比较容易理解他们的行为，才能够有的放矢地激发他们的工作热情。目前大多数企业的管理者是60后、70后人群。新生代员工心目中理想的上级必须集以下几种角色于一身：愿意帮助下属进步的导师角色，平等尊重、友好相处的伙伴角色，体恤和爱护下属的家长角色，处事公正的君子角色，善于激励和打造团队作战的教练角色，不负众望的"希望之星"角色。由此，面对新生代员工，企业领导者需要调整自己的行为方式，采用参与式、授权式的领导风格，激发他们的工作活力。要加强与他们的沟通,在沟通方式上要善于采用他们喜欢的新的沟通方式,如网络聊天、邮件等形式,了解他们的心理需求。同时,让他们逐步认识到团队利益和个人利益一致的思想,培养其主人翁态度,充分发挥他们的聪明才智,帮助他们克服不足,引导其确立正确的、能适应社会的思想和理念,充分发挥他们的优势,让其在适合的岗位上创造出更大的价值。

建设良好的企业文化

企业文化分为精神文化、制度文化和物质文化三个方面。首先,企业的精神文化建设指的是确定企业的核心价值观,并使之成为企业所有员工均认同的行为规范。在凝聚企业的核心价值观时,要确保每个员工都可以参与进来,还要与公司的奋斗目标方向一致。其次,企业的制度文化建设指的是制定规范的办事规程和员工行为规范,方便企业对员工行为进行管理。在制定制度时,需要遵守以人为本的思想,多参考新生代员工的意见。同时要坚持管理透明,把薪酬体系、奖金问题等新生代员工普遍关心的问题作为制度制定时的重点,加大公开的力度。最后,在物质文化方面,主要是通过树立一个良好的企业外部形象使企业新生代员工能产生自豪感与成就感,进而提高新生代员工对企业的忠诚度。在加强企业物质文化建设时,可以通过设计具有企业特色的厂旗、厂徽来加强企业的外在标识,通过建立网络平台,发挥网络舆情的引导作用,提高企业的网络知名度。此外,还可以在企业内部设置员工休闲区域,开展文体娱乐活动等,使员工在工作之余可以与同事、领导者一起活动,增加彼此之间的感情,提高新生代员工对企业的归属感。

改变激励策略

对新生代员工的管理还要改变固有的使用物质激励的策略,实施个性化的目标、物质激励以及差异化的精神激励相结合。首先,企业领导者要善于发现新生代员工的职业理想和对职业深层次的需求,再结合企业实际情况,尽量满足员工的意愿,并结合员工的兴趣与能力,设置相应的激励目标,通过这个目标来引导员工努力工作,以获得期望的结果,从而激发员工主动学习工作技能的热情和对工作的负责程度。在制定目标时,要注意确保每个员工的个人目标与企业的发展方向一致,还要明确好目标的高度与实现的难易程度。其次,要制定好人性化的物质奖励体系,制定一个完善的薪资体系,使员工感觉自己的付出和回报相符。再次,要制定一个完善的福利体系,提高员工对公司的信任程度。最后,要对员工进行有针对性的精神激励,如尊重式的激励。还可以采取关怀式的激励,也就是说领导者对新生代员工的生活、情感给予关怀。这是一种情感的投入,这种沟通交流能够使员工在工作中产生主人翁责任感,工作更有干劲。

社会责任成为企业文化重要内容[①]

当前,PM2.5 超标、水污染等环境问题日益成为百姓关注的焦点,食品安全也一再引起公众的担忧。上述问题与一段时间来企业的文化价值导向缺失有着密不可分的关系。当下,企业应当摒弃只强调经济效益而忽视公共效益的短视做法,将履行社会责

---

① 贾寅明. 社会责任是企业文化建设的重要方面. 工人日报,2013-08-09.

任作为企业文化建设的重要导向。

现代企业的存在方式是立体的,在经济范畴,应当追求利润最大化;在法律范畴,其角色是"企业公民";而在道德范畴,它应当承担社会责任。企业既是经济组织,也是社会大系统中的子系统,具有社会属性。其社会属性,天然地要求其在法律范围内活动,承担社会的相关责任,即企业应当是社会财富的创造者、生态环境与社会和谐的维护者,而不应当是资源环境问题的制造者和社会和谐的违背者。

作为经济社会发展的重要推动力量,企业在全社会的文明与进步中肩负着重要责任和使命。粗放的发展方式,不仅影响企业的长远发展,带来的安全、质量、环境等问题也已经成为影响整个社会生存发展质量的大问题。

在认清了我国经济结构调整、企业转型升级对于企业发展的必然要求、全球经济一体化对企业发展方式的必然要求这些大的趋势之后,作为企业文化的建设者,应该在不断注重企业文化的管理属性、经济属性的同时,更加注重其社会属性,更加注重企业文化与公共文化的关系,加大对公共文化体系建设的投入,进一步体现企业的社会价值和社会责任。

在这一过程中,企业文化建设工作者在思想上应该厘清几个关系。

一是长远发展与短期效益的关系。应当看到,建设"安全生产型、资源节约型、环境友好型"的现代企业,已经成为企业发展的趋势。然而,这种努力,必然在短期内加大企业的成本,影响企业的短期效益。面对可持续发展的大计,企业应当认清自己在社会经济这一链条上所处的位置,顺应法治社会对于企业的总体要求，把环境问题、公共利益问题放在首要位置去考虑，摒弃"带血的利润"，追求"洁净的利润"。

事实上，真正有远见、有担当的企业，已经投身于环保技术与设备的研发引进，为实现循环生产、洁净生产做着各种尝试与努力，以达到企业、技术、资源三大系统相互支撑，实现"绿色生产"、可持续发展。

二是价值观的培育与行为养成的关系。文化的核心是价值观，价值引领要从行为入手，从行为着手培育文明。在这一过程中，企业文化建设者首先要培育全员的价值观，让广大员工明白，履行共有社会责任是企业发展的必要前提条件之一，企业存在的终极目的是让人类过上更加美好的生活，而不是在为人类提供商品的同时损害人们的生活品质。要通过行为规范与行为养成，把有益于人类社会的价值观转化为员工的自觉行为，通过行为养成来反作用于思想，深植符合社会主义核心价值体系的价值观因子。

人的行为是企业文化有生命的载体，外化于行，是企业文化之于人这个载体最重要的表达方式。然而，行为养成是一个在点滴细节中积累的过程，企业管理者应首先从自身做起，以自身的正确行为来示范传导。企业员工是企业的主体，员工群体的行为决定着企业的整体精神风貌和企业文明的程度。需要制定一套层次鲜明、来源于实际的行为规范，从员工易于接受和易于做到的问题入手，点滴积累，逐步实现由量变到质变的飞跃。

三是突出重点与全面推进的关系。企业在不同的历史时期，有着近期的重点目标与长远目标。对于企业文化建设中强调的社会属性而言，当前应当更加注重强调安全生产的责任、环境保护的责任、资源节约的责任和劳资关系和谐的责任。

从企业本身讲，承担起这样的社会责任，既能够避免由于违法而面临的巨额处罚，又为企业的长远发展、科学发展铺设了更为宽广的平台；从社会层面讲，则提高了企业形象，契合了社会的关注重点。

与此同时，企业还应以社会主义核心价值体系作为价值引领，充分发挥资本优势，为发展社会事业多做些事情，做模范的企业公民。而勇于承担社会责任也将影响企业社会信誉的评价，获得社会对企业成长的关心和支持，反过来有助于提高企业的社会美誉度和员工的自豪感。

延伸阅读

新生代中的 Z 世代

现在有一个基本的划分：把 1970 年以后出生的人称为 X 世代，把 1985 年以后出生的人称为 Y 世代，把 1996 年以后出生的人称为 Z 世代。

今天我们谈一谈新生代中的 Z 世代。

这次新冠肺炎疫情中间有很多故事。比如，我国移居到美国的一些年轻人，把豪车开到大街上，排成队伍，在车窗上写上"中国加油"。

这种现象体现出 Z 世代的一个特点：他们从骨子里认为中国是一个强大的国家，所以他们对中国人这个身份有着强烈的认同感。

再看消费领域,这几年出现了一个潮流叫"国货潮"。国货崛起的本质也来源于当今年轻人发自内心地认为中国是一个强大的国家。

腾讯社交广告大数据显示,对民族自豪感的调研00后是9.4分,60后是8.9分,但众所周知,60后是一个很爱国的人群,然而,00后得分更高,这背后的原因是很复杂的。

简单来说,2000年以后,中国进入一个全面强盛的阶段,也就是我国从站起来、富起来到强起来,可我国很多中老年人,经历了贫弱、贫穷的时代,所以认为现在中国的崛起是一种逆袭复兴,我们还有很多落后的东西,所以远远称不上强大。

但是年轻人不同,他们一出生就在现在这样的社会环境里,在这样的发展机遇里,他们骨子里带着天生的骄傲。数据显示,2019年,全国消费市场增量是34%,其中65%是由90后、00后带来的,而且今后的消费主体仍然是90后、00后。

在Z世代看来,他们的消费行为也和旧世代的人大不一样,如年轻人月光,崇尚钱是赚出来的,不是省出来的。他们热衷网购、电商,他们强调个性,标榜自我,从小就有品牌意识。

谈了Z世代的社会行为和消费行为,我们再谈谈Z世代的职场行为。这里有两个职场小例子。

第一个案例

一个资深的人力资源总监在他的微信朋友圈发了一段话,说他面试了十几个人,发了三个offer,两个临时放了他鸽子,最后来了一个,这一个上班一天后就跟他提出离职。朋友互动留言的时候,这个人力资源总监说面试的这十几个人,还是打了上百个电话才约来的，底下一堆回复说感同身受。

第二个案例

下面这段对话发生在某公司总裁和他的秘书之间。

总裁说：我曾告诉过你，想东西、做事情不要想当然！结果昨天晚上你就把我锁在门外，我的东西都还在办公室里。问题在于你自以为是地认为我随身带了钥匙。从现在起，无论是午餐时段还是晚上下班后，你要跟你服务的每一名经理都确认无事后才能离开办公室，明白了吗？

秘书这样回答：第一，我做这件事是完全正确的，我锁门是从安全角度考虑的，一旦丢了东西，我无法承担这个责任。第二，你有钥匙，你自己忘了带，还要说别人不对。这件事的主要原因是你自己，不要把自己的错误转嫁到别人的身上。第三，你无权干涉和控制我的私人时间，我一天就8小时工作时间，请你记住午餐时段和晚上下班后的时间都是我的私人时间。第四，从到公司的第一天开始，我工作尽职尽责，加过很多次班，我也没有任何怨言，但是如果你要求我加班是为了工作以外的事情，我无法做到。第五，虽然咱们是上下级的关系，也请你注重一下说话的语气，这是做人最基本的礼貌。第六，我要强调一下，我并没有猜想或者假定什么，因为我没有这个时间也没有这个必要。

这是一段总裁和秘书的对话，也是一段60后和90后的对话，更是一段两种文化的对话。对话的结果是秘书辞职了，总裁一脸懵。

由此我们可以看出，Z世代的人有着自己非常独特的观念、习惯、行为，社会行为、婚恋行为、消费行为、职场行为与之前的世代迥然不同。在中国，纯正的Z世代有1.9亿人，如果加上

90后甚至部分的85后,总数为3.78亿人,占中国总人口的27%,他们已经是社会的主流人群。

Z世代是颠覆性的一代,他们有强烈的自我认知,独特的世界观、人生观。所以经常有人说我们被年轻人抛弃了,不,不是年轻人抛弃了你,是时代抛弃了你。

这就是Z世代。

企业家必须关注和研究新生代Z世代员工的职场群体特征,确定雇主价值主张的同时,还要兼顾Z世代员工的要求,塑造良好的雇主品牌,吸引和留住Z世代优秀人才,提升员工满意度,让Z世代的人才战略满足企业发展需要。

资料来源:王吉鹏.最怕大势将至,你还浑然不知. http://mp.weixin.qq.com/s?__biz=MzIwNjYyOTk4Mg==&mid=2247492115&idx=1&sn=2317d927789d716093a4f763ded04ca4&chksm=971c1f22a06b96344af13d41e2a58edb21a41fceb3dff4eb0af49efa420b888e0dbc0706e8e2&token=1825586681&lang=zh_CN#rd.

延伸阅读

魏则西事件:企业社会责任缺失的背后

2016年1月,百度因"卖吧事件"广受质疑。本是病友们自助平台的贴吧,被百度卖掉,那些处于危境中的病友痛失交流平台,甚至上当受骗。事后,百度公开承认"(卖吧)暴露了我们在贴吧商业化运营管理上的失职和对吧友声音的忽视"。时隔不过3个月,百度再次因"魏则西事件"身陷舆论漩涡,不能不让人叩问：这是偶然还是必然？

拷问企业社会责任：不仅是百度

英国作家维克多·弗兰克（Viktor Frankl）认为，每个人都被生命询问，只有以"负责"来答复生命。因此，"能够负责"是人类存在最重要的本质。那些被生命询问的企业，尤须肩负起责任。基于对企业的信任，亿万用户使用、搜索、创建贴吧，企业有责任善待这种信任，更有义务承担社会责任。

能力越大，责任也越大，大企业当有大责任。这种责任，不仅是不作恶，面对恶时不能睁一只眼闭一只眼，而且是坚守企业伦理，在自身发展的同时，思量该如何饮水思源、回报社会。将贴吧卖给生意人的确有利可图，开发竞价排名则可坐地生财，问题是，如果只追求经济效益而忽略社会效益，如此挥霍信任、丢掉责任，企业能走多远？

互联网企业如此，其他企业也如此，医院更如此。《本草衍义》中说："凡为医者，须略通古今，粗守仁义，绝驰骛利名之心，专博施救援之意。如此则心识自明，神物来相，又何戚戚沽名，龌龊求利也？"其实，求利很正常，但是不能见利忘义，面对孤苦无助的患者仍然利欲熏心，谈何宅心仁厚？

不同于一般信息的竞价排名，医学信息的竞价排名与患者生命健康息息相关，更需规范、严谨与合法。毋庸讳言，曾有无良医院通过竞价排名而发横财，不仅谋财，而且害命。毕竟，如果病情危急的患者轻信吹嘘，除了钱包被掏空，更会因贻误救治而殒命。"当你凝视深渊时，深渊也在凝视着你。"当竞价排名联姻唯利是图的医院，谁能分得清谁的责任小一些？

只有富有爱心的财富才是真正有意义的财富，只有积极承担社会责任的企业才是富有竞争力和生命力的企业。企业不作恶不是底线，承担责任才是底线。从"卖吧事件"到"魏则西事件"，共同提出的命题就是企业该如何承担责任。很显然，一个企业的价值，不只体现在拥有多少市值，更体现在如何造福民众，多大程度受人尊重。

邪恶刽子手和沉默的帮凶[①]

虽然我们把大量的矛头指向了百度，但整个事件中，哪怕有一个环节被所谓的社会责任感成功阻截，悲剧也不会这么容易发生。按魏则西自己所说，三甲医院、百度搜索、央视报道共同促成他最终选择不靠谱的细胞免疫疗法。

先说百度，如果搜索医院，毕竟是商业主体，谁付费多谁排名靠前尚且说得过去，但是搜索"细胞免疫疗法"，仍然把别有用心的宣传文案放在首位，确实是直接藐视科学，间接藐视人命。

再说三甲医院，合作办医有没有义务去审查对方的医疗方法和医疗资质？为了创收搞这种合作，是否应该明示相关科室不属于三甲医院？

央视报道现在看来也沦落为给企业做软广告硬宣传的阵地了，一个图财害命的医生竟可以在央视频道对着全国人民自吹自擂。当然，整件事中最可气的是这位医生和他背后的投资人——他们才是真正的刽子手。

谴责无良医生，我们应该说其道德沦丧。谴责间接的帮凶，我们才用得上社会责任感这个词：虽然它们没有图财害命，但它

---

① http://mt.sohu.com/20160502/n447272758.shtml.

们是知情者，却丝毫不打算告知被害者。

元凶是集体主义吗？

首先，澄清一个问题，马克思说的集体主义是一个政治概念，但心理学讲的集体主义通常是一个文化概念。个人主义与集体主义是文化差异的重要维度之一，而中国是典型的集体主义国家。

个人主义文化注重个体目标；相反，集体主义文化更强调集体目标。在个人主义文化中，人们应当自己照顾自己和直系家庭；而在集体主义文化中，人们期望他们的内群体或集体来照顾他们，作为这种照顾的交换条件，他们对内群体抱有绝对的忠诚。个人主义没有圈内和圈外的明显差别，而集体主义却有明显的圈内和圈外的差别。

所谓内外群体间差异明显，就是对于内群体（自己人）中的个体，维护其权益就如同维护自己的权益一样；而对于外群体成员，其权益就相应地被忽视甚至鄙视。这种植根于文化的区别，对于中国社会来说很难清除。

你甚至不要觉得内群体就一定是既得利益者——这种内群体相互关照的暗面就是互相绑架，我为你做事，你也要为我做事，如果破坏这种"忠诚"，后果就是受到比对待外群体更严厉的抵触和排斥甚至惩罚。

个人的格局决定企业社会责任

集体主义导致忽视外群体成员，进而构成社会不平等这件事情，费孝通先生在差序格局理论中就曾提道。

费孝通先生说，差序格局的社会结构中，每个人都有一个自己的圈子层，越靠近内层圈子就越是利益相关的人，但是每个人的圈子层级不一样，关系发达的人通常有更大、更多层的圈子，所以可能有更多的人进入他的格局范围。格局之内是自己人，力所能及就帮扶一下；格局之外的人，则跟自己没有关系。

所谓社会责任感，其实很大程度上就是替别人考虑，但是集体主义却是天生漠视一部分人的，所以发生一些被定性为社会责任感缺失的社会现象也就不足为怪了。

我们说百度竞价排名是恶，其实要看这个排名背后的运营者。他个人有多大的格局，实际上就决定了这个产品有多大的社会责任感。制定竞价规则的人有多大的格局，在不在乎那些素未谋面的网民，甚至规则执行者会不会为了网民仔细筛查，直接影响这个产品如何体现社会责任。

医院也是一个道理，医院等级再高，项目审核的人有多大的格局，项目也就有多大的责任感；央视的制片人有多大的格局，片子拍出来也就有多大的责任感。

这样我们就能想明白，其实这些关键环节上的人并不一定就都是有很大格局的人，像魏则西这样的网民，在他们眼里很可能就是被忽视的外群体中的一员，这些人没有想过要为魏则西去承担什么责任。

所谓集体主义，是我认识的人不能受到伤害，而真正的社会责任感，应该是任何人都不应该受到伤害。

结语

一个企业的健康发展要追求经济效益和社会效益，甚至对于公众来说，社会效益比经济效益更加重要，而企业追求社会效益就是要承担社会责任。中国经过改革开放以来40多年的快速发展，企业的经济意识得到极大提升，但承担社会责任的意识却没有同步跟上来,对社会责任的认知良莠不齐。有的企业一味追求利益,枉顾自己应承担的社会责任;有的企业把承担社会责任仅仅视为守法纳税、捐款捐物,而忽视了企业本身运营时就应该注意不要给社会造成伤害,殊不知这才是企业要承担的最基本的社会责任。

当前,中国正处于经济社会转型的关键时期,魏则西之死敲响了警钟,企业社会责任的回归迫在眉睫。

参考文献

[1] 王吉鹏,邸洁.集团文化建设与管理.3版.北京:经济管理出版社,2012.

[2] 王吉鹏.企业文化诊断评估与考核评价.北京:企业管理出版社,2013.

[3] 张博.论企业使命.北京:北京工商大学,2006.

[4] 伍晋明.企业文化建设:过程,过程,还是过程.中国管理传播网,2005-03-18.

[5] 梁宵.互联网生态管理:"阿里味儿"在生长.中国经营报,2014-02-23.

[6] 李家烨.二十二条军规——公司宪法:企业成功的二十二条职场军规.北京:中国时代经济出版社,2005.

[7] 斯图尔特·弗格森.并购整合绩效分析.北京:清华大学出版社,2005.

[8] 王成荣.企业文化.北京:中央广播电视大学出版社,2000.

[9] 王早安.培育企业先进文化 促进企业和谐发展.科技资讯,2006(23).

[10] 张云红.完美执行之最佳企业文化.北京:中国时代经济出版社,2005.

[11] 李艳华,凌文辁.从新制度经济学看企业文化的性质和功能.兰州学刊,2006(6).

[12] 谭辉.盈天医药并购同济堂企业文化整合案例分析.广州:华南理工大学,2014.

[13] 黄伟东. 两个韩国故事的跨文化启示. 企业研究, 2003 (11).

[14] 焦量, 周献中. 在华德资企业跨文化管理研究. 现代管理科学, 2009 (6).

[15] 贾寅明. 社会责任是企业文化建设的重要方面. 工人日报, 2013-08-09.

[16] 刘志迎. 试论企业制度文化的国际差异. 全球品牌网, 2006-04-13.

[17] 陈红梅, 袁智. "走出去"需要跨越文化障碍. 企业活力, 2002 (5).

[18] 黎伟. 跨文化企业管理初探. 四川大学学报（哲学社会科学版）, 2001 (1).

[19] 李静, 耿玉德. 跨国企业的跨文化管理问题探讨. 中国林业经济, 2002 (2).

[20] 马作茂. 试论企业的跨文化管理. 三峡大学学报（人文社会科学版）, 2005 (S1)

[21] 徐莉. 跨国经营中的跨文化冲突问题和跨文化管理策略. 南京财经大学学报, 2006 (6).

[22] 赵西三, 王莉. 中国企业跨国并购中的文化整合: 模式、阶段与实现途径. 中州学刊, 2006 (4).

[23] 侯建军. 文化差异与跨文化管理障碍分析. 商场现代化, 2006 (11).

[24] 董泽文. 企业跨文化管理初探. 现代管理科学, 2005 (1).

[25] 彭迪云, 甘筱青, 彭晨. 现代跨国公司成长的文化因素与跨文化管理. 南昌大学学报（人文社会科学版）, 2000 (4).

[26] 刘光明. 企业文化. 2版. 北京: 经济管理出版社, 2001.

[27] 魏杰. 企业文化塑造: 企业生命常青藤. 北京: 中国发展出版

社，2002.

[28] 张仁德，霍洪喜. 企业文化概论. 天津：南开大学出版社，2001.

[29] 梁绍川. 企业文化与管理方式. 广州：暨南大学出版社，2002.

[30] 加里·胡佛. 愿景. 北京：中信出版社，2003.

[31] 迈克尔·茨威尔. 创造基于能力的企业文化. 北京：华夏出版社，2002.

[32] 保罗·格里斯利. 管理价值观. 北京：经济管理出版社，2002.

[33] 王育琨. 发现一流企业的本真. 北京：商务印书馆，2008.

[34] 胡祖六. 从"中国制造"到"中国创造". 市场报，2006－03－03.

[35] 工信部：十大产业振兴规划第二年重点调产能过剩. 21世纪经济报道，2010－01－28.

[36] 马尔科姆·格拉德威尔. 异类——不一样的成功启示录. 北京：中信出版社，2009.

[37] 张德. 企业文化建设. 北京：清华大学出版社，2003.

[38] 于清教. 解读"皇明模式"的社会价值. 中国营销咨询网，2006－12－11.

[39] 刘文斌. 我国企业实施文化管理的问题及对策. 集团经济研究，2007（12X）.

[40] 黎友焕. 企业社会责任对企业文化功能的影响. 亚太经济时报，2006－11－16.

[41] 汪志强. 浅论企业文化社会责任与和谐社会的构建. 企业家天地，2007（7）.

[42] 杨雨诚，唐欢庆. 企业文化理论综述. 中外企业家，2006（8）.

[43] 王一川. 理解中国"国家文化软实力". 艺术评论，2009（10）.

[44] 谢小军. 和谐社会视角下企业文化社会责任培育的思考. 内蒙古农业大学学报（社会科学版），2008（3）.

[45] 陈晓萍. 跨文化管理. 2 版. 北京：清华大学出版社，2009.

[46] 周玉君. 开滦集团：混合所有制企业文化建设的探索. 中外企业文化，2015（8）.

[47] 赵惠清. 浅谈企业文化在现代企业的作用. 湖北成人教育学院学报，2005（2）.

[48] N. J. Adler. International Dimensions of Organizational Behavior. 2nd Edition. Boston：Kent Publishing，1991.

[49] J. L. Gibson，J. M. Ivancevich，J. H. Donnelly. Organizations：Behavior，Structure，Process. 9th ed. New York：McGraw-Hill，1997.

[50] Edward T. Hall. Beyond Culture. New York：Anchor Books，1996.

[51] http：//zhidao. baidu. com/question/47991838. html.

[52] http：//news. mydrivers. com/1/418/418863. htm.

[53] http：//mt. sohu. com/20160502/n447272758. shtml.

图书在版编目（CIP）数据

企业文化建设/王吉鹏著.--6版.--北京：中国人民大学出版社，2022.1
ISBN 978-7-300-29804-7

Ⅰ.①企… Ⅱ.①王… Ⅲ.①企业文化—研究 Ⅳ.①F272-05

中国版本图书馆CIP数据核字（2021）第168542号

企业文化建设（第六版）
王吉鹏 著
Qiye Wenhua Jianshe

出版发行	中国人民大学出版社		
社　　址	北京中关村大街31号	邮政编码	100080
电　　话	010-62511242（总编室）	010-62511770（质管部）	
	010-82501766（邮购部）	010-62514148（门市部）	
	010-62515195（发行公司）	010-62515275（盗版举报）	
网　　址	http://www.crup.com.cn		
经　　销	新华书店		
印　　刷	北京联兴盛业印刷股份有限公司		
规　　格	148 mm×210 mm　32开本	版　次	2022年1月第6版
印　　张	12.625　插页2	印　次	2023年2月第3次印刷
字　　数	264 000	定　价	69.00元

版权所有　侵权必究　印装差错　负责调换